BAYERISCHE AKADEMIE DER WISSENSCHAFTEN

BAYERISCH-ÖSTERREICHISCHES WÖRTERBUCH

II. Bayern

BAYERISCHES WÖRTERBUCH (BWB)

Herausgegeben
von der
Kommission für Mundartforschung
Bearbeitet von Josef Denz, Edith Funk, Alexander Glück,
Anthony R. Rowley, Andrea Schamberger-Hirt
und Michael Schnabel.

Heft 20 (3. Heft des 3. Bandes)
[auf]bringen – prüglicht

DE GRUYTER
AKADEMIE FORSCHUNG

ISBN 978-3-11-039979-0

Library of Congress Cataloging-in-Publication Data
A CIP catalog record for this book has been applied for at the Library of Congress.

Bibliografische Information der Deutschen Nationalbibliothek
Die Deutsche Nationalbibliothek verzeichnet diese Publikation in der Deutschen Nationalbibliografie; detaillierte bibliografische Daten sind im Internet über http://dnb.dnb.de abrufbar.

Genthiner Straße 13, 10785 Berlin, Deutschland

Satz: Typodata GmbH, Pfaffenhofen
Druck und Bindung: Hubert & Co. GmbH & Co. KG, Göttingen

♾ Gedruckt auf säurefreiem Papier
Printed in Germany

www.degruyter.com

MIX
Papier aus verantwortungsvollen Quellen
FSC® C016439
FSC www.fsc.org

4 festnehmen: „den Verbrecher *aufbringa*“ Mchn; *au'bringa* „dingfest machen“ SCHILLING Paargauer Wb. 88.– **5** großziehen, ziehen: *aufbringa* „die junge Brut“ Passau; *Damit aber das jung Holtz desto baß erzigelt vnd auffgebracht werde* Landr.1616 738.– Auch aufpäppeln: *An Kriag ... hobn s'ja dö Hoibkaputtn aa wieda aufbrocht* GRAF Dekameron 62.– **6** einführen, verbreiten.– **6a** (eine Neuerung) einführen, in Umlauf setzen, °OB, NB, °OP vereinz.: °*i hob s Saufa ned aufbrocht, aber obringa dures a ned* Grafing EBE; *Der Pfingstlritt ... is afbro't ... worn, do han lauter Heidn do gwen* KÖZ, VIT BJV 1953,40; *I bring nicks à', I bring nicks au', wiə I's funnə~ hà', so las I's* SCHMELLER I, 362; *wann man uns aniezo erst dise Neuerung aufbringen ... wolte* U'neuhsn LA 1699 HARTINGER Ordnungen III,512.– **6b** andichten, erfinden, OB, NB, °OP vereinz.: *då håst eam wås Schens aufbråcht!* Reisbach DGF; *I bring' das G'schwatz net auf* MEIER Werke I,106; *Einem einen Spitznâmen aufbringen* SCHMELLER I,43.– **7** aufdecken, verraten, entlarven, OB, NB, °OP vereinz.: *dea houds afbracht, daß i gwen bin* Sulzbach; *Auweh, Peter! Der hat di aufbracht* THOMA Werke II,239 (Medaille); *So baldt ich nur die mintz hör klingen, Werd ich gleich gehn ihn aufzubringen* ROSNER Passionssp. 67.– **8** zornig machen, OB, NB, OP, MF vereinz.: *der is glei recht aufbrat* Mauth WOS; *wen man den pöfl auffbringt* Rgbg 1513 Chron.dt.St. XV, 20,22 f.

SCHMELLER I,43, 362.– WBÖ III,966-968; Schwäb.Wb. I,367 f.; Schw.Id. V,710-713; Suddt.Wb. I,497 f.– ²DWB III,444-447; Frühnhd.Wb. II,355-360; LEXER HWb. III, Nachtr. 381 .– ANGRÜNER Abbach 6; KILGERT Gloss.Ratisbonense 34; SCHILLING Paargauer Wb. 88.– S-49H2ª.

Mehrfachkomp.: [**hin-auf**]**b.** **1** hinaufbringen, nach oben bringen: *naubringa* Derching FDB; *Da müsst na jeden Tag oaner am Turm naufsteign und dem 's Geld naufbringa* VALENTIN Werke I,43.– **2** imstande sein, hinaufzubringen: *De Gaul hom den Dodn net naufbrocht* BÖCK Sagen Neuburg-Schrobenhsn 124.– **3** †sich hinaufbringen: *er hat sich hinauff bracht* SCHÖNSLEDER Prompt. H8ᵛ.

[**aufhin**]**b.** **1** wie →[*hin-auf*]*b.*1, OB, NB, OP vereinz.: *afibringa* Sulzbach.– **2** wie →[*auf*]*b.*8, °OF, MF vereinz.: °*den hom se affebracht* Thiershm WUN.

WBÖ III,975 f.; Schw.Id. V,713.

[**aus**]**b.** **1** nach außen bringen: „das Vieh bei einem Brand *ausbringa*“ Simbach PAN; *ausbringen* „das Salz aus einem verunglückten Schiff retten“ Laufen Salzfass 29 (1995) 28; *Eicere uzpringan* Tegernsee MB 11.Jh. StSG. I,753,10; *das kayner mer viechs auf die waid ... schlahen sůll, dan was er ab seinem gut ůber winter ausbringen mag* 1459 Urk.Heiliggeistsp. Mchn 487; *ist solches Holz aber wegen ybermessiger weiten hart auszubringen* SCHELLE Bauernleben 57.– **2** auf eine Fläche verteilen, auseinanderstreuen: *Mist, Audl ausbringa* Mittich GRI; *daß es ... gut sei, mit Waickhen, Ausbringen, Mälzen, Dörren* Landshut 1486 ZILS Handwerk 14.– **3** ausbrüten, bebrüten, OB, NB vereinz.: *die hots scho ausbracht* Nandlstadt FS; *darvmb legt er seinev air in der warmen zeit, daz im daz warm ... weter daz ... auzpring* KONRAD vM BdN 249,5 f.– **4** †für jmds Lebensunterhalt aufwenden: *ayner hat ein knecht vnd czwo dyrnn vnd pring sy ain Iar auß mit 10 fl* Rgbg Mitte 15.Jh. Die Practica des Algorismus Ratisbonensis, hg. u. erl. von K. VOGEL, München 1954, 47.– **5** †(Geld) zahlen: *Wir loben vnd gehaizzen in ... daz wir in vmb di Hundert pfundt ... ausbringen* Landshut 1340 MB XI,283.– **6** (einen Trinkspruch) ausbringen, OB, OP vereinz.: *ausbringa* „ein Lebehoch“ Weiden.– Auch in fester Fügung →[*Ge*]*sundheit a.*– **7** †wie →*b.*8a: *Jn disem Jahr hat d' hoch geborne Graff ... ein Gnaden Prieff aus gebracht auf Süben Jahr* 1639 HAIDENBUCHER Geschichtb. 134.– **8** †(ein Gewerbe) ausüben: *im Lanndt gebreichige Holz: Hanndtwerch Zuerlehrnnen/ außzubringen, vnd zutreiben* 1617 IRLINGER-ROTH Bgdn.Bergknappen 12 f.– **9** ä.Rechtsspr.– **9a** wie →*b.*6: *ùntz* [bis] *daz er im daz selb recht auz bringt ... waz er ... ze ... vodern hat* Obb.Landr.1346 128.– **9b** rechtlich klären: *von wem das wær ... daz sůllen wir in auspringen vnd richtich machen an allen iren schaden* U'weilbach DAH 1349 Urk. Schäftlarn 177.– **9c** durchsetzen, erwirken: *so süllen wir ... gen in auzpringen, daz si die ... täding* [Rechtsversammlung] *... nicht zerprechen* Indersdf DAH 1372 OA 24 (1863) 106.

WBÖ III,968 f.; Schwäb.Wb. I,458; Schw.Id. V,718-721; Suddt.Wb. I,584.– ²DWB III,982-986; Frühnhd.Wb. II,927-931; LEXER HWb. II,2020, III,Nachtr. 21; WMU 1971; Ahd.Wb. I,1403 f.– S-10E16, 49H2ª.

Mehrfachkomp.: [**dar-aus**]**b.** **1** wie →[*aus-einander*]*b.*4, OB, NB, °OP vereinz.: *der laßt sö gar nöt drausbringa* Seeon TS; *da Hannes laoußt si niat draaßbringa* KRAUS lusti 16; *drauß Bringen* SCHÖNSLEDER Prompt. H7ᵛ.– **2** stören:

°*draasbringa* Burglengenfd; *Wer mecht uns denn da scho wieda drausbringa?* PONZAUER Unter uns gsagt 90.

WBÖ III,969; Schwäb.Wb. II,70; Schw.Id. V,733.– Rechtswb. II,700.

–[**her-aus**]**b.** **1** herausbringen, nach außen bringen: *daß der an Amrainersepp rausbringert aus'n Zuchthaus* GRAF Werke II,34 (Handel); *daß er nit in a' Loch einikuglt, wo d' 'n nit' rausbringa ko'st* F. v.KOBELL, Wildanger, Stuttgart 1859, 161; *heraußBringen* „efferre. exportare" SCHÖNSLEDER Prompt. H8ʳ.– **2** †wie →[*ab*]*b.*1: *A Mail rausbringa* „Einen Flecken aus dem Kleide wegputzen" ZAUPSER 50.– **3** †Geld herausholen, bekommen: *von dem Drucka* [Geizhals] *wirst nichts rausbringa* DELLING I,137.– **4** †wie →[*aus-ein-ander*]*b.*5: *da müssn dann d'Hausknecht ... alle z'sammhelfn, daß s'wenigstens a bisl a Form r'ausbringa* Bayer. Dorf-Ztg 1 (1834) 108.– **5** ermitteln.– **5a** die Lösung finden, OB, NB, OP, MF vereinz.: *dö hats glei rausbracht* Volkersgau SC.– **5b** herausfinden, OB, MF mehrf., NB, OP, SCH vereinz.: *des bring i scho raus* Dettenschwang LL; *Ho's nie 'rausbringa kinna, wer ihm dazua g'holfa hat* F. v.KOBELL, Oberbayer. Volksstücke, München ²1979, 160; *Bal s' di aba 'rausbracht hätt'n!* THOMA Werke VI,260 (Andreas Vöst).– **6** von sich geben, darlegen.– **6a** von sich geben, herausbringen: *der bringts gach raus* Weng FS; *Koa Wörtl bring i raus* DINGLER bair.Herz 146; *So tuats mi biklemma, Daß i gar koa Wörtl Nit rausbringa ko* KOBELL Werke 80.– **6b** wie →*b.*6, OB vereinz.: *dös hast amal sauber rausbracht!* „gut erklärt" Ingolstadt; *rauspriŋa* „vorbringen" SCHWEIZER Dießner Wb. 160.

Schwäb.Wb. III,1442 f.; Suddt.Wb. V,241.– Frühnhd.Wb. VII,1715.

[**ausher**]**b.** **1** wie →[*her-aus*]*b.*1, OB, NB, OP vereinz.: *wanst as Augn umkeast, kåst as wieda außabringa, wos drin is* Hengersbg DEG; *Grad drucka hat s' müassen, daß s' a paar Thräna außerbracht hat* THOMA Werke IV,13.– **2** herausholen, entlocken.– **2a** wie →[*her-aus*]*b.*3: *dös is a Zang, vo dera bringst nix außa* „sie ist geizig" Straubing.– **2b** Worte entlocken, OB, °OP, OF vereinz.: °*dös is a ganz a Vadrukte, aas dera bringst nix assa* Weiden.– **3** ermitteln.– **3a** wie →[*her-aus*]*b.*5a, NB, OP, MF vereinz.: *a Rechnung nöt aussabringa* Aicha PA.– **3b** wie →[*her-aus*]*b.*5b, OB, NB, °OP mehrf., OF, MF vereinz.: *aussabringa, weas gwön is* ebd.; *Ebbs Gnaus kaast eh ned außabringa* WANDTNER Apfelbaum 8.– **3c** auslegen, deuten: *wann i jetzt ... kam, nacha kunnt's der Pfarrer so außabringa, als wenn i a schlecht's G'wissen hätt'* THOMA Werke VI,112 (Andreas Vöst).– **4** von sich geben, darlegen.– **4a** wie →[*her-aus*]*b.*6a, °OB, NB, OP vereinz.: °*a „Grias di God aa, Walli!" bring i nu außa* Reichenhall; *Håt koa Woart nüt ausser'bråht* HALLER Frauenauer Sagen 58.– **4b** wie →*b.*6, OB, NB vereinz.: *du bringst es ausser, as wia wenn i schlecht wa* Passau.

WBÖ III,974 f.; Suddt.Wb. I,605.– BRAUN Gr.Wb. 24; SINGER Arzbg.Wb. 15.

[**aushin**]**b.** **1** hinausbringen, nach außen bringen: *wenn si der amoi ebbs an Kobf setzt, oft bringst as eam nimma aussi* Vachendf TS; *weil ma nacha de Fakein mit der Alt'n no auf's Feld außi bringa ko* THOMA Werke III,106 (Hochzeit).– **2** wie →[*aus*]*b.*2, NB vereinz.: *Mist auibrot* Tittling PA.– **3** wie →[*her-aus*]*b.*5b: *ebbas außibringa* Neubeuern RO.– **4** wie →[*aus-ein-ander*]*b.*5: *da bringst niemals an Glanz außi* O'nzell WEG SHmt 42 (1953) 61.

WBÖ III,976; Schw.Id. V,721 f.; Suddt.Wb. I,610.

[**bei**]**b.** **1** herbeischaffen: *beibringa* „verlorene oder gestohlene Sachen" Mchn; *Jetz bringa sie 'n Rauba bei* SCHUEGRAF Wäldler 67; *unb zusechen, ob genueg Stain zum Pau beygebracht worden* N'aschau RO 1752 JAHN Handwerkskunst 418.– **2** †beweisen: *im fall solches beygebracht wurde/ ist solcher Vertrag für vnkräfftig zehalten* Landr. 1616 8.– **3** lehren, vermitteln, °OB, NB, °OP vereinz.: °*ma hots eam im Guatn beibringa wolln* Polling WM; *Döi brengt da bei, daaßt scha fuffzich Gaouher dei Haouer falsch kämmst* SCHEMM Neie Deas-Gsch. 107.– **4** zufügen: *an Schrecka beibracht* Ursulapoppenricht AM.

WBÖ III,969; Schwäb.Wb. I,789; Schw.Id. V,730; Suddt. Wb. II,174.– ²DWB IV,730-733; Frühnhd.Wb. III,862-864; Ahd.Wb. I,1396f.– SINGER Arzbg.Wb. 33.

[**durch**]**b.** **1** durch ein Hindernis bringen (können), OB vereinz.: *i bring an Fom net durch d' Nådl durch* Wasserburg; *Haud pertulit nidurihprahta* Tegernsee MB 11.Jh. StSG. II,667,54.– **2** durchsetzen, zum Erfolg verhelfen: *mia miassn unsan Kandidatn durchbringa* Haag WS; *do konnst Gift drauf nehma, daß er's durchbringt* GRAF Werke II,34 (Der harte Handel).– **3** (mit Mühe) versorgen, am Leben erhalten.– **3a** mit dem Lebensnotwendigen versorgen, NB, OP vereinz.: *der laßt si vo sein Wei durchbringa*

Pfreimd NAB.– **3b** am Leben erhalten, OB, NB vereinz.: *des Kind is åləwai krank, des wer'n mir kaam durchbringa* Wasserburg; *sie hat a niad's Kaibi durchbracht* THOMA Werke VI,291 (Wittiber).– **4** vergeuden, verschwenden, OB, NB, OP vereinz.: *durchbringa* „ein Vermögen" Simbach PAN; *Der Kassier hout ... is ganze Gēld ... inan Spillkasino durchbracht!* BERTHOLD Fürther Wb. 45.– Ra.: *der lebt van Durchbråcht'n* „verschwenderisch (ohne die nötigen Geldmittel dazu zu haben)" BRAUN Gr.Wb. 108.– **5** (Zeit) zubringen: *bring dein Tåg guat durch* Geburts- oder Namenstagswunsch Osseltshsn MAI.

WBÖ III,970; Schwäb.Wb. II,482; Suddt.Wb. III,478.– ^{2}DWB VI,1575f.; Mhd.Wb. I,1406; Ahd.Wb. I,1397.– BERTHOLD Fürther Wb. 45, 281; BRAUN Gr.Wb. 108; KONRAD nördl.Opf. 73.– S-49H2^{a}.

[**ein**]**b.** **1** herein-, hineinbringen, -schaffen (können), °OB, NB, OP vereinz.: °*den Klotz muaßd kliabn, oisa ganza bringsd den ned bein Ofaloch ei* O'neukchn MÜ; *i ho wos ins Vaddaunsalöchl einbracht* „habe mich verschluckt" Mockersdf KEM; *Troad einbringa, Drischl schwinga* Oberpfalz 19 (1925) 237; *Indita inbrahtiv* Rgbg 10.Jh. StSG. II,4,35; *wan sy ir Gedrait ... auf dem Feldt haben und einbringen sollen* Bghfn LA 1587 HARTINGER Ordnungen I,111; *auf einem Karren geführet eingebracht und allhier ... begraben* Arzbg WUN 1674 SINGER Totenbrauchtum 17.– Übertr. (ins Gedächtnis) einprägen, OP vereinz.: *dea bringt nix in sein Hianschedl ei* Edelsfd SUL.– **2** (Nahrung) zu sich nehmen, OB, NB vereinz.: *i muaß des Bier no eibringa* Haag WS; *'s Mittàgéssn ei~-bringə~* SCHMELLER I,362; *die malzeit ... bei einem wirt eingebracht* Mühldf 1588 GRIMM Weisth. VI,170.– **3** Ertrag bringen, einsammeln, verdienen.– **3a** wie →*b.*3, OB, NB vereinz.: *der Handl muaß mir viel Geld aibringa* Haag WS; *des ... bringt ... a Batzl ei* BREITENFELLNER Spinnstubengesch. 50.– **3b** einsammeln, einziehen, OB, NB, OP vereinz.: *n Åusdamonda af d Nocht bringa d Burschn von Moilan d raudn Oia aa*^{n} Altfalter NAB; „wofür dann ... jeder Musikant ein Küchel und ein Stück Brod erhält. Das nennen sie dann: *Küchel einbringen*" OP Bavaria II,317; „Unter dem Essen besorgt der Hochzeitlader gleich *das Mahleinbringen*" BRONNER Sitt' 292; *100 guldein, di sol mir der Trainer einpringen in drein tagen* 1389 Runtingerb. II,102; *solche Straff der fünff Gulden vnnachläßlich eingebracht werden sol* Churfürstlicher Pfaltz Fürstenthumbs in Obern Bayern Landsordnung, Amberg 1599, 142.– Übertr. (Freude) einbringen: *bis b'Freid ejbrocht is* „bis man sich zur Genüge amüsiert hat" Rottendf NAB; *d Freid ainbrocht* BRUNNER Wdmünchen 398.– **3c** als Lohn erhalten, verdienen: *20 fl eibracht* Passau; *wenn er sist* [sonst] *ebs äbro(ch)t ... hot, a Korn ober sist ebse* Teisnach VIT BJV 1954,200.– **4** fangen, festsetzen, OB, NB vereinz.: *oan aibringa* „den Verbrecher" Aicha PA; *wenn ... Mißthätter ... eingebracht, gericht oder gerechtferdiget werdten* Wdsassen TIR 1516 VHO 35 (1880) 171; *einBringen in d'eisen* SCHÖNSLEDER Prompt. H7^{v}.– **5** †(Grubenbauten) in die Erde treiben, bergmannssprl.: *und bringet zehen Lachter und eine Spanne vom Rasen Seigerteufe* [Schachttiefe] ... *ein* 1784 Berggesetze 367.– **6** †wie →*b.*6: *soll kein Gerichtsmann durch sich selbst im Rechten etwas einbringen* Holnstein BEI 1592-1629 VHO 72 (1922) 12.– Auch: *eibringa* „einen Antrag einreichen" Weiden.– **7** (eine Verpflichtung) erfüllen: *an Schå*^{r}*wa*^{rk}*dåg ei*^{n}*bringa* „der Vereinbarung gemäß scharwerken" Reisbach DGF.– **8** (eine Schuldigkeit, Verpflichtung) einfordern, NB, OP vereinz.: *i brings schå wieda-r ai* „sich für einen Dienst entschädigen" Aicha PA; *Vergelts Gott fürn Kaffee und für die Küachln und gel, brings fei bald ei!* Peißenbg WM Altb.Heimatp. 6 (1954) Nr.17,8; *Hàst ə~ Trinkgəld ei~zbringə~* „ich bleibe dir ein Trinkgeld schuldig" SCHMELLER I,362.– Auch vollstrecken, ä.Rechtsspr.: *er acht nit was man urteil, es lig doch nur am einbringen* AVENTIN V,565,19f. (Chron.).– **9** ausgleichen, wettmachen, °OB vereinz.: *i håb ebbas tson eibringa* „Schlaf nachzuholen" Kochel TÖL.– **10** wie →[*durch*]*b.*5, OB vielf., NB mehrf., OP vereinz.: *di schöana Zeit hamma eibrocht* Waidhfn SOB; *bring dein Tog guat ei!* Geburts- oder Namenstagswunsch Dietersburg PAN; *Hást 'ə n Kirdə' guəd ei~-'brà't?* SCHMELLER I,362.

DELLING I,149; SCHMELLER I,362.– WBÖ III,970f.; Schwäb.Wb. II,594; Schw.Id. V,716f.; Suddt.Wb. III,568.– ^{2}DWB VII,538-542; LEXER HWb. I,1423; WMU 924; Ahd. Wb. I,1402.– BRAUN Gr.Wb. 114.– S-49H2^{a}, M-180/7.

[**einhin**]**b.** **1** hineinbringen (können), hineingeleiten.– **1a** hineinbringen, -schaffen (können), °OB, NB, OP vereinz.: *den Fuchs müaßt ma ins Eck einibringa* Pfaffenbg MAL; *An söllan Ehebröcha soit ma ins Zuchthaus einibringa* O.E. BREIBECK, Nacha treibt's zua, München 1979, 73.– Übertr.: *Du host mi in was schön's einibracht* [in eine schlimme Lage gebracht] THOMA Werke VI,341 (Wittiber).– (Ins Gedächtnis) einprägen, NB, OF vereinz.: *wenn sua etlö Stuzl-*

köpf drunta sänn, nau is nix aine z'brenga Lauterbach REH.– *Do werdn mir heunt scho a Lebn einibringa, in dös Nest* GRAF Dorfgesch. 171.– **1b** hineingeleiten: *'s Lenei sollt i eahna eini bringa* CHRIST Werke 39 (Erinnerungen).– **2** wie →[*abhin*]*b.*1a, NB, °OF vereinz.: °*des breng e nimmer eiche* „wenn man ganz satt ist" Selb.– **3** unabsichtlich mit etwas versehen, NB vereinz.: *Flöck einöbracht* Hengersbg DEG.

WBÖ III,976; Schw.Id.V,717f.; Suddt.Wb. III,597.– DWB III,203.

[**ver**]**b.** **1** vollbringen, ausführen, machen, °OB mehrf., °NB, °OP vereinz.: °*då håt a a greisliche Åckerei vabråcht* „schlecht geackert" Marktl AÖ; °*vabring ned aso a Gschieß* „mach nicht so ein Theater" Kötzting; *dea vọbriŋd aso a metn* „macht wohl ein Getue" nach BERGMANN Baumgarten 25; *ə˜n Lärm ... vo'bringə˜* SCHMELLER I,362; *ain můtwillen an ainander mit schlachen in vnserm gotzhaws verpracht* Indersdf DAH 1479 OA 25 (1864) 53.– **2** wie →[*durch*]*b.*5, OB, NB, OP, OF vereinz.: *i hob dia Zait guat vabrocht* Wasserburg; *Mit Kriacha vobringa Möcht' i 's Leben net* PANGKOFER Ged. altb.Mda. 33.– **3** wie →[*aus-ein-ander*]*b.*5: *dör kå's ed* [nicht] *fabringa* „kann nicht stillschweigen" Derching FDB.

SCHMELLER I,362.– WBÖ III,971f.; Schwäb.Wb. II,1086; Schw.Id. V,722-725; Suddt.Wb. IV,123f.– DWB XII,1,173-176; LEXER HWb. III,83, Nachtr. 390; Ahd.Wb. I,1397f.– KOLLMER II,105.– S-49H2[a], 68K50.

[**fertig**]**b.** wie →[*aus-ein-ander*]*b.*5, °OB mehrf., °Restgeb. vereinz.: *dea håd d'Heirad fiatö bråcht* Schönau EG; *er hout niad vül firti broucht* Pommelsbrunn HEB; *Probiern S' unsere Krapfen, die müssen S' z'erscht ferti bringa!* CHRIST Werke 162 (Erinnerungen).

[2]DWB IX,369.– BRAUN Gr.Wb. 132.– M-180/4.

[**voll**]**b.**, †[**vollen**]- **1** wie →[*ver*]*b.*1, °OB, °NB vereinz.: *der vollbringt a Gstell und is do nix damit* U'rohrbach EG; *dein frawen ... di weder weis* [Benehmen] *noch werch dir ze danck nu̇mmer mag volpringen* KONRADvM BdN 313,23f.; *einen Gottesdienst ... vollbringen, halten und gedenken lassen* Moosburg FS 1536 ZILS Handwerk 35.– **2** †fertigstellen, vollenden: *daz wir daz werc ... follinbrehtint* Rosenhm 1286 Corp. Urk. V,245,25f.; *die andern Teutschen, so bei der pruck lagen, damit dieselbig nit volpracht würd* AVENTIN IV,1054,1-3 (Chron.).

WBÖ III,972; Schwäb.Wb. II,1626, VI,1930; Schw.Id. V,722.– DWB XII,2,602-614; LEXER HWb. III,435f.; WMU 2188f.

[**da-von**]**b.** **1** wie →[*durch*]*b.*3b: *daß d Höwangön sejwa gmoid hod, sie bringt mö nöd davo* KERSCHER Waldlerleben 151; *grod dös Büabei, wenn öh davobrahd!* SCHLICHT Altheimld 23.– **2** †retten, (vor Verlust) bewahren: *So hiet er davon pracht 99 guldein* 1402 Runtingerb. II,147.– **3** †erlangen, bekommen: *wen nur der heilig pauch das sein davon pringt* AVENTIN IV,811,12 (Chron.).

WBÖ III,972; Schwäb.Wb. II,85; Schw.Id. V,722.– [2]DWB VI,428; Frühnhd.Wb.V,314f.

[**vor**]**b.**, [**für**]- **1** nach vorn bringen, hervorholen: *das Geld werd i dir gleich vorbringa* „aus einem hintern Raum" Haag WS; *furiprahta* Rgbg 11.Jh. StSG. II,464,15.– **2** †wie →[*bei*]*b.*1: *Effundero vuripringo* Tegernsee MB 11.Jh. StSG. I,688,33; *wann das urbar recht ist, so pringt man mülmäsel und ellen für* Winhöring AÖ 1594 GRIMM Weisth. VI,137.– **3** †erzeugen, erschaffen: *Profudit uuriprahta* Tegernsee MB 11.Jh. StSG. II,1,28; *ein Weib ist ... ein Übel, das die Natur vorgebracht ... hat* Bayer.Barockpr. 26f. (Georg Stengel).– **4** von sich geben, darlegen.– **4a** wie →[*her-aus*]*b.*6a, OB, NB vereinz.: *es liegt ma auf der Zung aber i kann's net fürbringa* Wasserburg; *fīrpriŋa* „mit Mühe reden" SCHWEIZER Dießner Wb. 45; *Edere furipringan* Tegernsee MB 11.Jh. StSG. II,256,38; *daz etleich vogel menschleichev wort fu̇r pringent* KONRADvM BdN 298,11f.– **4b** wie →*b.*6, OB vielf., NB, OP mehrf., MF, °SCH vereinz.: *a Bitt fåu[r]bringa* Mittich GRI; °*des hätt i bessa fürbringa kenna* Ried FDB; *Dös ko unseroana nia so deutlöh fürbringa* Bayernb. 373; *Wia mehr daß a fürbringt, wia mehr dappt a nei* DINGLER bair.Herz 122; *ob die amptleut daran seumig weren und nicht fürprechten* Kastl NM 1438 GRIMM Weisth. VI,111; *es wa[e]re dann, dass der dienstboth ... entschuldigungsgru[e]nde vorbringen ... ko[e]nnte* Mchn 1781 WÜST Policey 172.

SCHMELLER I,745.– WBÖ III,972f.; Schwäb.Wb. II,1841; Schw.Id. V,725-727.– DWB XII,2,932-937; LEXER HWb. III,592; WMU 2207f.; Ahd.Wb. I,1398, 1400-1402.– BRAUN Gr.Wb. 783.– S-49H2[a], 56E2, M-176/12.

[**fort**]**b.** **1** fortschaffen, OB vereinz.: *foatbringa* Ingolstadt; *das Khorn umb sovil leichter forthbringen* Bodenstein ROD 1675 HARTINGER Ordnungen III,290.– Übertr. den Tod herbeiführen: *Wos houd nacha den Boum fuaddbrachd?* LODES Huuza güi 36.– **2** wie →[*durch*]*b.*3a, NB mehrf., °OB, OP vereinz.: *dö Leut bringan sö gråd mitn Bettlngeh und Stehln fuart* NB; *den mouß s Wei furtbringa* Dörfling ROD; *A Häusla bringt si oft* *leichta fuet* KIEM obb.Volksl. 56; *Wir werd'n uns in Gott's Nam' schon furtbringa!* MEIER Werke I,228 (Scheib'nhofbauer).

WBÖ III,972f.; Schwäb.Wb. II,1682; Schw.Id. V,728.– ²DWB IX,802f.

[**fürher**]**b. 1** wie →[*vor*]*b.*1: °*s Essn fiarabringa* „nach vorne tragen" Tittmoning LF; *mit dö warma Semmeln … dö wo d'Stasl neiling in der Früah fürabrocht hot* O.M. GRAF, Die Chron. von Flechting, München 1975, 156.– **2** von sich geben, darlegen.– **2a** wie →[*her-aus*]*b.*6a, °OB, °NB, OP vereinz.: *der bringd ningx mea fiara* „kann nicht mehr reden" St.Englmar BOG; *Mit Müah'und Not hat a nachat woanadö vürabracht, was eahm passiert is* SCHMALHOFER Brautweiser 20.– **2b** wie →*b.*6, NB mehrf., OB, OP vereinz.: *der bringts schöi füara* Rieden AM; *Oiss bringt a vira, vom ganzn Joah* WANDTNER Apfelbaum 9.

WBÖ III,975; Suddt.Wb. IV,516.

[**fürhin**]**b. 1** wie →[*aus-ein-ander*]*b.*5, °OB, °OP vereinz.: °*du moußt schaua, daß du des Ding vürebringst* Sulzbach-Rosenbg; *a selle … De wo zuapackt und ebbs füribringt* DINGLER Arntwagn 26.– **2** wie →*b.*6, OB, OP vereinz.: *guat füribringa* gut erklären Kreuth MB; *So treu und bieder hat er dös füribracht* GLEITNER Bauerng'stanzl 27.– **3**: *firrebringa* „protegieren" Staudach (Achental) TS.

WBÖ III,976; Schwäb.Wb. II,1850; Schw.Id. V,727f.

[**heim**]**b. 1** nach Hause bringen, geleiten.– **1a** nach Hause bringen, OB, NB vereinz.: *6 Fuarn Hoiz hoambringa* Mittich GRI; *Etz diands woali* [schnell] *laada, sieschd bring mers nimmer drukki hua* WÖLZMÜLLER Lechrainer 147.– Übertr. OB vereinz.: *dia Krankat håt er hoambråcht* Wasserburg; *etz plagt a si, bis a sei Räuscherl hoambringt* DINGLER bair.Herz 98.– **1b** nach Hause geleiten: *an Sepp ham's hoambracht, er war so b'soffn* Wasserburg; *Und der oiso hod di hoambracht?* HERRLEIN Wallfahrt 41; *daz er dich wider haim præht in seins vater reich* KONRADvM BdN 337,16f.– **2** Spielkarte mit hoher Punktzahl nicht an den Gegner verlieren, OB, °OP vereinz.: °*dåou bring i ma Sau ham!* seinem Partner Karten mit hoher Augenzahl zuspielen Haselbrunn KEM.

WBÖ III,973f.; Schwäb.Wb. III,1365; Schw.Id. V,728; Suddt.Wb. V,203.– Rechtswb. V,591; Frühnhd.Wb. VII, 1518f.– S-10E20ª.

[**her**]**b. 1** herbeischaffen, hergeleiten.– **1a** wie →[*bei*]*b.*1, °Gesamtgeb. vereinz.: *er hots herbrunger* Offenbau HIP; *Und schaug, daß d' a paar Säck herbringscht* THOMA Werke VI,360 (Wittiber); *Swaz paemoͤls gest oder die purger herpringent* 1365 Stadtr.Mchn (DIRR) 456,20f.; *außer es ist ein anders … hergebracht worden* Sünching R 1742 HARTINGER Ordnungen III,134.– Übertr.: *der Haufen G'setzer! I woaß gar net, wo s'as allweil herbringen* THOMA Werke II,216 (Medaille).– **1b** hergeleiten: °*des Kind ho ich zun Dokta herbraocht* Windischeschenbach NEW; *er hat mich herbracht* SCHÖNSLEDER Prompt. H8ʳ.– **2** Ertrag erwirtschaften, abwerfen.– **2a** erwirtschaften, OB, NB vereinz.: *a den Ocka hams no nia nix heabrocht* Erding; *daß mir an Acker bau'n und 's Brot herbringa* THOMA Werke VI,185 (Andreas Vöst).– **2b** wie →*b.*3: *da bringt da Woaz no mehra Dukatenstückeln hera!* DINGLER bair.Herz 120.– **3** wie →[*auf*]*b.*3a, NB, °OP vereinz.: *woa will i nea s Gwand füa meine Kinda heabringa!* Sulzbach; *mir könna schaun wia mirs Fuatta herbringa!* GRAF Werke XI,3,323 (Kalendergesch.).– **4** ererben, überliefern, herleiten.– **4a** †als Erbe erhalten: *alle diese … Stück und Gütter … zu Dorf und Feld, wie solche genutzt, genoßen und hergebracht* Neuburg 1800 VHO 60 (1908) 61.– **4b** überliefern, weitergeben: *dös Heabråcht* Aicha PA; *wir svlen auch bede vnseriv geriht … haben/ als wir si her braht haben* Ingolstadt 1293 Corp. Urk. III,32,32f.; *zuappelliern … wie dann vntzhero im gebrauch auch hergebracht ist* Landr.1616 180.– **4c** †(jmds Abstammung) herleiten: *wiewol die alten … kaiser Karl und seine vorfodern aus den alten fürsten von Baiern herbringen* AVENTIN V,116,13-15 (Chron.).

WBÖ III,974; Schwäb.Wb. III,1454; Schw.Id. V,729; Suddt.Wb. V,253.– DWB IV,2,1065f.; Frühnhd.Wb. VII, 1739f.– S-49H2ª.

Mehrfachkomp.: [**da-her**]**b. 1** wie →[*bei*]*b.*1: *innera Schachtl woars drinn, und da Bauer houds unterm Orm daherbrachd!* Weiden 1999 Die Arnika 34 (2002) 202.– **2** von sich geben, darlegen.– **2a** wie →[*her-aus*]*b.*6a, NB, OP vereinz.: *s Hinta fürs Vöda daher bringen* „kauderwelschen" Höll WÜM; *balst du zu mir nix g'sagt hätt'st, nacha hätt' i de Dummheit net daher bracht im Rausch!* THOMA Werke VI,115 (Andreas Vöst).– **2b** wie →*b.*6, OB, NB, MF vereinz.: *dea bringts daher, wia wenn i d'Schuld warat* Passau; *dös hamm scho mehra daher bracht, und der Amtsrichta hat bloß g'lacht* THOMA Werke III,155 (Hochzeit).

WBÖ III,975.– ²DWB VI,78.

[hin]b. 1 hinbringen.– **1a** hinbringen, -schaffen (können), OB, NB, °OP vereinz.: *des Schreibn muast zum Lerer hibringa* Wasserburg; *°dou bringa mi koi zea Gaal hi!* Weiden; *mei' Sepp ... Hat 'n Ball'n eam hi'bracht* J. MAYERHOFER, Mei' Pfoarra, Augsburg/München 1883, 12; *sovil er über Winder ... Fuederey hinbringen mag* Sünching R 1682 HARTINGER Ordnungen III,126.– **1b** den nötigen Platz für etwas finden: *°haoust as hiebracht?* „hat der Platz gereicht?" Selb; *schnitzt den ganzn Nam durt ei. Grod daß an no hibro't hot* Oberpfälzer Heimatspiegel 29 (2005) 86.– **1c** verlegen, verschlampen: *wo hads den grǫd de dswoadn* [Socken] *wida hĩ brǫhd* nach KUFNER Freutsmoos 127.– **2** (auf eine Stelle) vermitteln: *i ko do net auf an Plotz ... a Dirn hi'bringa, de vielleicht d'Lungl'sucht hot!* THOMA Werke VI,423 (Wittiber).– **3** wie →*[für-ein-an-der]b.* 1b, °OB, °OF vereinz.: *°insa Bürgamoaschda bring dös Ding scho hi bei de Behördn* Lenggries TÖL; *Des hams fei wieda amal sauba hinbrunga!* Altb.Heimatp. 63 (2011) Nr.23,25.– **4** wie →*[durch]b.* 3a: *°der ko se sayba ned hibringan* Siglfing ED; *hinbringen sich* „sich fortbringen, ernähren" SCHMELLER I,1117; *er kan sich kaum hinbringen* SCHÖNSLEDER Prompt. H8v.– **5** darlegen, zu verstehen geben.– **5a** wie →*b.* 6, OB, NB, OP, MF vereinz.: *der kons hibringa!* Katzwang SC.– Auch: *du bringst mi scho so dumm hi!* „als dumm hinstellen" Ruhstorf GRI.– **5b** wie →*[an]b.* 4b, NB vereinz.: *dös hama eam hibrod* „hingerieben" Arrach KÖZ.– **6** wie →*[durch]b.* 5: *wie werd i wohl den Tåg hibringa* Haag WS.

SCHMELLER I,362, 1117.– WBÖ III,975; Schwäb.Wb. III,1620f., VI,2175; Schw.Id. V,728f.; Suddt.Wb. V,393.– DWB IV,2,1403f.– BRAUN Gr.Wb. 259.– S-49H2a.

[hinter]b. 1 wie →*b.* 1b: *hinterbringa* „Grüße" Passau.– **2** †wie →*b.* 6: *Also hinterbringt er Hartmayr den 17. Junii 1745* Gnadenblum 45.– **3** hinterbringen, zutragen, °OB, NB vereinz.: *°wenn no dö it* [nicht] *öls hintabringa tat* Mammendf FFB.

WBÖ III,976; Schwäb.Wb. III,1654; Schw.Id. V,729.– DWB IV,2,1498.

[hint(er)hin]b. 1 nach hinten befördern: *larö Hunt hintröbringa* „leere Loren" Ascholding WOR; *do hätt ih 's* [das Vieh] *nimmer hintri* [auf die Weide] *bro(ch)t* Exenbach VIT BJV 1954,204.– **2** wie →*[abhin]b.* 1a: *°des breng e nimmer hinte* „das kann ich nicht mehr essen" Selb.

WBÖ III,976; Schw.Id. V,729.

[mit]b. 1 mit sich an einen Ort bringen, °OB, °NB, °OP vereinz.: *an Hund derfst net mitbringa* Wasserburg; *Host uns nix mitbrunga vom Bartlmarkt?* ILMBERGER Fibel 34; *er werd' ... Geld mitbringa ganzi Säck' voll* F. v. KOBELL, Die Prüfung, München um 1870, 6; *Daß kein Gast seine Spilleut auff die Hochzeiten mitbringen sol* Landr.1616 564.– Ra.: *do derfat ma s'Essn glei sell mitbringa* „dort bekommt man wenig zu essen" Kötzting, ähnlich BEI.– **2** übertr.– **2a** mit in die Ehe bringen, OB, °NB, OP, OF vereinz.: *midbrouchdö Kinda* Beilngries; *D' Wally ... konn wos mitbringa in d' Eh'* GRAF Werke XI,2,203 (Kalendergesch.); *was bräutigam und braut selbsten gegen einander ... mitbringen* Rgbg 1689 WÜST Policey 147.– **2b** als Veranlagung mitbringen, OB, NB vereinz.: *des hat er mitbracht* Mundraching LL.– **2c** aufbringen, als Voraussetzung haben: *A bissl Vertrauen miassn S' natürlich scho mitbringa* TH. BOGENBERGER, Hattinger u. der Nebel, Bielefeld 2014, 194.– **3** †beinhalten: *wie den die Policey-Ordnung mitbringt* Deggendf 1556 HARTINGER Ordnungen I,149.

WBÖ III,976; Schwäb.Wb. IV,1701, VI,2581; Schw.Id. V,729.– DWB VI,2339f.– BRAUN Gr.Wb. 401.

[nieder]b. Einhalt gebieten od. tun: *°wenndsd de du so aufmandlst* [aufspielst], *åcht* [dann] *mua ede nieda bringa* Au a.Inn WS; *süllen dan die anderen ... das feur helfen niderpringen* 15.Jh. Stadtr.Mchn (AUER) 157.

WBÖ III,977.– DWB VII,751f.; LEXER HWb. II,67; Ahd. Wb. I,1402.

[zu-recht]b. 1: *zrechtbringa* „wieder in Ordnung bringen" Mchn.– **2** beruhigen: *und hab ihn auch net „zrechtbrocht"* Neuburg BÖCK Sagen Neuburg-Schrobenhsn 123.

WBÖ III,977; Schwäb.Wb. VI,1355.– DWB XVI,644.

[zu-sammen]b. 1 versammeln, zusammentragen (können), OB, NB vereinz.: *åis auf oam Plåtz zåmbringa* Mittich GRI; *Diser Noah ... hauet zwaiundvirzig jar das holz ab und bracht's zam* AVENTIN IV,50,30-33 (Chron.).– Übertr. vereinen: *wenn i ois z'sammbrocht hob, nachha san mir Fargs* [FN] *obnauf* O.M. GRAF, Die Chron. von Flechting, München 1975, 96f.– **2** zumachen, schließen können, OB, NB, MF vereinz.: *er bringt s Mal nimma zam vår lauta Låcha* Neukchn BOG.– **3** (Menschen) zusammenführen.– **3a** allg.: *da Daumhandla bringt allö Daumnårrn zam* Mittich GRI.– **3b** ein Paar zusammenführen, (seine Heirat) vermitteln, OB, NB, OP mehrf., °OF vereinz.: *däa håt d'Heirat zammbråcht* Kochel TÖL; °*der haout döi zambracht* „verkuppelt" Selb.– **3c**: *zambringa* „versöhnen" Spr.Rupertiwinkel 100.– **4** wie →[*auf*]*b.*3a: *s Gejd nöd zammbringa* Reisbach DGF; *I muaß hoit aa schaugn wia i's z'sammbring'* GRAF ebd. 167; *Theudas ... het nun wol vierhundert man zam bracht* AVENTIN IV,744,17-20 (Chron.).– **5** bewerkstelligen, erzeugen.– **5a** wie →[*aus-ein-ander*]*b.*5, °OB, °NB mehrf., °OP, °MF vereinz.: *wen i mö afn Kopf stejat, bracht ös a nöt zam* Iggensbach DEG; °*i glaab, heint howi an Kaffee a weng stoak zammbracht* Windischeschenbach NEW; *An etla ham in dera Zeit glei a paar Räusch zsammbracht* BREITENFELLNER Spinnstubengesch. 76; *koan Vierer kunnt' i' halt nit 'zammbringa* KOBELL Schnadahüpfln 81.– Übertr.: *Dös brächt ich niat z'samm* „das könnte ich nicht übers Herz bringen" SINGER Arzbg. Wb. 280.– **5b** †verfassen: *hat AVENTINUS ... dise püecher am ersten im latein, darnach in das teutsch zam pracht* AVENTIN V,348,8-10 (Chron.).– **6** verstehen, erinnern.– **6a** begreifen, verstehen: *moansteppa bringstas glei zamm?* LACHNER Bayr. 9.– **6b**: *i brings nimma z'samm* „kann mich nicht erinnern" Wasserburg.

WBÖ III,977; Schwäb.Wb. VI,1362; Schw.Id. V,732.– DWB XVI,739f.; Ahd.Wb. I,1405.– BRAUN Gr.Wb. 890; POELT-PEUKER Wb.Pöcking 51; SINGER Arzbg.Wb. 280; Spr.Rupertiwinkel 100.– S-7A1.

[**Hinter-sich**]**b.** N., Bericht, ä.Rechtsspr.: *auf Hintersichbringen an ir Principal* Mchn 1508 LORI Lechrain 249.

WBÖ III,977; Schwäb.Wb. III,1664; Schw.Id. V,731f.– Rechtswb. V,1060.

[**um**]**b.** **1** umbringen.– **1a** umbringen, töten, °OB, °NB mehrf., °Restgeb. vereinz.: *dön ham d Franzosn umbråcht* „die Syphilis" Reisbach DGF; *Dråuna umbringa* Drohnenschlacht Rohrbach ND; *mei Muatta wenn mi findt, dö bringt mi um* CHRIST Werke 50 (Erinnerungen); *Dees waar ja wahrhafti zu'n Umbringa schier* KOBELL Ged. 59; *sich selbs vmbBringen* SCHÖNSLEDER Prompt. H9r.– Ra.: *der kannt an umbringa* geht über Leichen Abenbg SC, ähnlich OB, NB vereinz.– *Der hätt si umbracht, wenn ers net kriagt hätt* Zwiesel REG, ähnlich EG.– *Er is net zum umbringa* „hat sich nach schwerer Krankheit erholt" Wasserburg.– **1b** übertr.– **1bα** refl., übermäßig arbeiten, NB vereinz.: *der bringt si um* Geiersthal VIT; „ein *faules Luder ... bringt sich nicht um*" SCHLAPPINGER Niederbayer II,43.– **1bβ** schwer zusetzen, zermürben, OB, NB, OP, OF, MF vereinz.: *des het di umbrocht, wennst net dabei gwen warst* Rimsting RO.– **2** kaputtmachen, ruinieren, OB, NB vereinz.: *der bringt alls um* „ruiniert alle Kleider" Mchn; *te hosn is net tsən umbriŋa* nach DIETL Erg.Schmeller II,24.– **3** wie →[*an*]*b.*3a: *so muß i s'halt selber umbringen, meine Kreuzer* CHRIST Werke 384 (Mathias Bichler); *Die vier brüeder ... brachten umb vil geltz* FÜETRER Chron. 263,31-33.

WBÖ III,977f.; Schwäb.Wb. VI,84, VI,3284; Schw.Id. V,713.– DWB XI,2,828-833; LEXER HWb. II,1722; Ahd. Wb. I,1402f.– BRAUN Gr.Wb. 702.

[**umher**]**b.** **1** herüberbringen: *Dei Franzl kanns ja morgn wieder umabringa* CHRIST Werke 752 (Madam Bäurin).– **2** wie →[*durch*]*b.*5: *bring dein Tag guat umma* Geburts- oder Namenstagswunsch Deining WOR; *d'Feiertag gut umabracht?* PEETZ Chiemg.Volk II,146.– **3** für ein Liebesverhältnis gewinnen: °*da Kåschba is a schneidega Bursch gwen und hot a jeds Madl umabrocht* Lenggries TÖL; *Du host'n umabrocht?* GRAF Werke II,95 (Der harte Handel).– **4** jmdn bewegen, seine Meinung zu ändern, OB, NB vereinz.: *dös hatn fei uma'bracht* „die Meinung ändern lassen" Haag WS.

[**umhin**]**b.** **1** hinüberbringen: °*bring den Koaw voi Epfe zon Nochban ume* Garching AÖ.– **2** über die Zeit retten, bewahren: *Mia müaßma-r-an Hof a vier, a fümf Jahrl umibringa* HALLER Dismas 131.– **3** wie →[*durch*]*b.*5, OB, NB, OP vereinz.: *der woiß net, wia er den Tog umibringa soll* stinkt vor Faulheit Ursulapoppenricht AM; *aa i muaß de Zeit guat ummebringa* J. REITMEIER, TH. STAMMBERGER, Woyzeck, Viechtach 1996, 17.– **4** wie →[*umher*]*b.*4: *den hot er umibrocht* „seine Meinung eingeredet" Endlhsn WOR; *Hat s' do' no umibracht* DRUCKSEIS G'sund 35.

Schw.Id. V,713f.

[**unter**]**b.** **1** wie →[*hin*]*b.*1b: *i ko's nimma unterbringa* „habe keinen Platz dafür" Wasserburg; *Jetzt kann wachsen, so viel als mag; unterbringen tun wir's schon!* CHRIST Werke 310 (Mathias Bichler); *sovil als in Häusern von Holz ... unterbringen sein mag* Hemau PAR 1775 HARTINGER Ordnungen II,577.– **2** unterbringen, eine Unterkunft, Anstellung verschaffen, OB, NB vereinz.: *des arm Woasl-Kind is guat untabracht bai der Bairin* Wasserburg; *Schau zou, daß-d dein Bou(b'm ba da Post untabringst!* BRAUN

Gr.Wb. 721.– **3** †wie →*[hinter]b.*3: *Einem etwas untəˈbringə˜* „hinterbringen" SCHMELLER I,115.

WBÖ III,978; Schwäb.Wb. VI,227; Schw.Id. V,718.– DWB XI,3,1516-1518; LEXER HWb. II,1782; Ahd.Wb. I,1403.– BRAUN Gr.Wb. 721.

[zu-wege(n)]b. **1** wie →*[bei]b.*1: °*de hod ma aa eah zwengbrocht* G'holzhsn RO; *Dà bringt s· mər ə˜n Brandwei zwégng* SCHMELLER II,876; *ir wellt versuechen, ob ir im den fogll möcht zuwegen bringen* Rgbg 1485 Rgbg u.Ostb. 83 (Br.).– **2** †wie →*b.*5b: *Wie er auch die Phalz am Rein zuwegen pracht hab, ist oben … anzaigt* AVENTIN V,367,16f. (Chron.).– **3** zustandebringen, bewerkstelligen, °Gesamtgeb. vielf.: °*heid bring i go nix zweng* G'holzhsn RO; *dea hots zwegn brot* Außernzell DEG; *Holznudl hats ma a zwengbracht* Inzell TS KIEM obb.Volksl. 295; *Und ho' dengerscht … Koan' Schlof z'wegnbracht* KOBELL Schnadahüpfln 91; *das er allain zuwegen bracht, das die Kriechen vom kaiser Philipps zue den Römern fielen* AVENTIN IV,475,33-35 (Chron.).– **4** wie →*[umher]b.*3: *Weast na doo scho amoi oane zwengbringa* „ins Haus bringen" HÖFER Bair. gredt I,112; *derwegen gedachte ich auf alle mittel vñ weg/ sie vnd ihr Gelt zu wegen zu bringen* Ä.ALBERTINUS, Der Landtstörtzer: Gusman von Alfarche, München 1615,399.

SCHMELLER II,876.– WBÖ III,978; Schwäb.Wb. VI,1407f.; Schw.Id. V,734-736.– BRAUN Gr.Wb. 954; Spr.Rupertiwinkel 102.

[weiter]b. **1** wie →*[ab]b.*2, OB, NB, MF vereinz.: *schaung, daß ma'r oan weiterbringg* Partenkchn GAP; *schaugn S', daß S'a Biflamott weiterbringan* CHRIST Werke 144 (Erinnerungen); *Mei' Schwester, die is wie'r a'Zeck, Gar nit zu'n weitabringa* KOBELL Ged. 26.– **2** voranbringen, °OB, NB vereinz.: *dea bringt ebbs weida* Passau.

DWB XIV,1,1,1281.– BRAUN Gr.Wb. 832.

†**[wieder]b.** **1** zurückbringen, -geleiten: *die Verlohrne widerbringet sie* HUEBER Granat-apfel 91.– Übertr.: *daz sy on grosse gnad gots zuo rechtem glawb nit seinn widerzebringen* BERTHOLD vCh Theologey 111.– **2** wiedererlangen: *man wer sich, ee man dy freyhait verlies, dann man si mug widerpringen* ANDREASvR 604,19f.– **3** erneuern, wiederherstellen: *(Reformat) uuidarprinit* Frsg 9.Jh. StSG. II,169,32; *die drei Prückhen … machen, widerbringen und bessern* Aichach 1400 Schrobenhsn.Stadtrechtsb. 56; „Reparabilis, reuocabilis, *das sich laßt widerbringen*" SCHÖNSLEDER Prompt. H9r.– Übertr.: *das der lebendig brueder dem, so ân leibserben abgestorben, den nam und stamen widerbringen sol* AVENTIN IV,727,21-23.– **4** wie →*[ein]b.*9: *Wenn er ainen tag vast, daz widerpringt er mit vil ezzens an dem andern tag* KONRADvM BdN 194,23f.; *domit er menschlichen fal mit strennger puoes widerbringen* BERTHOLDvCh ebd. 77.

WBÖ III,978f.; Schwäb.Wb. VI,769; Schw.Id. V,733f.– DWB XIV,1,2,927-933; LEXER HWb. III,830; WMU 2385; Ahd.Wb. I,1404.– BRAUN Gr.Wb. 849.

[zu]b. **1** wie →*[zu-sammen]b.*2, OB, NB, °OP vereinz.: °*der bringt niad um alles dij Dir zou!* Rottendf NAB; *Iich bring 's Fenza(r … neat zou!* BRAUN Gr.Wb. 931.– In fester Fügung *kein* →*Auge z.* nicht schlafen können.– **2** †wie →*b.*4: *Herr Bruder bring uns zua* MAYER Raindinger Hs. 120; *Zubringen* „zutrinken" HÄSSLEIN Nürnbg.Id. 53.– **3** verschaffen, vermitteln, NB mehrf., °OB, OP vereinz.: *i werd dir scho Holz zuabringa* „verschaffen" Haag WS; *a Heirad zuabringa* Schönau EG; *Vielleicht kunnt da i an Platz zuabringa* THOMA Werke VI,392 (Wittiber).– **4** wie →*b.*5a: *zuabringa* „als Teilhaber in ein Geschäft" Sulzbach; *do wolt die fraw … wissen, wie viel ihr der man zu wolt bringen* Wunsiedel 1513 SINGER Hochzeit 12.– **5** wie →*[aus-ein-ander]b.*5, °OB, OP vereinz.: *äbbas zuobringa* U'rappendf CHA; *wie sie zuobringen daz ir schuldic werdet an iuwern kinden* BERTHOLDvR I,31,20f.– **6** †wie →*b.*6: *chumt … ieman und gicht* [sagt], *er well des guots erbe sein, der sol daz zuo pringen mit rechter sippe zal* Frsg.Rechtsb. 6.– **7** wie →*[durch]b.*5, OB, NB, OP mehrf., MF, SCH vereinz.: *er bringt an ganzn Tåg im Wirtshaus zua* Wasserburg; *bring dein Toch gåut zåu* Konnersrth TIR; *So hat ma dö Suntanamd zuabracht* Schlehdf WM HuV 15 (1937) 233; *zuBringen die zeit* SCHÖNSLEDER Prompt. H9v.

HÄSSLEIN Nürnbg.Id. 53.– WBÖ III,979; Schwäb.Wb. VI,1284f., 3497; Schw.Id. V,736f.– DWB XVI,250-253; LEXER HWb. III,1181; WMU 2528f.; Ahd.Wb. I,1405.– BRAUN Gr.Wb. 931.– S-49H2a.

Mehrfachkomp.: **[anhin-zu]b.** **1** wie →*[an]b.*3c: *anezuabringa* „verheiraten" Simbach PAN.– **2**: *anezuabringa* „aufräumen" ebd.

WBÖ III,979.

[zuhin]b. **1** wie →*[bei]b.*1: *soll's halt meinetwegn so an Akademischn zuawibringa* Altb.Heimatp. 62 (2010) Nr.8,25.– **2** wie →*[zu]b.*3: *oan oanö zuawibringa* Schrobenhsn; *Oam oane zuawebringa* GÖTTLER Dachauerisch 77.

WBÖ III,976; Schwäb.Wb. VI,1324; Schw.Id. V,737.– GÖTTLER Dachauerisch 77. E.F.

Bringer
M., Glücksbringer, Glückszahl, nur in der Ra.: *da Simma is da Bringa* „bringt im Kartenspiel Glück" Reisbach DGF; *Dà Simà is dà Bringà* KAPS Welt d.Bauern 41.

WBÖ III,980; Schw.Id. V,737.– DWB II,390f.; Frühnhd. Wb. IV,1139; Mhd.Wb. I,1007.

Komp.: [**An**]**b.** Verschwender, NB, OP, MF vereinz.: *an Obringa* Außernzell DEG.

WBÖ III,980; Schw.Id. V,716.– ²DWB II,785; Frühnhd. Wb. I,1013f.

[**Auf**]**b.** **1** Zuträger: *Aufbringal* Schulkind, das alles dem Lehrer anzeigt Pfakfn R; *von sothannen straffgeltern denen aufbringern einen theill zukommen zu lassen* Ambg 1760 Oberpfalz 7 (1913) 95.– **2**: *so a Aufbringa!* Verleumder Rechtmehring WS.

Rechtswb. I,855; Frühnhd.Wb. II,360.

[**Zu-sammen**]**b.**: *da Zambringa* Heiratsvermittler Mittich GRI.

DWB XVI,740.

[**Zu**]**b.** **1** Gerät.– **1a**: *Zubringer* „Maschinenteil, das ein Werkstück der Bearbeitung zuführt" Mchn.– **1b** Hydrophor: *Zoubringa* „bei der Feuerwehr" Weiden.– **2** Vermittler, OB, NB, OP vereinz.: *Zuabringa* Heiratsvermittler Ettling LAN; „Wenn ... man sich ein wenig eingerichtet hatte, kam auch der *Zubringer* (Vermittler) zum Mittagstisch an" Mühldorfer Nachrichten 25 (1959) Nr.15, 4.– **3** wie →*[Auf]b.*1, OB, NB vereinz.: *dös is a so a Zuabringa* „hinterbringt alles" Hohenpeißenbg SOG.

WBÖ III,980; Schwäb.Wb. VI,3497.– DWB XVI,253.– S-49H2ᵇ,64G17,76F13. E.F.

-bringerin
F., nur im Komp.: [**Zu**]**b.** Vermittlerin, OB, NB vereinz.: *Zuabringerön* Heiratsvermittlerin Hengersbg DEG; *Zuabringerin* „für die bäuerliche[n] Dienstboten" HÄRING Gäuboden 190; *Dies soll ... auch den Zubringerinen angezeigt werden* Rgbg 1654 VHO 49 (1897) 125.– Auch †Kupplerin: *Zwpringerin fouentes fornicacẽz in domibus suis* Ebersbg 15.Jh. Clm 5924,fol.172ʳ.

HÄSSLEIN Nürnbg.Id. 53; SCHMELLER I,362.– WBÖ III, 980.– DWB XVI,253; LEXER HWb. III,1190.– BERTHOLD Fürther Wb. 262.– S-49H2ᵇ. E.F.

-bringet(s)
N., nur in Komp.: †[**Ein**]**b.** Gabe für den Gemeindehirten: „Während der Sommermonate steht er ... im Genusse des *Einbringets*, das pro Haus in einem Stück Brot besteht" AIC Bayerld 8 (1897) 255.

[**Heim**]**b.** Speisen, die man nach Hause mitbekommt, OB, NB vereinz.: *s Hoambringad* „vom Hochzeitsmahl" Haimhsn DAH.

[**Mit**]**b.** Mitbringsel, NB vereinz.: *Mitbringads* Aicha PA; *Mītbringerts* BERTHOLD Fürther Wb. 142.

BERTHOLD Fürther Wb. 142. E.F.

brinnen
Vb. **1** in Brand stehen, brennbar sein, anzünden.– **1a** in Brand stehen, angezündet sein, °OB, °NB, SCH (FDB) vielf., OP vereinz.: °*an Ofa drin brinnt's* Weildf LF; *dea is råud, wia wen a brinna dad* „er glüht vor Fieber" Iggensbach DEG; *haint Nächt håuds pruna* Rgbg; *Wia ma do auffi kemma, sen scho zwoa Fuira brunna* Garmisch Altb.Heimatp. 10 (1958) Nr.2,4; *Is grad, als wenn's brunn drausst* Seebruck TS 1.H.19.Jh. OA 34 (1874/1875) 130; *prinnan in pehhe* 9.Jh. SKD 67,26 (Muspilli); *Do Ez Pran an Dem vyschmartt* 1395 Stadtarch. Rgbg Cam. 3,fol.77ᵛ; *Wenn die ganze Welt tât brinnă˜* 1727 HARTMANN Hist.Volksl. II,260.– In festen Fügungen: *b.d werden* in Brand geraten, °OB, °NB, °OP vereinz.: °*dö Schupfa is vo selba brinnat woan* O'kreuzbg GRA; *Kejchln ... de hat ma drin net bocha kinna, wal's Schmoiz waar brinnat worn* KÖZ BJV 1952,30; „brannte die Behausung ... dadurch ab, daß ... gedörrter Flachs *brünnend worden* war" 1748 MOSER Kiefersfdn 391.– *B.d* →*heiß* sehr warm.– *B.der* →*Käfer* Leuchtkäfer.– Ra.: *der is so dürr, daß er brinnt* Vilseck AM.– °*Du bist so dumm, daß'd brinnst!* Hohenburg AM.– *Da / obenaus / zu Kopfhausen brinnt es* jmd hat rote Haare, °OB, NB vereinz.: °*z'Kopfhausn brinnts bei dem* Rosenhm.– *Do brinnt's Haus inna* „die Bäuerin ist eine schlechte Wirtschafterin" Mering FDB.– Übertr.: Streit geben, OB, NB vereinz.: *da brints* Willing AIB;– *'s brinnt glei* für einen leicht aufbrausenden Menschen Schrobenhsn.– Part.Präs., sehr warm, heiß, OB, NB vereinz.: *brinat* Maisach FFB; *Torrida prinnentiv* Tegernsee MB 11.Jh. StSG. II,628,18.– **1b** brennbar, zum Verbrennen geeignet sein: *brinna muaß* „das Backholz" Haidmühle WOS; *Dö nassn Scheitln brinna ned gscheit* ILMBERGER Fibel 33; „*das Holz ... hat* oder (seltner) *ist nicht guet gebrunnen*" SCHMELLER I,358; *die*

leicht brinnt SCHÖNSLEDER Prompt. I1ᵛ.– In fester Fügung †*b.d werden* zu heizen, Wärme abzugeben beginnen: *damit die rauchrorn* (= Ofenrohre) *oder kymach* (= … Schornstein) *nit prinnend wern zu ungewonlichen zeiten* Indersdf DAH 1493 BJV 1993,30.– **1c** anzünden, zum Brennen bringen, nur in fester Fügung →*Stecken b.* Osterbrauch.

2 leuchten, Licht verbreiten, glühen, °OB, °NB, °OP, SCH vereinz.: *s Liacht brind guat* Winzer DEG; °*d'Lisl is brinnad roud woan* Nabburg; *'s Lejht håt aah nimmer brunna!* HALLER Bodenmaiser Sagen 49; *wo dă Stern obn brinnt* Chiemgau HARTMANN Volksl. 158; *Candentis … prinnentis* Windbg BOG 12.Jh. StSG. I,642,1-3; *Wenn sich der sunnen schein wider sleht auf dem stain, so gibt er ainn prinnenden schein* KONRADvM BdN 494,4f.; *Bettete er/ brunnen seine Finger wie Kertzen* SELHAMER Tuba Rustica I,437.– In fester Fügung *b.d werden* zu leuchten, glühen beginnen: *Daweil kimmt d' Sunna üba'n Jochberg … ganz brinnat wern de Feichtn* DINGLER bair.Herz 74.

3 sehr heiß scheinen, OB, OP vereinz.: *d'Sunna brinnt sakrisch* Ambg.

4 sich erhitzen.– **4a** sich erhitzen, gären, °OB, NB, °OP vereinz.: *wana z hoiß wiad, fangt da Mist s Brüna a* Hengersbg DEG; *Sie* [die Tauben] *habent gar prinnenden vnd hitzigen mist* KONRADvM BdN 209,1.– Auch in fester Fügung *b.d werden*, °OB mehrf., °NB, °OP, °MF vereinz.: °*s Hei is brinnat woan* Obing TS.– **4b** sich körperlich erhitzen: *gråd brinna duad a voa latta Redn* „Fieber" Iggensbach DEG; *Hoaß is'eahm g'wes'n scho(n), daß er alln* [ganz] *brinnt* LAUTENBACHER Ged. 5; *der die suht hât und aller brinnet vor hitze* BERTHOLDvR II,268,30f.

5: *d'Härndl brinna* „mit einem Brandzeichen markieren" Staudach (Achental) TS.

6 mit der Brennschere wellen: *d'Hâar brina* Schrobenhsn.

7 brennend schmerzen, OB, OP vereinz.: *das brinnt* Emmering FFB.

8 heftig wünschen, leidenschaftlich erregt sein.– **8a** †heftig wünschen, erstreben: *so der girisch man ie mehr des schatzes hat, so er ie mer brinnet, daz er in gemer* O'altaicher Pred. 164,24f.– **8b** auch refl., sich leidenschaftlich erregen, erregt sein, OB, NB vereinz.: *der hat scho brunna vor Zorn* Mauth WOS; *alls hat si print … laft untranand* Schlegldf TÖL KIEM Obb. Volksl. 229; *Der frawen süesses hertze von minne fewre pran* FÜETRER Trojanerkrieg 142,566; *sein Sohn, der pur vor Liebe tut brinnen* 1715 HARTMANN Hist.Volksl. II,209.

Etym.: Ahd. *brinnan*, mhd. *brinnen* stv., germ. Wort idg. Herkunft; KLUGE-SEEBOLD 150 (brennen).

Ltg, Formen: *brina*, *-ī-*.– Konj.Prät. *brun* (MB; PA), *bran* (LF).– Part.Präs. *brinad*, *-ī-*.– Part.Prät. *bruna*, *-ū-*, dazu *brint* (RO).

DELLING I,97; SCHMELLER I,358.– WBÖ III,981-983; Schwäb.Wb. I,1395-1397; Schw.Id. V,637-641; Suddt.Wb. II,628.– DWB II,391f.; Frühnhd.Wb. IV,1139-1142; Mhd. Wb. I,1012-1014; WMU 292; Ahd.Wb. I,1406-1408.– BRAUN Gr.Wb. 65; KOLLMER II,73f.; RASP Bgdn.Mda. 34; Spr.Rupertiwinkel 15f.; Wb.Krün 7.– S-94B12.

Abl.: *brinnendig*, *-brinnet*, *brinnig*.

Komp.: [**ab**]**b. 1** durch Feuer zerstört, geschädigt werden.– **1a** durch Feuer zerstört werden, °OB mehrf., °NB, OP, SCH vereinz.: *z'löscht brinnt dös ganz Haus a no o* Valley MB; *deam is Haus und Stol obruna* Derching FDB; *sehgt er den abrunnan Hauffa* BIBERGER Gschichten 44; *Die ganz Götzgaßn … is abbrunna* NB 1849 SCHLICHT Bayer.Ld 291; *die hant er in daz fiur stiez … unz* [bis] *diu hant gar abe bran* Kaiserchr. 173,5027-174,5032; *anstat deß abgepronnen Pfanndtstalles, ein anndere Stallung … gebraucht* 1643 Stadtarch. Rosenhm, Abt. B/A Nr.63, fol.39ʳ⁻ᵛ.– **1b** durch Brand geschädigt werden, Hab u. Gut verlieren, OB, NB, SCH vereinz.: *a obrunana Baa* Rattenbg BOG; *Ist der Ferdl abbrunnen* LINKE Jahr 27.– **2** mittellos werden: °*er is abrunna* Taching LF.– Ra. im Wortspiel mit Bed.1b *a. ohne Rauch* NB vereinz.: *dea is åbruna onö Rauk* „hat abgewirtschaftet" Ruhstorf GRI.– **3** abblitzen, OB, NB vereinz.: *der Bursch is heit obbrunna* „hat sich einen Korb geholt" Finsing ED.

WBÖ III,983; Schw.Id. V,641f.; Suddt.Wb. I,19.– ²DWB I, 82f.; Frühnhd.Wb. I,30; Mhd.Wb. I,10; WMU 16.– S-94B13.

[**an**]**b. 1** zu brennen beginnen, °OB, NB, SCH vereinz.: *is 's Hoiz nit rächt dürr, na wills ga it* [nicht] *gän obrina* Valley MB; *ãubrīna* „z.B. das Haus *brinnt an*" nach LECHNER Rehling 135.– Ra.: *der brinnt o vor Dörrn* „ist zaundürr" O'miethnach R.– **2** anbrennen, angesengt werden.– **2a** beim Kochen, Backen anbrennen, °OB, SCH vereinz.: °*jez is dö Suppn wieda obrunna, weil zlang kocht hod* Perchting STA; *diu spîse muoz in dem haven anbrinnen* BERTHOLDvR I,432,10f.; *riehrs beständtig dz/ nit an brint* PICKL Kochb.Veitin 99.– Ra.: *du kennst mich wohl, das ich mir nichts anbrinnen* [zuschulden kommen] *lasse* 1597 Zs. für Baiern u. die angränzenden Länder 1 (1816) Bd 4, 36.– **2b** angesengt werden, OB, NB vereinz.: *da Bårt is abruna* Zandt KÖZ.– **3** wie →*b.*4a, °OB ver-

einz.: °*in an Griader* (Heustock) *is guatting* (viel) *obrunnas Heu herganga* Fischbachau MB.– **4** †durch Berührung mit etwas Heißem verletzen: *das anbrunnen hailet der kern vom gallapfl* SCHÖNSLEDER Prompt. I1v.– **5** †wie →*b*.8b: *Aber weñ ma' mei Dienal an' Schmatza giebt ... da briñ' i' an* HALBREITER Gebirgsl. II,3.– **6**: °*soach eam no glei as Mäu eine, daß er nit obrinnt* „keine Alkoholvergiftung bekommt" Fischbachau MB.

SCHMELLER I,358f.– WBÖ III,984; Schwäb.Wb. I,179; Schw.Id. V,642; Suddt.Wb.I,323f.– ²DWB II,786; Frühnhd.Wb. I,1014; Mhd.Wb. I,227.– BRAUN Gr.Wb. 425; LECHNER Rehling 135f.– S-94B13.

[**auf**]**b. 1** emporflammen: *hejliad afbrina* Aicha PA; *Weiln ... weder das Fewr auffbrinnen ... noch die Himmel wolten darein schlagen* HUEBER Granat-apfel 130f.– Übertr.: *so bald die Sach dem Herrn ... kundt gethan ward, branne gleich die Eyffersucht in ihm auff* MOSER-RATH Predigtmärlein 182.– **2** †wie →[*an*]*b*.1: „*aufbrinnen* ... in Brand, in Flammen ... gerathen" SCHMELLER I,359; *auffBrinnen* SCHÖNSLEDER Prompt. I1v.– **3** †: „vom Abbrennen des Pulvers blos auf der Pfanne eines Feuergewehres ... *əs is mər au'brunnə~*" SCHMELLER ebd.– **4** aus einem Brandschaden Nutzen ziehen, OB, °NB, SCH vereinz.: *der is aufbrunna* Kochel TÖL.– **5** †aufleuchten: *Wo dă Steren auf tuat brinnă~* Wössen TS HARTMANN Volksl. 109.– **6** wie →*b*.6: *d'Hoa afbrinna mit da Brinnschar* Cham.– **7** †in leidenschaftliche Erregung geraten: *aufbrinnen* „figürlich: in Zorn ... gerathen" SCHMELLER ebd.; „so ergrimmten die ... Geister und *brannen auff*" Errettung der Jungfrau 73.

SCHMELLER I,359.– WBÖ III,984; Schw.Id. V,642; Suddt. Wb. I,497.– ²DWB III,447; Frühnhd.Wb. II,361; LEXER HWb. II,1689.– S-94B13.

[**aufher**]**b. 1** unpers., erröten: *da hat's uns aufabrunna* „sind wir vor Verlegenheit rot geworden" Bayrischzell MB.– **2** wie →*b*.8b: °*do brinnts ma auffa* „ich bin erbost" Fischbachau MB.

WBÖ III,985.

[**aus**]**b. 1** (im Innern) durch Feuer zerstört werden, OB, NB vereinz.: *'s Zimma brinnt aus* Mengkfn DGF; *Dieweil prann Müldorf aus* AVENTIN V,395,7f. (Chron.).– **2** durch Feuer reinigen, entfernen.– **2a**: *a mahniche* (manche) *Wundn mua ma ausbrinna* „durch Ausbrennen heilen" Cham.– **2b** durch Feuer entfernen, vertreiben: *Ausbrunna ham s'as wia d' Ratzn* DINGLER bair.Herz 155.– **3** zu Ende brennen, herunterbrennen, NB, SCH vereinz.: *Kerzn ausbrina låssn* Derching FDB; *morgn ... is 'n Zundermichl* [PN] *sei' Zunder ausbrunna* [ist er gestorben] M. SCHMIDT, Der Bubenrichter von Mittenwald, Regensburg 1927, 205; *da daß aufgesteckhte waxlicht schon außgeprunen* 1680 Satzgn Landsbg 29.– Auch durch häufiges Brennen unbrauchbar werden: *außbrunnener ofen* SCHÖNSLEDER Prompt. I1v.– **4** nach außen brennen, rauchen: *da brinnt's beim Rauhfang aus* Dfbach PA.– **5** austrocknen.– **5a** trocken, unfruchtbar werden od. sein, °OB, NB, °OP, SCH vereinz.: *vo lautan Trukasei is scho so dirr, daß oissamb ausbrind* Erding.– **5b** trocken, unfruchtbar machen, NB vereinz.: *d'Hitz brints aus* Walkertshfn MAI.– **6** †: *Nácht·n hàt d· Sunn schö~ aus'brunnə~* „gestern war ein schöner Sonnen-Untergang" SCHMELLER I,359.

SCHMELLER I,359.– WBÖ III,984; Schwäb.Wb. I,457; Schw.Id. V,644.– Frühnhd.Wb. II,932.– S-94B13.

[**ein**]**b. 1** †nach innen brennen: *əs hàt ít* [nicht] *ei~brunnə~, də' Schus hàt və'sagt* „[nur] das Zündkraut ist abgebrannt" M'nwd GAP SCHMELLER I,359.– **2** †wie →[*ab*]*b*.1a: *dadurch* [der Kirchturm] *von oben bis aufs unterst herab eingebrunnen* Nabburg 1536 Altb.Heimatp. 53 (2001) Nr.35,22.– **3** wie →*b*.4a: °*eibrunna* „vom Heu" Fischbachau MB.– **4** †(Zeichen u.ä.) einbrennen: *einBrinnen* SCHÖNSLEDER Prompt. I1v.– **5** †wie →[*aus*]*b*.5b: *ort von der sonnen eingebrunnen* ebd.

SCHMELLER I,359.– WBÖ III,984f.; Schwäb.Wb. II,593; Schw.Id. V,642.– LEXER HWb. I,1423.– S-94B13.

†[**ent**]**b. 1** wie →[*an*]*b*.1: *so inprinnant die perga* 9.Jh. SKD 68,51 (Muspilli); *Wenn man in* [Weihrauch] *zů den fewr habt, so enprint er gar leicht* KONRADvM BdN 408,8f.– **2** wie →*b*.8b: *der Vater ... ist entbrunnen und hat über die Metzen gefluegt* [geflucht] Velburg PAR SCHÖNWERTH Opf. II,435; *Inardescunt inprinnent* Tegernsee MB 10./11.Jh. StSG. II,289,63.

Schwäb.Wb. II,725; Schw.Id. V,642f.– Mhd.Wb. I,1609; Ahd.Wb. I,1409.

[**ver**]**b. 1** durch Feuer zerstört werden, vernichten.– **1a** wie →[*ab*]*b*.1a, OB, °NB vereinz.: *da is ois sauba vabruna* Röhrnbach WOS; *'s Häusl, 's Viach is ma verbrunna* FRIEDL Gsangl 40; *Ös ist ja besser i habs als wenn als vabrinnt* KunovH 76; *diu marha ist farprunnan* 9.Jh. SKD 69,61 (Muspilli); *das die benche verbrinnent* Mchn

1284 Corp.Urk. II,76,19; *mein hör Feter muß wissen, dass alle Schulden mit verbrunen seyn* Bilanz 1782 16.– Ra.: *Du mußt ja verbrinna und verbrat'n da herin* [so heiß ist es] MEIER Werke I,109.– **1b** durch Feuer vernichten, verheizen.– **1bα** verbrennen, durch Feuer vernichten, verzehren lassen: *Wurzln vobrinna* Deisenhfn M; *gleichfals verbrannen sie der Auer Schloß Fliglsperg* Landshut 1446 Chron.dt.St. XV,293, 15f.– In festen Fügungen →*Judas* / →*Jude v.* Osterbrauch.– **1bβ** verheizen: *für enk bleib i de ganze Nacht af und vorbrinn Holz* Furth CHA Altb.Heimatp. 53 (2001) Nr.2,12.– **1c** †wie →*[ab]b.*1b: *Jacob Korentéwr gibt yeczo auch newr 60 den, wann* [weil] *er hart verbrúnnen ist* 1418 AbhMchn 23 (1906) 609 (Jägerb.); *wiewol bißhero … den jenigen/ so etwan verbrunnen … das bettlen vnd samblen nit gar verwöhrt worden* Landr.1616 684.– **1d** †durch Brand schädigen: *den Armen leuten so zu Aholfing verprunen worden sein* Straubing 1501/1502 W. SCHMIDT, In die Schule der Gesch. gehen, Straubing 2001, 57.– **2** (sich) durch Leuchten verbrauchen.– **2a** †sich durch Leuchten verbrauchen: *ain jedweder Zunfftgenoß, der ausbleibt … ehe der Khertzenlichtlein ains … verbrint* Mchn 1560 ZILS Handwerk 82.– **2b** zur Beleuchtung verbrauchen: *Körzn vrbrina* Derching FDB; *i … vorbrinn … Lejt!* Furth CHA Altb.Heimatp. 53 (2001) Nr.2,12.– **3** beim Kochen, Backen durch zu starke Hitze verderben: *s Brod is vabruna* Kochel TÖL; *dass d'Nuln ja ned vobrinnan* Obing TS SZ 61 (2005) Nr.248,45; *ist daz der ofen ze heiz ist, daz daz brot verbrinnet* Pfründe Geisenfd 436,438.– **4**: *vabruna* „von der Sonne verbrannt" Glonntal.– **5** sich zu stark erhitzen, vergären: *dea Mist is sauwa vobruna, dea is nima fij vi guad daußt* Erding.– **6** erfrieren lassen: *Da hat eahm da Reif de ganz Bluah* [Blüte] *verbrunna* BAUER Oldinger Jahr 88.– **7** wie →*[an]b.*4, OB, SCH vereinz.: *i hob ma d'Hand vobrunna* Kchdf FS; *bald hat oans … a Fingerl verbrunna* FRANZ Lustivogelbach 8.

SCHMELLER I,359.– WBÖ III,985; Schwäb.Wb. II,1083f.; Schw.Id. V,644-646; Suddt.Wb. IV,123.– LEXER HWb. III,83f.; WMU 2037; Ahd.Wb. I,1408.– S-94B13.

†**[vor]b.** sich zu früh lösen (von einem Schuß): „Schützen-Ausreden … *Hat mir vor geprunen* Berchtesgaden 1761 Bayerld 23 (1912) 848.

[nieder]b. wie →*[ab]b.*1a: °*das ganz Hoamad* [Haus u. Hof] *is niedabruna* Garching AÖ.

WBÖ III,985f. A.S.H.

brinnendig

Adj., sich erhitzend, gärend: °*s Hei isch va selwr brinnadi woara* Walleshsn LL.

Etym.: Mhd. *brinnendec*, Abl. von →*brinnen*; WBÖ III,986.

WBÖ III,986.– Frühnhd.Wb. IV,1142; Mhd.Wb. I,1014.

A.S.H.

Brinnéster(er), Rausch, →*Pranáster(er)*.

-brinnet

N., nur im Komp.: **[An]b.** eingeweichtes kleingeschnittenes Viehfutter: °*Obrinnad* M'rskchn EG. A.S.H.

brinnig

Adj. **1** †brennend, in Brand stehend: *Brinnig* SCHÖNSLEDER Prompt. I1v.
2 leuchtend, glühend (vom Gesicht), NB vereinz.: *dö is ganz brinö* Viechtach.– Auch: *brünni geal* „von sehr gelber Gesichtsfarbe" Peiting SOG.
3: °*d'Sau is brinnig* „brünstig" Reit i.W. TS.

Etym.: Mhd. *brinnec*, Abl. von →*brinnen*; WBÖ III, 986.

SCHMELLER I,359.– WBÖ III,986; Schw.Id. V,646.– DWB II,392; Mhd.Wb. I,1012.

Komp.: **[rot]b.** wie →*b.*2, °OB vereinz.: °*roatbrinnig wearn* „vor Wut" Autenzell SOB. A.S.H.

brinscheln, brenzlig riechen, →*brünseln*.

Brinse, Kruste, →*Brünse*.

Brinst →*Brunst*.

Prinz

M. **1** Fürst, Prinz.– **1a** †Fürst, Herrscher: *Wære abr in botshaft* [Auftrag] *eteliches princin oder des maisters von über mer gevarn* Mitte 14.Jh. Clm 4620,fol.98r; *den 13. 9bris ist des Frh: prinz herzog Albrechten Sohn … gedaufft worden* Mchn 1618 OA 100 (1975) 172.– **1b** Prinz, nicht regierendes männliches Mitglied eines Herrscherhauses: *das Prinzerl fangt's Schreien an* ROHRER Alt-Mchn 36; *Der Prinz* SCHMELLER I,470; *Colman war Laginenser König/ der hät ein 5. iährigen Printzen* SELHAMER Tuba Rustica I,[286].– In fester Fügung †*asiatischer P.* best. Bettler: *„asiatische Prinzen* … Kinder

und Abdecker sollen gleich auf den Grenzen nicht hereinpassiert werden“ 1765 VHO 52 (1900) 274 (Mandat).– Im Vergleich: *du kimst ja daher wia a Prinz* „schön gekleidet“ Altötting.– Als Tiern. bei Hunden (M), Stieren (TÖL).
2 übertr.– **2a** (neugeborener) Sohn, v.a. Erstgeborener, auch Kosen., OB, NB vereinz.: *a Prinz! Mir habn an Prinzn!* Wasserburg.– **2b**: °*Prinz* „unbeholfener und eigenwilliger Mann“ Garching AÖ.– **2c** Faschingsprinz: °*da Prinz wead eigråbm* „Faschingsbrauch zum Kehraus“ Traunstein.

Etym.: Mhd. *prinz(e)*, aus frz. *prince*; KLUGE-SEEBOLD 723.

SCHMELLER I,470.– WBÖ III,986f.; Schwäb.Wb. I,1422, VI,1694; Schw.Id. V,767f.; Suddt.Wb. II,629.– DWB VII,2130-2132; Frühnhd.Wb. IV,1142f.; LEXER HWb. II,295f.– S-90E2.

Abl.: *Prinzin*.

Komp.: †[**Lehr**]**p.** Lehrherr im Jagdwesen: *Lehrprinz* SCHMELLER I,470; „Ein *Lehrprinz* ... ein guter alter Jäger, bey welchem Lehrlinge und Jungen die Jägerey erlernen“ C. v.HEPPE, Aufrichtiger Lehrprinz, Augsburg 1751,220.

SCHMELLER I,470.– WBÖ III,987; Schwäb.Wb. IV,1188.– DWB VI,577.

[**Wild**]**p.** unehelicher Sohn, OP, SCH vereinz.: *dejs saga all Leid, daß dejs a Wldbrinnz iis* Mering FDB; „ein *Wildprinz* des Herzogs Johann I. von einer Münchener Schneiderstochter“ Das bayer. Vaterland 27 (1895) Nr.98[,3].

DWB XIV,2,114. A.S.H.

Brinze, Kruste, →*Brünse*.

brinzeln, brenzlig riechen, →*brünseln*.

Prinzessin, -esselein

F. **1** Fürstin, Prinzessin.– **1a** †Fürstin: *sein ihr khaiserliche Maiestet, khinig, khaiserin, 2 Princessin ... allda mit grossem Folkh ... gewest* Mchn 1630 OA 100 (1975) 199.– **1b** Prinzessin, nicht regierendes weibliches Mitglied eines Herrscherhauses: *a vazauwadö Brinzeßin* Mittich GRI.– In Vergleichen: *wie eine P.* eitel, stolz, OB, OP vereinz.: *däi draht af wäi a Prinzessin* Hemau PAR;– *dö steigt daher wia a Prinzösin* „ist nach der Stadtmode gekleidet“ Innviertel.
2 übertr.– **2a** (neugeborene) Tochter, auch Kosen., OB, NB vereinz.: *a Brinzessön* Aicha PA.– **2b**: *Prinzesserl Radizauserl* „scherzhaft zierliches, herausgeputztes Mädchen“ Ingolstadt.

Etym.: Weiterbildung zu frz. *princesse*; PFEIFER Et. Wb. 1043.

WBÖ III,987; Schwäb.Wb. I,1423; Schw.Id. V,768; Suddt. Wb. II,629.– DWB VII,2131f.; Frühnhd.Wb. IV,1143.

Komp.: [**Kuh**]**p.**: *dera kennt mas a, daß a rechte Kuahprinzessön is* „Bauernmädchen“ Hengersbg DEG. A.S.H.

†Prinzin

F., Prinzessin, nicht regierendes weibliches Mitglied eines Herrscherhauses: *den 5. Augustus ist die Junge prinzin Maria renada gedaufft* Mchn 1616 OA 100 (1975) 170.

Etym.: Mhd. *prinzin*, Abl. von →*Prinz*; WBÖ III,987.

WBÖ III,987; Schw.Id. V,768.– DWB VII,2132; Frühnhd. Wb. IV,1143; LEXER HWb. II,296. A.S.H.

Prinzipal

M. **1** Geschäftsinhaber, Lehrherr: *Der Prinzipal, der ... wigt den Zucker nacha* MÜLLER Lieder 17; *ich will mich bei seinem Prinzipal beschweren* THOMA Werke V,89 (Tante Frieda).
2 †Auftraggeber, Bevollmächtigender: *ob aber der principal khaynn sygel hett* 1536 WÜST Policey 273 (Gerichtsordnung Passau).

Etym.: Aus lat. *principalis* ‘erster, vornehmster’; PFEIFER Et. Wb. 1043.

WBÖ III,987f.; Schwäb.Wb. I,1423, VI,1694; Schw.Id. V,768; Suddt.Wb. II,629.– DWB VII,2129f. A.S.H.

Prinzipitat →*Präzipitat*.

Prior, †Priol, Preiol

M., Prior, OB, NB vereinz.: *da Brior* Klinglbach BOG; *brvder Hainrich der priol* Aldersbach VOF 1285 Corp.Urk. V,217,25; *do slieff der preyal in seiner zelle* HARTLIEB Dial. 82,24.

Etym.: Mhd. *prîor, prîol*, aus lat. *prior* ‘erster, vorderer’; KLUGE-SEEBOLD 723.

SCHMELLER I,465.– WBÖ III,988; Schwäb.Wb. I,1423; Schw.Id. V,302.– DWB VII,2132f.; Frühnhd.Wb. IV,1143f.; LEXER HWb. II,296; WMU 1403.– S-89I19.

Abl.: *Priorin*. A.S.H.

Priorin, †Priolin, Preiolin

F., Priorin: *ein jedw PREYELIN ... die zu den zeiten an dem Ampt ist* Mchn 1406 MB XVIII,

288; *Jst zu einer priorin erwölth worden* 1637 HAIDENBUCHER Geschichtb. 125.

Etym.: Mhd. *prîorinne, prîolin*, Abl. von →*Prior*.

SCHMELLER I,465; WESTENRIEDER Gloss. 444.– Schwäb.Wb. I,1423; Schw.Id. V,302.– DWB VII,2133; Frühnhd.Wb. IV,1144f.; LEXER HWb. II,296; WMU 1404. A.S.H.

Prise, Pris

F. **1** auch M., Prise, kleine Menge, v.a. von Schnupftabak, °Gesamtgeb. vielf.: °*håb i niaßn müaßn auf di Pris* Inzell TS; *mågst a Pris?* Jesendf VIB; *a Pris Schmalzla nema* Stadlern OVI; *Mein Vater nimmt a starki Priß* MÜLLER Lieder 6; *Gejh, hau an Bris hear!* SIEBZEHNRIEBL Grenzwaldheimat 386.– Spruch: *schnupft ma an Pris, weils mit da Lies a nix mehr is* Germering FFB, ähnlich OB, OP vereinz.– Scherzh. Deutung der Türbeschriftung an Dreikönig (→*CMB*): *Caschbar mogst a Bris* Rechtmehring WS.– M. nach →*Tabak*.
2 abwertend von Frauen, OB, NB vereinz.: *des is so a Brisn* „hochmütiges Frauenzimmer" Mchn; *So a fade Bries krieg i alleweil wieder, wia Sie sand!* CHRIST Werke 653 (Rumplhanni); *ə̃ stolzé ... Pris* „von unbedeutenden stolzen Weibspersonen" Mchn SCHMELLER I,472.

Etym.: Aus frz. *prise* 'das Genommene'; KLUGE-SEEBOLD 723.

SCHMELLER I,472.– WBÖ III,988f.; Schwäb.Wb. I,1423; Suddt.Wb. II,629f.– DWB VII,2133f.– KILGERT Gloss.Ratisbonense 131; KOLLER östl.Jura 55; MAAS Nürnbg.Wb. 90; RASP Bgdn.Mda. 34; SCHILLING Paargauer Wb. 80.– M-204/6.

Abl.: *priseln*. A.S.H.

priseln

Vb.: *prisln* „Tabak schnupfen" Traunstein.

WBÖ III,989. A.S.H.

Brisil →*Brasil*.

Prisíl, †Prisilig

F., Gefängnis, ä.Spr., in heutiger Mda. nur in Ra. u. als Ausruf im Spiel: *Das ist des Pauls Pinder Hauss, hinder der prisilig* Passau 1425 MB XXVIII, Tl 2, 450.– Ra. *in der P. sitzen / sein* in einer ungenehmen Lage sein, °OB, °NB vereinz.: °*da Sepp sitzt sauwa in da Brisil, do heift blos no zoin* Mittich GRI; *In der Prisill seyn* „in der Klemme" DELLING I,98.– Ausruf im Versteckspiel →*prisílen*: °„der Sucher muß, wenn er einen Mitspieler gefunden hat, anschlagen und *brisej* rufen" Mchn.

Etym.: Wohl zu frz. *prison*; WBÖ III,989.

DELLING I,98; SCHMELLER I,364.– WBÖ III,989; Suddt. Wb. II,630.– W-42/36.

Abl.: *prisílen, Prisíler, prisílicht*. A.S.H.

prisílen

Vb., Verstecken spielen, wobei beim Anschlagen →*Prisíl* gerufen wird: °*brisejn* Mchn. A.S.H.

Prisíler

M., Nörgler: *Brisiehla* Hengersbg DEG.

WBÖ III,990.

Komp.: [**Hosen**]**p.**: °*Hosnprisiller* kleiner Bub, der die ersten Hosen trägt Schwindkchn MÜ. A.S.H.

prisílicht

Adj., nörglerisch: *briesiehlat* Hengersbg DEG. A.S.H.

†Prison, -saun, -sung, Preisung

F., Gefängnis: *wir hieten di Seiberstorfferin ... in vanchnůzz und in prisung gehalden* 1375 Rgbg.Urkb. II,492; *Presau* „alleine der Verwahrungs-Ort der Tollen" HÄSSLEIN Nürnbg.Id. 106.

Etym.: Mhd. *prisûn(e)*, aus mlat. *prisuna*; Spätma. Wortsch. 231.

HÄSSLEIN Nürnbg.Id. 106; SCHMELLER I,471; WESTENRIEDER Gloss. 444.– WBÖ III,990; Schwäb.Wb. I,1424; Schw. Id. V,799f.; Suddt.Wb. II,630.– DWB VII,2133; Frühnhd. Wb. IV,1145; LEXER HWb. II,298; WMU 1404. A.S.H.

Pritsch, Prisch

M. **1** Schlag, v.a. auf das Gesäß, OB, NB, °OP, °MF vereinz.: °*hau eam a poar Britsch afn Arsch* Nabburg; *'s kröigst glei an Pritsch hintdraf* SCHWÄGERL Dalust 111.– Kindersprl. in Wiederholung, OB, NB vereinz.: *wart Kloanö, i gib da Pritsch-Pritsch* Passau.
2: *Pritsch* Platzregen Leberskchn VIB.
3 Lache von verschütteter Flüssigkeit, °OP vereinz.: °*dou host an schöina Britsch hergmacht* Neunburg.
4 minderwertiges Getränk, v.a. Kaffee, °OP vereinz.: *Prisch* Kareth R; *Pritsch* „schlechtes Getränk (Kaffee)" Moosbach VOH Die Arnika 32 (2002) 150.

5 Geschwätz, (verleumderisches) Gerede, °NB vielf., °OB (v.a. N), °OP (v.a. S) mehrf., MF vereinz.: °*dea Bridsch ged ma af d'Nervn* Eining KEH; °*a blöida Prietsch* Haselbach BUL; *Wea hǫd dar an den brīdš va-zéid* nach KOLLMER II,413; „Leute, welche vielleicht einen *Wasch und Pritsch* angerichtet haben könnten" SCHLICHT Altbayernld 16.
6: *Britsch* Schulkind, das alles dem Lehrer anzeigt Konnersrth TIR.

WBÖ III,990f.; Suddt.Wb. II,630.– BERTHOLD Fürther Wb. 171; BRAUN Gr.Wb. 472; KOLLMER II,73; MAAS Nürnbg. Wb. 90; SINGER Arzbg.Wb. 42, 179.

Komp.: [**Arsch**]**p.** wie →*P.*1: °*Årschbridsch* „Prügel auf den Hintern" Ebersbg.

WBÖ III,991.

[**Dorf**]**p.** Dorfklatsch, OB, NB, MF vereinz.: *Dorfbritsch* Pollenfd EIH.

[**Kaffee**]**p.** dünner, schlechter Kaffee, °OP, OF vereinz.: °*des wird so a Kaffeebrietsch sei* Neusorg KEM.

[**Nacke**]**p.** nacktes Kind: °*Naggabritsch* Selb; *Nåckapritsch* „Nackedei" BRAUN Gr.Wb. 472.

WBÖ III,991 (Nackecht-).– BRAUN Gr.Wb. 414.

[**Weiber**]**p.** Weibergeschwätz, NB, OP vereinz.: *a olda Weiwabrītsch* Dörfling ROD. A.S.H.

-pritsch

N., nur in: [**Ge**]**p. 1** †: „*Genga mer weiter, was ham'r denn an dem Gepritsch do* ... Geplätscher" Mchn Der Alpenfreund 3 (1871) 350.– **2** Geschwätz, Gerede, °OB, °OP, MF, °SCH vereinz.: °*auf a söttas Gebrietsch brauchst niat hihurchn* Kchndemenrth NEW.

Schwäb.Wb. III,378. A.S.H.

Pritschach, -et

N., Geschwätz, Gerede, °OB, °NB, OP vereinz.: *dös Britschad* U'mitterndf REG.

WBÖ III,991; Suddt.Wb. II,632. A.S.H.

Pritsche

F. **1** Schlag, Hieb: *britšn* „schallender Schlag" KOLLMER II,73; *Die Britschen* „Schlag mit der flachen Hand" SCHMELLER I,375; *ists nicht still, so gieb ihm ein paar Pritschen* BUCHER Kinderlehre 60.

2 Schlaggerät, Werkzeug.– **2a** Schlaggerät (v.a. im Fasching), °OB, NB, OP, °MF vereinz.: *drei Burschn mit Pritschn* „am Anfang des Faschingszugs" Dietldf BUL; *britšn* „leichtes Schlaggerät (etwa als Attribut des Kasperls)" DENZ Windisch-Eschenbach 222; „*Die Britschen* des Hanswurstes" SCHMELLER ebd.; *schlagen ... auf blosse Händ mit durchlöcherten Pritschten* SELHAMER Tuba Rustica II,294.– Auch: °*meistens göihts halt niat ganz ohne Britschn beim Ackern* „leichte Peitsche zum Austreiben der Kühe" Tirschenrth.– **2b** Brett mit Stiel zum Festklopfen der Mistfuhre, °OB, °NB, °OP, °MF vereinz.: *Britschn* Fürhzn FS; *Pritschn* „Holz zum Festschlagen des Mistfuders" RASP Bgdn.Mda. 122.– **2c** Holzklemme des Sattlers: *Britschn* HÄRING Gäuboden 130.
3 Holzgestell, -fläche.– **3a** einfache Liegestatt, °OB mehrf., °NB, °MF, SCH vereinz.: *da Fai ligt an gånzn Dåg auf da Britschn bam Ofa* Mittich GRI; *Und dou siada drüim ... àafara Briddschn an diggn Maa ling* LODES Huuza güi 78; *Pritschen* „ein hölzernes, in Bauernstüben um den Ofen angebrachtes Gestell, oder Liegerstatt" WESTENRIEDER Gloss. 444f.; *Britsche* „auf den Wachtstuben und in Gefängnissen" HÄSSLEIN Nürnbg.Id. 53.– **3b**: *pritšn* „Wandbretter zum Aufbewahren von Sachen, Brettergestell" nach SCHWEIZER Dießner Wb. 155.– **3c** Arbeitstisch, -bühne des Schneiders, °NB, °OP vereinz.: °*mit ale Voian isa af der Pritschn knogt* „gehockt" Schnaittenbach AM.– **3d** Ladefläche: °*Pritschn vom Brucknwågn* Mchn; *Briddschn* „auf offenem Lastenwagen mit klappbaren Bordwänden" CHRISTL Aichacher Wb. 67.– **3e** Schubkarren mit Ladefläche: *brīdšn* Schlag GRA nach SNiB VI,176.– **3f** Trage: °*Prietschn* „Misttrage" Maushm PAR; *britšn* „primitive Trage aus Brettern" DENZ Windisch-Eschenbach 222.– **3g** Behältnis unter dem Wagen: *britšn* „Kasten" KOLLMER II,73; *Die Britschen* „die unter den großen Frachtwagen beweglich angebrachte hölzerne Kufe, worin der Fuhrmann sein Gepäck aufbewahrt" SCHMELLER I,375.
4 Hütte, kleines Anwesen.– **4a** Holzhütte: *britšn* „Bretterhütte" KOLLMER ebd.; *Die Britschen* SCHMELLER ebd.– **4b** kleines Bauernanwesen: °*Pritschn* „verächtlich für kleines Anwesen" Weiden.
5: *de Brietsch* Geschwätz Hirschenhsn SOB.
6 meist abwertend von Menschen, v.a. weiblichen Personen.– **6a** allg. abwertend od. Schimpfw., °OB, °NB, °OP, °OF, °SCH vereinz.: *wos will denn sura olda Bridschn neirien?* Leu-

poldsdf WUN; *Muaß jetzt die Britschn aa no do uma[n]andatanzn, ha?* Loew Grattleroper 89; *Die Britschen* „im niedrigen Scherz: femina" Schmeller ebd.; *Britsche* „puella procax" Hässlein Nürnbg.Id. 53.– Auch: °*Britschn* „Männer, die weibliche Tätigkeiten wie Nähen ausüben" O'wildenau NEW.– **6b** Vielredner(in), Schwätzer(in), °OB, °NB, °OP, °SCH vereinz.: °*dera Britschn konnst goar nix sogn* Dietfurt RID; *Britschn* ED Zw. Sempt u. Isen 16 (1976) 12.– **6c** Verklatscher(in), °OB, °NB, °OP, °SCH vereinz.: °*du bist a Britschn* Schulkind, das andere verklatscht Thierhaupten ND; *Holt dei Mäul, du olte Britschn!* Oberpfälzer Heimatspiegel 26 (2002) 127.– **6d** liederliche, unsittliche Frau, °OB, NB, °OP, °MF vereinz.: °*du Britschn!* Rottenbuch SOG; *Mit dera Briedschn, mit dera ausgschambdn … do schleichst di* Binder Saggradi 33.– **6e**: *britʃ̌n* „anerkennend: raffinierte, gewandte Frau" Kilgert Gloss.Ratisbonense 48.

7 weibliches Tier.– **7a** allg.: *Britschn* „weibliches Tier" Neustadt KEH.– **7b** abwertend Kuh, °OP vereinz.: °*golte Britschn* „unfruchtbare Kuh" Schwarzhfn NEN; *de britʃ̌n* nach Kollmer II,413.

8 Vagina, °OB, °NB, °OP, SCH vereinz.: *wenn d'Britschn recht schmiabö is, rutschn d'Schwanz gean* Reisbach DGF; *ä hod de zwoha Bridschn auf Bank aufi gleg dasas gsen hot wie offt oana drin gstegg is* Fdkchn AIB 1894 Queri Bauernerotik 153; *Britschn* „Geschlechtsteil beim weiblichen Rind" Widmann Holledauer 119.

Etym.: Ahd. *britissa*, mhd. *britze*, *brütsche*, Koll. zu →*Brett*; Kluge-Seebold 723.

Hässlein Nürnbg.Id. 53; Schmeller I,375; Westenrieder Gloss. 444f.– WBÖ III,991-993; Schwäb.Wb. I,1425, VI,1694; Schw.Id. V,1020-1023; Suddt.Wb. II,630-632.– DWB II,393, VII,2134f.; Frühnhd.Wb. IV,1146; Lexer HWb. I,355, 375; Ahd.Wb. I,1411.– Angrüner Abbach 19; Berthold Fürther Wb. 171; Braun Gr.Wb. 65, 472; Christl Aichacher Wb. 67; Denz Windisch-Eschenbach 222; Kilgert Gloss.Ratisbonense 48; Koller östl.Jura 15, 55; Kollmer II,73; Konrad nördl.Opf. 7; Maas Nürnbg. Wb. 90; Poelt-Peuker Wb.Pöcking 9; Rasp Bgdn.Mda. 122; Schilling Paargauer Wb. 36; Singer Arzbg.Wb. 42, 179; Spr.Rupertiwinkel 15, 62.– S-92E8.

Abl.: *Pritsch*, *-pritsch*, *Pritschach*, *Pritschel*[1], *Pritschel*[2], *pritscheln*, *pritschen*, *Pritscher(er)*, *Pritscherei*, *Pritscherin*, *pritschicht*, *Pritschler*, *Pritschlerei*, *Pritschleret*, *Pritschlet(s)*, *pritschlicht*.

Komp.: [**Dorf**]**p.** Vielredner(in), Schwätzer(in) im Dorf, °OB, °NB, °OP vereinz.: °*a so a Bröi* [Geschwätz] *zammacha wecha nix und wieda nix, däi Dorfbritschn* Dietfurt RID; „die Bäuerin … wettert schon auf diese und jene *Dorfpritschn*" Schlicht Bayer.Ld 9.

[**Esel**]**p.** Scheide der Eselin, nur übertr. große Schnupftabakdose, °OB vereinz.: *Eslpritschn* Walpertskchn ED.

[**Geiß**]**p.**: °*Goaßbritschla* nasse Stellen in der Wiese O'wildenau NEW.

WBÖ III,993.

[**Ver-klag**]**p.** wie →*P.*6c: *Vaklogbritschal* „Petze(r)" Binder Bayr. 226.

[**Kuh**]**p.**, [**Kühe**]- **1** wie →*P.*4b, °OP vereinz.: °*Köbritschn* „abwertend kleines Anwesen" Plössbg TIR.– **2** wie →*P.*6a: *bei der Giglbritschn, bei der Gaglbritschn, bei der Kuhbritschn bin i gleng, da hot ma der Wirtsepp mit der Mistgabi oane gem* „Schnaderhüpfel" Regen; *Kuabritschn* „schwerfällige, grobgebaute Frau" Aman Schimpfwb. 90; „Schimpfnamen … *Kuebritschn*" STA 1861 OA 121 (1997) 147.– **3** Scheide der Kuh, OB, NB, OP vereinz.: *Khoubritschn* Stadlern OVI; *Kuabritschn* Aman ebd.– Übertr. (weite) Vagina: *Kuhpritschn* Dachau; „*A Kuahbritschn* ist eine weite Vulva im Gegensatz zur *Zwickabritschn*, einer zusammenzwikkenden" Queri Kraftbayr. 63.

WBÖ III,993.

[**Maurer**]**p.** durchlaufende, nicht versetzte Fuge im Mauerwerk, fachsprl., °OB vereinz.: °*Maurerbritschn* Eiting MÜ.

[**Milch**]**p.** **1** Milchfrau, OB vereinz.: *Millibritschn* Mchn; *A Milipritsch'n hat dös … Ganz g'scheit … anz'fanga g'wußt* Zipperer Ged. 119.– **2** wie →*P.*7b: *Muichbriedschn* „Spottname für weibliches Rind" Baumgartner Wasserburg 64.

[**Mist**]**p.** **1** wie →*P.*2b, °OB, °OP, °MF mehrf., °NB vereinz.: °*dua d'Mistbrietschn her, daß i's Miestfuada zamschlong ko* Halfing RO; °*vorm Asfahrn wird da Mist mit da Mistpritschn festgschlong* Neualbenrth TIR; *Die Mistbritschen* „womit der Düngerhaufen glatt *gebritscht* wird" Schmeller I,375; *Der Voder rennt der Muatter mit der Mistpritschn noch* Burglengenfd Wirtshauslieder Opf. 224.– **2** Misttrage: °*Mistbritschn* „zum Stallausmisten" Rohr SC; *mīsdbritʃ̌n* Denz Windisch-Eschenbach 204.–

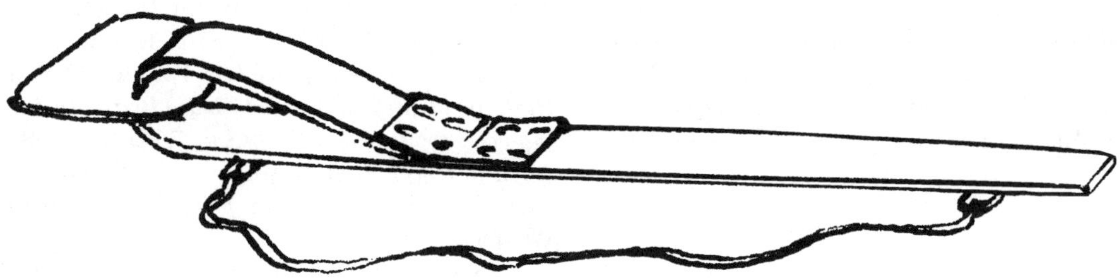

Abb. 7: *Sattlerpritsche* (Reut PAN).

3 abwertend von weiblichen Personen.– **3a** wie →*P.*6a, °OB, °NB, OP vereinz.: *du Mischtbritschn!* Hundham MB; *Mistpritschn hab i's auf boarisch g'hoaßn* U'haching M SZ südl. Lkr. München 54 (1998) Nr.94,1.– **3b** wie →*P.*6d: °*Mistbritschn* „schlechte weibliche Person" Simbach PAN; *Mistpritschn* SCHNEIDER Bair. gschimpft 35.

SCHMELLER I,375.– WBÖ III,993f.; Schwäb.Wb. IV,1698; Schw.Id. V,1023.– BRAUN Gr.Wb. 401; DENZ Windisch-Eschenbach 204; KOLLER östl.Jura 46; RASP Bgdn.Mda. 107; Spr.Rupertiwinkel 63.

[Näh]p. wie →*P.*2c: °*Nahbritschn* „auf die Stör mitgenommen" Kchdf AIB.

[Ofen]p.: *Ofapritschn* Ofenbank (Ef.) Arget WOR.

WBÖ III,993; Schwäb.Wb. V,44.

[Sag]p.: *d'Zogpritschn* Holzbock, auf dem die Säge geschärft wird Hengersbg DEG.

[Sattler]p. 1 Holzklemme des Sattlers, °OB, °NB, °SCH vielf., °OP mehrf., °MF vereinz.: °*a Roßkammat kost bloß naahn, boist a gscheide Sodlabritschn host* Grafenau; „*Sollerpritschn* (Nähklappe)" HÄRING Gäuboden 121.– S. Abb. 7.– **2** Werkbank, Arbeitstisch des Sattlers.– **2a** Werkbank, °OB, °OP vereinz.: °*Sattlerpritschn* „mit Holzbacken und -schrauben" Marchaney TIR.– **2b** Arbeitstisch, -bühne, °NB, °OP vereinz.: °*d'Sattlerpritschn* „Podium, auf dem Arbeitstisch und Hocker stehen" Fronau ROD.– **3** scherzh. Sattler u. dessen weibliche Angehörige.– **3a** Sattler, °OB, °NB mehrf., °OP vereinz.: °*jetzt kimmd d'Sodlapritschn* Moosach EBE.– **3b** Angehörige, °NB, °MF vereinz.: °*Sattlerpritschn* Thalmannsfd WUG.

W-42/37.

[Sau]p., **[Säue]- 1** abwertend von weiblichen Personen.– **1a** wie →*P.*6a, °OB, °NB vereinz.: °*dö Saubriedschn håbö dick* Wimm PAN; *Saubritschn* AMAN Schimpfwb. 116.– **1b** wie →*P.*6d: *Saubriedschn* BINDER Saggradi 185.– **2**: *Saubritschn* „eigtl. Schweinevulva" AMAN ebd.– Im Vergleich: *dem tropft d'Nosn wöi a Saibritschl* Kchnthumbach NEW.– **3** Herbstzeitlose (Colchicum autumnale): *Saibritschn* Lieritzhfn HEB.

BRAUN Gr.Wb. 524.

[Scheiß]p. Huflattich (Tussilago farfara): *Scheißbritscha* Peiting SOG.

[Schinder]p. wie →*P.*6a, OB, °NB vereinz.: *Schindabridschn* unausstehliche, grobe Frau Törwang RO.

[Schneider(s)]p. 1 Holzklemme des Schneiders: °„*a Schneiderpritschn* ist feiner, leichter als *a Sattlerpritschn*" Ziegelbg RO.– **2** Arbeitstisch, Bügelbrett des Schneiders.– **2a** wie →*P.*3c, °OB, °NB, °OP vereinz.: °*Schneiderpritschn* „mit Loch zum Sitzen" Nabburg.– **2b**: °*Schneiderpritschn* „Bügelbrett" Ruderting PA.– Auch: °*Schneiderpritschn* „Bügelkissen des Schneiders" Falkenbg TIR.– **3** scherzh. Schneider u. dessen weibliche Angehörige.– **3a** Schneider, °Gesamtgeb. vereinz.: *Schnaidasbritschn* Stadlern OVI.– **3b** Angehörige, °OB, °NB, °MF vereinz.: °*Schneiderpritschn* Hfndf ROL.

WBÖ III,993.– W-42/38.

[Zipfel]p. 1 abwertend von Menschen, v.a. weiblichen Personen.– **1a** wie →*P.*6a: „bösartige, herrschsüchtige, gemeine Frau … *Du Zipfebritschn, du misráwlige!*" AMAN Schimpfwb. 147.– **1b** wie →*P.*6d: *Zipfepritschn* „lüsternes Weib" SCHNEIDER Bair.gschimpft 63.– **1c**: *Zipfebritschn* „eigtl. Hermaphrodit, Zwitter" AMAN ebd.– **2** wie →*P*.8: *s Diandl hâd a Zipföbritschn, a windvodrads Lo, da Bua hâd an schejn* (schiefen), *åba ei muas a do* „Schnaderhüpfel" Reisbach DGF.– **3**: *Zipfebritschn* „hermaphroditische Vulva" FEDERHOLZNER Wb.ndb.Mda. 256.

A.S.H.

Pritschel[1]

F. **1** Vielredner(in), Schwätzer(in), °NB, °OP vereinz.: °*wenn a nöt a so a Pritschl war* Gangkfn EG.

2: °*Pritschl* „eine, die verleumdet" Maushm PAR.

3 liederliches, unsittliches Mädchen: °*Pritschl* „leichtsinniges Mädchen" Neukchn SUL; *a Pritschl* „Bezeichnung für ein leichtes Mädchen" SINGER Arzbg.Wb. 179.

SINGER Arzbg.Wb. 42. A.S.H.

Pritschel[2], **[Ge]-**

N. **1** starker Regen: „Sonntägliches *Gepritschel*" MM 20./21.5.2006, 11.

2 Geschwätz, Gerede, °OB, °NB, °OP vereinz.: °*des is so a Pritschl* Schnaittenbach AM; *Dieses brauchet … für ein Pritschel der leidige Teufel/ den H. Isidorum wieder sein frommes Weib zuverhötzen* SELHAMER Tuba Rustica I,51.

SCHMELLER I,375.– WBÖ III,994. A.S.H.

pritscheln, -isch-

Vb. **1** schlagen, verprügeln: *pritschl'n* BRAUN Gr.Wb. 472; „Einen auf den Hintern schlagen … *Britscheln*" DELLING I,98.

2 plätschernde od. prasselnde Geräusche machen.– **2a** plätschern, °OB, °OP vereinz.: °*heasdas briddschln in da Dåchrinna* Ebersbg; „Zecher, die … ihren Strahl unter dem Tisch wider den *Hackelstecken* [Spazierstock] richten, damit es der Tischnachbar nicht *pritschln* hört" Altb. Heimatp. 57 (2005) Nr.24,12; *'S Klingbrünnerl im Wald, Lus', wia's britschelt* PANGKOFER Ged. altb.Mda. 16.– **2b** glucksen, platschen, °OB, NB vereinz.: °*s pritschlt* „in den Schuhen" Töging AÖ; „gurgeln in nassen Schuhen … *bridšlə*" Schwabhsn LL nach SBS VIII,186.– **2c** stark regnen, °OB, °OP vereinz.: °*heut pritschlts amoi richti* Reichersbeuern TÖL; *es britschelt ganz erschrecklich* DELLING ebd.; *weils gar a so pritschlt bin i eina ganga* Ruhpolding TS SCHMIDKUNZ Bauernballaden 209.– **2d** prasseln (vom Hagel): *britschlan* Schongau.

3 planschen, °OB, °NB, °OP, °SCH vielf., °MF vereinz.: °*mit Wasser pritschln* Kammer TS; °*tou niat allaweil pritschln* Haselmühl AM; *Heits* [seid ihr] *gwiß wieda bein Britschln heringwen, es Lauser!* TREMMEL Ziagwagl 58.– Auch in fester Fügung *Wasser p.* °OB, °OP vereinz.: °*kloina Kinna doun gern Wassa britschln* Weiden.

4 (Flüssigkeit) verschütten, vergeuden, °OB mehrf., °NB, OP, SCH vereinz.: °*muaßd oiwei briddschln, da gånz Schdumbon is nos!* Ebersbg; *Britscheln* DELLING ebd.; *pritschln* „vergießen" JUDENMANN Opf.Wb. 124.– Ra.: *dös geht in oan Britschln* das geht in einem Aufwaschen Ascholding WOR.– Auch: *britschln* „mit tropfnasser Wäsche umgehen" ANGRÜNER Abbach 18.

5: *briitschln* „überschwappen von Flüssigkeit" Spr.Rupertiwinkel 15.

6 panschen, verwässern, NB, OP vereinz.: *Mejch pritschln* „mit Wasser verdünnen" Passau; „verschiedene flüssige Sachen durch einander gießen … *Britscheln*" DELLING ebd.

7: *bridschln* harnen Aicha PA.

8: *priitschl'n* „schwitzen" Selb BRAUN Gr.Wb. 472.

9 reden, ausplaudern, verklatschen.– **9a** viel reden, schwätzen, °OB, °NB vereinz.: °*dei Briatschln deaft scho aufhern* Halfing RO; *britʃ̌ln* „schwätzen" LECHNER Rehling 165.– **9b**: *brietsch'ln* „halblaut reden, murmeln" Sechsämterld BRAUN ebd. 65.– **9c** ausplaudern, °NB, °OP vereinz.: °*hast es scho wida brietschln möisn?* Cham; *Britscheln* DELLING ebd.; *pritscheln* „ein Geheimnis verraten" [4]ZEHETNER Bair.Dt. 276.– **9d** verklatschen: °*britschen* Eschlkam KÖZ.

10 watscheln, OB, OP vereinz.: *bridschln* Rechtmehring WS.

11: *britschln* „umständlich herumtun" SINGER Arzbg.Wb. 42.

DELLING I,98; SCHMELLER I,375.– WBÖ III,994f.; Schwäb. Wb. I,1426; Suddt.Wb. II,629.– ANGRÜNER Abbach 18; BRAUN Gr.Wb. 65, 472; CHRISTL Aichacher Wb. 237; KILGERT Gloss.Ratisbonense 48; KOLLER östl.Jura 15; KOLLMER II,73; LECHNER Rehling 165; POELT-PEUKER Wb.Pöcking 9; RASP Bgdn.Mda. 122; SINGER Arzbg.Wb. 42, 179; SOJER Ruhpoldinger Mda. 7; Spr.Rupertiwinkel 15, 73.– M-172/8.

Komp.: **[ver]p. 1** wie →*p*.4, °OB, °OP mehrf., NB, SCH vereinz.: °*vobriddschldsd dein ganzn Kåfe!* Wiesmühl LF; °*schau ner hi, wüi er den schüina Sooft verbritschlt hot* Kchndemenrth NEW; *Mou der unser wertvolls Wosser verpritschln mit seiner Kistn?* LAUERER I glaub, i spinn 125.– Auch im Wasser vergeuden: *wia's* *d'Soafan verpritscheln!* STEMPLINGER Obb.Märchen II,60.– **2** wie →*p.*9d, °OP vereinz.: °*der hat mi verpritschelt beim Lehrer* Falkenbg TIR; *verpritscheln* „verraten ... verpetzen" [4]ZEHETNER Bair.Dt. 363.

WBÖ III,995.– ANGRÜNER Abbach 86; KILGERT Gloss.Ratisbonense 169. A.S.H.

pritschen, -isch-

Vb. **1** schlagen.– **1a** klatschend schlagen, aufschlagen lassen: *britschen* „breit und mit einem klatschenden Laute ... auffallen machen" SCHMELLER I,374; *britschn* SINGER Arzbg.Wb. 42; *Britschen* „mit etwas Flachem schlagen, daß es klatscht" HÄSSLEIN Nürnbg.Id. 53.– In fester Fügung *gepritschte Erdäpfel* (→[*Erd*]*apfel*) Kartoffelgericht.– **1b** schlagen, verprügeln, OB, NB, °OP vereinz.: *den Arsch britschn* Donaustauf R; „Das *Britschen* des Kühbuben ... so oft ... die Kühe ... auskommen ... soviel Schläge werden ihm ... versetzt" KRISS Sitte 183; *Ein Kind mit der Hand auf den Hintern britschen* SCHMELLER ebd.; „Der *Zieler*, der einen Schuß übersieht ... wird ... *gepritscht*" Tölz 1664 LENTNER Bavaria Almen 41.– Auch †Schläge auf den Rücken geben, Aschermittwochsbrauch: *Nao daud ir oinar s'Bredl af s'Kreitz, dear anda oba staoßt mid'n Schlegl af s'Brett ... Des haoißt Pritsch'n* Treffelstein WÜM SCHÖNWERTH Leseb. 116f.;– Sachl. s. *boßen*.– **1c** Part.Prät., als Subst.: *Pritschte* mit der Rute gegebene Schläge Hörmannsdf EBE.– **1d** flach, platt schlagen od. drücken, °OB, °NB, °OP, °MF mehrf.: *Mist priedschn mid an Mistbröd* Haidmühle WOS; *Da Denna is mid Loam asgschlog'n: Denna pritsch'n* Bärnau TIR SCHÖNWERTH ebd. 75.

2 klatschende o.ä. Geräusche machen.– **2a** ein klatschendes Geräusch von sich geben, °OB vereinz.: °*der Regn britscht afs Dåch* Mchn; *britʃn* „klatschend aufschlagen" KOLLMER II,73f.; *Regnen, daß es britscht* SCHMELLER I,375.– In fester Fügung *p.d* →*naß* triefend naß.– Ra.: *Dǫ hǫd-s briddschd und gschdaubd* „wurde etwas rasch und energisch erledigt" KAPS Welt d.Bauern 126.– *Der Matheser* (Mathematiklehrer) *haut dir die Sechser nei, dass's grad so pritscht* [4]ZEHETNER Bair.Dt. 276.– °*Sei schdad, sinst britschds* „gibt es Schläge" Schleching TS, ähnlich °OB vereinz.– **2b**: *britschn* einen flachen Stein über das Wasser hüpfen lassen Aspertsham MÜ.– **2c** †refl., (in die Hände) klatschen: *Der Bräuherr hat sich g'rad all'weil 'pritscht, a so hat's ihm g'fall'n* MEIER Werke I,124 (G'schlößlbauer).– **2d** glucksen, platschen: °*pritschn* „Geräusch beim Gehen in nassen Schuhen" Frontenhsn VIB.– **2e** stark regnen, °OB, NB vereinz.: *heint britschts wieda* Mengkfn DGF; *wia's a dem Tog ... recht pritscht hot* HALTMAIR Da schau her 49; *sagen s' a schöns Wetter an, Na' pritscht's die mehra Zeit* STIELER Ged. 311.– **2f** prasseln (vom Hagel): *pritschn* Wald AÖ.

3 planschen, °OB mehrf., °NB, °OP vereinz.: °*heasd jiaz ned dei Bridschn auf!* Neufraunhfn VIB; *bri:dšn* „mit Wasser spielen" KILGERT Gloss.Ratisbonense 48.– Auch in fester Fügung: °*Wasser pritschn* Mühldf.

4 (Flüssigkeit) verschütten, vergeuden, °OB mehrf., °NB vereinz.: *wer hot da britscht?* Kay LF; *Britschen* DELLING I,98; *pritschen* „verschütten, verspritzen" [4]ZEHETNER Bair.Dt. 276.

5 panschen, verwässern, OB, NB, °OP vereinz.: *Mili britschn* Ottendichl M.– Auch †: *An Wirth, der ... Ins Bier koa Wassa pritscht* SCHLICHT Bayer.Ld 181.

6 Jauche, Mist ausbringen, °OB, °NB vereinz.: °*heut müassma briatschn* Kreuth MB.

7 †urinieren: „*Britʃts šã wida hea, de britʃn de britʃade!* ... für eine Kuh" nach KOLLMER II, 413; *britschen* „De feminis" SCHMELLER I,374f.

8 reden, ausplaudern, verklatschen.– **8a** reden, sprechen, °NB vereinz.: *britschn* Wendelskchn DGF.– **8b** viel reden, schwätzen, °OB, °NB, °OP, MF vereinz.: °*den ganzn Tåg pritscht de blede Gans im Stiagnhaus* Rgbg; *Nur immer ratschen und pritschen* PEINKOFER Werke III,36 (Pandurenstüberl).– **8c** schwer verständlich sprechen: *britschn* kauderwelschen Geiersthal VIT; *brietsch'n* Sechsämterld BRAUN Gr.Wb. 65.– **8d** ausplaudern, °OB, °NB, °OP, °SCH vereinz.: °*de bridschd ja ois* Schleching TS; *Hast du das auch schon wieder pritschen müssen?* DELLING I,98; *Des Lausdiandl hàts hàtt schaũ wida britscht* FEDERHOLZNER Wb.ndb.Mda. 41.– **8e** verklatschen, °OB, °NB, °OP, °MF, °SCH vereinz.: °*britschn* Wdmünchen; *prietsch'n* SCHILLING Paargauer Wb. 100.

9 mit durchlaufenden, nicht versetzten Fugen mauern, fachsprl.: °*pritscht* O'piebing SR.

10 rennen, watscheln.– **10a** rennen, laufen, °OB, °NB vereinz.: °*britschn* Julbach PAN; „*aus und ein pritschen*, i.e. lauffen" PRASCH 22.– **10b**: *pritschn* watscheln Kraiburg MÜ.

11 Part.Prät.: *is guat britscht* „hat schöne Geschlechtsteile" Dachau.

DELLING I,98; HÄSSLEIN Nürnbg.Id. 53; PRASCH 22; SCHMELLER I,374f.; WESTENRIEDER Gloss. 444; ZAUPSER 18.–

WBÖ III,953,995-997; Schwäb.Wb. I,1425,VI,1694; Schw. Id. V,1023f.; Suddt.Wb. II,632.– DWB II,393,VII, 2135f.; Frühnhd.Wb. IV,1146.– ANGRÜNER Abbach 18; BRAUN Gr.Wb. 65, 472; CHRISTL Aichacher Wb. 232, 240; DENZ Windisch-Eschenbach 222; GÖTTLER Dachauerisch 18; KILGERT Gloss.Ratisbonense 48; KOLLMER II,73f.; POELT-PEUKER Wb.Pöcking 9; SCHILLING Paargauer Wb. 100; SINGER Arzbg.Wb. 42; SOJER Ruhpoldinger Mda. 7.– W-42/34.

Komp.: [**ab**]**p.** **1** Part.Prät., mit Hängeschultern, nördl.OB mehrf., OP vereinz.: *a obritschta Keal* Freinhsn SOB.– Auch hängend (von Schultern): *abprischte Achseln* Zuchering IN.– **2** (Flüssigkeit) verschütten: *abpritschn* Traunstein.– **3** sich heimlich davonmachen: *abpritscht* Pattendf ROL.– **4**: *obritschn lasn* „abblitzen lassen" Kammerbg FS.– **5** Part.Prät.: *obritscht* „*deppat*, behindert" Spr.Rupertiwinkel 67.

WBÖ III,997; Suddt.Wb. I,136.– DWB I,84.– Spr.Rupertiwinkel 67.

[**an**]**p.** **1** wie →*p.*1d, °OP, °SCH vereinz.: °*der Mist werd mit an Pritschnbrett anbritscht* Hahnbach AM.– **2**: °*åpritscht* „angespritzt" Diendf NAB.

WBÖ III,997; Suddt.Wb. I,388.

[**aus**]**p.** **1**: „am letzten April wurden die Hexen *auspritscht*, mit der Peitsche vertrieben" Wdmünchen.– **2** †wie →*p.*1b: *warum hat der Herr ... seinen Kindern die Hosen ausgepritscht?* BUCHER Pferderennen 6.– Auch Faschingsbrauch: *Auspritschen* „daß die Schulkinder ... durch eine Bank krochen, auf welcher der Schulmeister ... saß, und jedem Schüler ... einen Streich auf den Hintern versetzte" DELLING I,43.– **3** wie →[*ab*]*p.*2, NB, OP vereinz.: *ausbritschn* verschütten O'rappendf CHA.– **4** ausplaudern, sich ausratschen.– **4a** wie →*p.*8d, NB vereinz.: *ausbritschn* Hengersbg DEG.– **4b**: *si ausbritschn* „sich ausratschen" Aicha PA.– **5** fachsprl.: °*auspritschn* „Fugen verschmieren" Reichersbeuern TÖL.

DELLING I,43; ZAUPSER Nachl. 10.– WBÖ III,997; Suddt. Wb. I,640.

[**ver**]**p.** **1** wie →*p.*1b: *va-pritʃn* „Kind durchhauen" nach SCHWEIZER Dießner Wb. 35.– **2** wie →*p.*4, °OB mehrf., °NB, °OP, °SCH vereinz.: °*baß auf, daß'd ja nix vabridschsd!* Rechtmehring WS; *Ihr sollt nicht das ganze Wasser v[erpritschen]!* [4]ZEHETNER Bair.Dt. 363.– **3** wie →*p.*5, °OB, NB vereinz.: °*iazz ho e de aigsona Waibial vobriddschd* „an die eingekochten Johannisbeeren zu viel Wasser gegossen" Tittmoning LF.– **4** ausplaudern, verklatschen.– **4a** wie →*p.*8d, °NB, °OP, °MF vereinz.: °*jetzt hats alles verpritscht* Kersbach LAU; *vabrīdšn* nach KILGERT Gloss.Ratisbonense 169.– **4b** wie →*p.*8e, °OB, °NB, °OP mehrf., °MF, °SCH vereinz.: °*dea hod mi bei da Mamm vobridschd* Neufraunhfn VIB; *Vabritsch di ned söiwa* BINDER Bayr. 223.

WBÖ III,997; Schwäb.Wb. II,1266; Suddt.Wb. IV,183.– ANGRÜNER Abbach 86; BERTHOLD Fürther Wb. 239; CHRISTL Aichacher Wb. 232; KILGERT Gloss.Ratisbonense 169; POELT-PEUKER Wb.Pöcking 9.

[**hin**]**p.** **1** wie →*p.*1d: °„die aufgeladene Fuhre Mist wird mit einem Brett *hibritscht*" Wettstetten IN.– **2** glatt hinkämmen: °*hinbritscht* Weiden.– **3** wie →[*ab*]*p.*2: °*hipritschn* Langenpreising ED.– Auch: °*dea Odl is hipritscht* „schlampig auf der Wiese verteilt" Fronau ROD.– **4** †: „mit einem Brettchen darauf hindeuteten (*hinbritschten*)" SCHMELLER I,375.

SCHMELLER I,375.

[**hinthin**]**p.** glatt nach hinten kämmen, °OB, °OP vereinz.: °*der haout da heint sei Haoua wieda hintipritscht ghåt* Windischeschenbach NEW.

[**nieder**]**p.** wie →*p.*1d, °OB, NB vereinz.: °*der Bodn werd niederbritscht* „vom Regen" Bruckmühl AIB.

WBÖ III,997.

[**zu-sammen**]**p.** **1** dass., °OB, °NB, °OP, °MF vereinz.: °*da Regn hat alls zsammpritscht* Wildenranna WEG.– **2**: °*d'Hend zammabritschn* „zusammenklatschen" Kehnthumbach ESB.– **3**: „*Wos hǫstan ei dǫ wida zā̃m-britʃt?* ... zusammengebraut, -gemischt, -gekocht" KOLLMER II, 413.

WBÖ III,997.

†[**weg**]**p.**: „*sischt häman seine ... Haxn wökpritscht* ... weggeschossen" Valley MB 1897 QUERI Bauernerotik 210.

[**zu**]**p.** **1** wie →*p.*1d, °OB, NB vereinz.: *an Mischt zubritschn* Stürzlham MB.– **2**: *sie ham eam ais meglinga zuabridschd iwa ira* „Gerüchte zugetragen" Schrobenhsn. A.S.H.

Pritscher(er)

M. **1** Platzregen, °OB mehrf.: *heiⁿt hods wida an Britscha heato* Erding; *Briitscha* „Regenguss" Spr.Rupertiwinkel 15.

2 von Menschen.– **2a** jmd, der Flüssigkeit verschüttet: °*Britscher* Lindenlohe BUL.– **2b** großer, kräftig gebauter Mann: °*Britscher* St.Leonhard LF; *Briitscha* „großes Mannsbild" Spr.Rupertiwinkel 15.– **2c**: °*Pritscher* Mensch mit übergroßen Händen od. Füßen Zeiling MÜ.– **2d** Schwätzer, Vielredner, °OB, °NB vereinz.: °*des is a alter Pritscher* Manching IN; *britša* nach Kollmer II,73; *„Pritscha*, Plauderer" Schlicht Altheimld VI.– **2e** jmd, der alles ausplaudert, OP vereinz.: *a Pritscher* Hungersacker R; *Pritscher* „Schwätzer, der nichts für sich behalten kann" Häring Gäuboden 163.– **2f** Verklatscher, °NB, °südl., mittl.OP mehrf., °OB, °MF vereinz.: °*des ist a rechtr Britschr* Schulkind, das andere verklatscht Rehling AIC; °*Britscherer* Kronstetten BUL; *britša* nach Kollmer II,73.– Auch Verleumder, OB, NB, OP vereinz.: *a Pritscha* Sossau SR.– **2g** abwertend Kleinbauer: °*Bridscha* Tirschenrth.– **2h** †: *„Britscher* = Handlanger, Zutrager leichter Sachen" Schlicht Bayer.Ld. (Straubing 1927) 526.

Schmeller I,375.– WBÖ III,997f.; Schwäb.Wb. I,1426; Schw.Id. V,1024; Suddt.Wb. II,632.– Frühnhd.Wb. IV, 1147.– Angrüner Abbach 18; Kollmer II,73; Maas Nürnbg.Wb. 90; Spr.Rupertiwinkel 15.

Komp.: †[**Bilder**]**p.** Bilderverkäufer: „Am sechsten Tische ... sitzen die ... Mausfallenhändler, *Bilderpritscher*" Schlicht Bayer.Ld 101; *Bilderpritscher* Geogr.Statist.-Topogr.Lex. III,668.

Schmeller I,375.

[**Blättlein**]**p.**: °*Bladlbritscha* „Zeitungsreporter, besonders für Lokales" Rgbg.

[**Ver**]**p.** wie →*P.*2f, NB, °OP vereinz.: °*a Vobritscha* Schulkind, das dem Lehrer alles anzeigt Haselbach BUL.

[**Kuh**]**p.**, [**Kühe**]- **1** wie →*P.*2g, °OP vielf., °NB mehrf., °OB, °OF, MF vereinz.: °*Käipritscherer* Rimbach KÖZ; °*der Kuahbritscher kimt net vorwärz* Hexenagger RID; „wir waren ... *Köihpritscha*" Wir am Steinwald 7 (1999) 161.– **2** abwertend Viehhändler, OB, NB vereinz.: *Kuahbritscher* Egenhfn FFB.

WBÖ III,998.– Braun Gr.Wb. 325; Denz Windisch-Eschenbach 188; Koller östl.Jura 41.

[**Milch**]**p.** **1**: *Milchpritscher* „einer, der Milch verwässert" O'haching M.– **2**: *Millibritscher* „Milchfahrer" Göttler Dachauerisch 49.

Göttler Dachauerisch 49.

[**Mist**]**p.** Brett mit Stiel zum Festklopfen der Mistfuhre, NB, OP, MF vereinz.: *der Mistbridscha* Gottsdf WEG.

WBÖ III,998; Schwäb.Wb. VI,2580. A.S.H.

Pritscherei

F. **1**: *a Pritscherei mocha* Wasser verschütten Aubing M.

2 Geschwätz, Gerede, °OB, NB, °OP, MF vereinz.: °*dös is net wahr, dös is lauta Pritscherei* Dietfurt RID.

DWB VII,2136. A.S.H.

Pritscherin

F. **1** Vielrednerin, Schwätzerin, °NB vereinz.: *Britscharön* Aicha PA.

2 Verklatscherin, °OB, °NB, °OP vereinz.: °*du alte Pritscherin, host mi wieda vopritscht* Mintraching R. A.S.H.

pritschicht

Adj. **1** plump, schwerfällig, °OB vereinz.: °*des is ganz was Britschets* Mühldf.

2: °*pritscherter Kerl* Mensch mit übergroßen Händen od. Füßen Zeiling MÜ.

3 zum Ausplaudern neigend, NB, °OP vereinz.: °*dös is a britschads Louda* Dietfurt RID; *britschad ... Britschade* Aman Schimpfwb. 40.

WBÖ III,994; Suddt.Wb. II,632.

Komp.: [**kühe**]**p.**: *köibritschet* „sommersprossig" Leupoldsdf WUN. A.S.H.

Britschineller, -ella

1 M., Hanswurst, Puppe, °OB, °NB, °OP, °MF vereinz.: °*Britschineller* „Hampelmann" Aidenbach VOF; *Der Britschənəllə'* „Hanswurst im Marionetten-Spiel" Schmeller I,376.– Auch: °*Britschineller* „Zirkusclown mit Tschinelle" (Ef.) Hzkchn MB.

2 F., abwertend von weiblichen Personen.– **2a**: °*de alt Britschineller* „alte Jungfer" Allersbg HIP.– **2b**: °*Britschinella* „scherzhaft liederliches Mädchen" Wdmünchen.

Etym.: Wohl unter Einfluß von →*Pritsche* aus it. *pulcinella* m.; vgl. Schmeller I,376.

Schmeller I,376.– Schwäb.Wb. I,1425f.– W-42/39. A.S.H.

Pritschler

M. **1**: *Pritschla* „Kind, das im Wasser spielt" Berchtesgadener Heimatkalender 28 (2011) 95.

2 jmd, der Flüssigkeit verschüttet, °OB vereinz.: °*oida Briddschla, kosd ned bessa aufbassn!* Ebersbg; *Britschla* AMAN Schimpfwb. 40.
3: °*Prütschla* „Panscher" Fischbachau MB.
4: °*a Priatschler* „einer, der viel Unsinn redet" Bruckbg FS.
5 abwertend Kleinbauer: °*Pritschler* Hirschling MAL.

WBÖ III,999; Suddt.Wb. II,633.

Komp.: [**Kuh**]**p.**, [**Kühe**]- **1** wie →*P*.5, °OB, °NB, OP vereinz.: °*Köibritschla* Eining KEH; *Du bist doch nua aa windiga ... Kuabritschla, sunst nix* BINDER Saggradi 114.– **2**: „*Kuabritschla* = Hungerleider" MM 25./26.7.1998, J2.

WBÖ III,999.

[**Milch**]**p. 1** wie →*P*.5: *Millibritschler* „arme Häusler" SCHILLING Paargauer Wb. 12.– **2**: „*Millibritschler*: Tollpatsch" Trostbg TS Passauer Neue Presse 65 (2010) Nr.270,10.

WBÖ III,999.– S-107/147. A.S.H.

Pritschlerei

F. **1** starker Regen: *wia lang die Pritschlerei ... no'dauern werd* FRANZ Lustivogelbach 54.
2 Herumhantieren mit Flüssigem: „Alles, was mit *Pritschlerei* verbunden war" SILBERNAGL Almsommer 184.
3 Geschwätz, Gerede, °NB vereinz.: *a Britschlerei* Haarbach GRI.

WBÖ III,999. A.S.H.

Pritschleret

N.: °*so a Britschlered* „dummes Gerede" Pleinting VOF.

Suddt.Wb. II,633. A.S.H.

Pritschlet(s)

N., Geschwätz, Gerede, °NB vereinz.: °*aus dem sein Priatschlat werst net schlau* Hunding DEG.

WBÖ III,999; Suddt.Wb. II,633. A.S.H.

pritschlicht

Adj. **1**: °*a pritschlada Tag* regnerisch Uffing WM.
2 zum Verschütten von Flüssigkeit neigend: *britschlad* AMAN Schimpfwb. 40. A.S.H.

Britte, †Britt(e)lein

F. **1** meist Dim., kleines Brett.– **1a** †allg.: *Das Brittlein, Brittl* „das Brettlein" SCHMELLER I,373; *Britele oder ture* Windbg.Ps. II,226.– **1b** kleines Brett u.ä. zum Stricken von einheitlichen Maschen: *Brittn* Rimsting RO; *Strickstock ... Brittl* HÖFLING Chiemseefischerei 63; *Das ... Brittl* „besonders das schmale Brettchen, über welches bey Fischern und Jägern die Netze gestrickt werden" SCHMELLER ebd.; *alle ... sollen Pern* [Fischnetze] *austragen, die das Licht* [Maschenweite] *haben, als das Pritl hat* Mchn 1484 BLH VIII,398.
2: „Der Netztrockenplatz wurde in früheren Zeiten ... *Pritt* genannt" HÖFLING ebd. 64.
3 Fußrücken: °*dea hodd a hoacha Bridda* Bernbeuren SOG; „Die Pantalons müssen bis auf *die Britten* gehen" SCHMELLER ebd.; *den rechten Fueß krump mit den Zehen vnd Britten herein/ vnd mit den Ballen hinaußwertz* 1609 J. IRSING, Historia Von der weitberühmten vnser lieben Frawen Capell zu Alten-Oeting in Nidern Bayrn, München 1644, 189.
4: „weggelegte Getreidereihen ... *brīta*" Steingaden SOG nach SBS XII,346.

Etym.: Germ. Abl. von →*Brett*; WBÖ III,1000. Als Dim. auch zu ahd. *britilîn*, mhd. *britelîn*, Dim. zu →*Brett*, möglich; Et.Wb.Ahd. II,348f.

SCHMELLER I,373f.– WBÖ III,1000; Schwäb.Wb. I,1426.– DWB II,392; Mhd.Wb. I,999; Ahd.Wb. I,1410f.

Komp.: †[**Eisen**]**b.** eisernes Maß zum Stricken von einheitlichen Maschen: *die Perhaubn* [Netzsack] *so mäschn* [mit Maschen versehen] *an weitt dem Eysenpritl geleich* 1468 HÖFLING Chiemseefischerei 162.– Sachl. vgl. ebd. 82.

SCHMELLER I,373. A.S.H.

Brittel, Jauche, →*Brühel*.

britten[1], brühen, →*brütten*[1].

britten[2], eggen, →*brütten*[2].

[**Hage**]**pritz** → *-butte*.

pritzeln

Vb. **1** ein knisterndes, prasselndes Geräusch machen, °OB, °NB, °OP, °SCH mehrf., °Restgeb. vereinz.: °*an Früajahr, wann d'Gfriear aufgeht, do britzls allwei in meina Kamma* Anzing EBE; °*wia dös Schmoiz im Pfandl britzlt* Winklsaß MAL.– Auch: °*es britzlt immer a weng* „ständig gehen Blähungen ab" Kchnthumbach ESB.

2: °*britzlan* „nörgeln" ebd.
3: °*britzln* „zornig sein" Fronau ROD.
4 kribbeln, jucken, °OB, °NB, °OP vereinz.: °*des britzlt* „wenn das Bein eingeschlafen ist" Aidenbach VOF.– Übertr.: °*des tuat mi scho arg pritzln* „reizt mich zum Ausprobieren" Autenzell SOB.– Auch: °*dös britzlt!* „schmerzt, wenn man sich verbrannt hat" Langquaid ROL.

Etym.: Wohl onomat., wie suddt. *pritzen* (Suddt.Wb. II,633).

W-43/10.

Abl.: *Pritzler, pritzlig*.

Komp.: [**ausher**]**p.**: °*de britzlt dös Fläsch wieda außa* „brät das Fleisch schön heraus" O'nrd CHA. A.S.H.

Pritzler

F.: °*a oalte Britzlan* „nörgelt ständig herum" Kchnthumbach ESB. A.S.H.

pritzlig, -lich, -elicht

Adj. **1** kitzlig, empfindlich gegen Kitzeln, °OB, °NB, °OP, °SCH vereinz.: *pritzle* Vohenstrauß.
2 unruhig, erregt, °OB, °NB vereinz.: °*vo Läus und Flöh, wann i bloß hör, na wer i pritzli* Anzing EBE.
3 gefährlich, bedenklich, °OB, °OP, °OF vereinz.: °*des is a pritzlige Sach* Wildenroth FFB.

W-43/11. A.S.H.

privat

Adj. **1** privat: *a prifater Weg* Passau; *bald* [wenn] *ich aufkohme* [für das Kind] *isd es ein bolidischer Schkandall und bald du aufkomst isd es blos brifat* Thoma Werke V,309 (Filser).
2 zur eigenen Verfügung, fachsprl.: *a privats Glos mocha* Haller Geschundenes Glas 11.

Etym.: Aus lat. *privatus* 'abgesondert (vom Staat)'; Kluge-Seebold 723.

WBÖ III,1001; Schwäb.Wb. I,1426.– DWB VII,2137.– Braun Gr.Wb. 472.

Abl.: *privateln*. A.S.H.

privateln

Vb., Glasarbeiten zur eigenen Verfügung herstellen, fachsprl.: „*Privatelt* ... hätten früher nur die Maler ... und Graveure" Haller Geschundenes Glas 11. A.S.H.

Privatier

M., Privatier, °OB, NB, OP vereinz.: *da Hans is a hoiwata Privatje, den kost owei am Stui do hoka hom* Valley MB; *De is sched* [nur] *Privatje ... gwen* Burggriesbach BEI Böck Sitzweil 41; *ob der Privatier Huber mit Ihnen verwandt ist* Münchener Fliegende Bl. Kalender 15 (1898) 78.– Übertr.: *Privatieh* „Tagdieb, Nichtstuer" Passau.

Etym.: Französisierende Bildung zu →*privat*; Duden Wb. 3011.

WBÖ III,1002; Suddt.Wb. II,633.

Komp.: [**Bauern**]**p.** Bauer, der als Privatier lebt: *Bauanbrifatije* Ingolstadt; „die sogenannten *Bauernprivatiers* spielen namentlich im Orte Tölz eine behäbige Rolle" Höfler Isar-Winkel 49.

[**Drei-quartel**]**p.** abwertend armer Privatier, °OB, NB vereinz.: °*Dreiquarddlbrifaddjee* „kann sich keine Maß, sondern nur drei Quartel Bier leisten" Ebersbg; *de wo den bsuffan Dreiquartl-Privatier eifanga woid* Altb.Heimatp. 58 (2006) Nr.37,8.

Göttler Dachauerisch 23. A.S.H.

Privét, Privat

N., F., Abtritt, Abort, °Gesamtgeb. vereinz., veralt.: *Brüve* Wildenbg ROL; „Den Abort bezeichnet man in Sulzbach verhüllend mit *Prifeth*" Oberpfalz 7 (1913) 156; *Wer ... vor 11 Uhr die Schwindgruben und Priveter ausraumen ... läßt* Mchn 1800 Slg der Churpfalzbaier. ... Landes-Verordnungen, hg. von G.K. Mayr, Bd II, München 1802, 173; *die siechen ... so si zv° der brivet wellent geen* Eichstätt um 1250 Sammelbl.HV. Eichstätt 64 (1971) 18; *sol niemantz kain priffetten in die prunen noch in die pach richten* Hohenfels PAR um 1450 VHO 83 (1933) 101; *wegen der Vnkosten in raumung der gemeinen Schwindgruben vnd privet* Wachtger.-Ordng Rgbg 26[v].

Etym.: Mhd. *privête*, aus afrz. *priveit*, mlat. Herkunft; Fremdwb. II,666f.

Schmeller I,473, 1784.– WBÖ III,953; Schwäb.Wb. I,1426f.; Schw.Id. V,433f.– DWB VII,2140; Frühnhd.Wb. IV,1148f.; Lexer HWb. II,299; WMU 1404.– W-43/12.

A.S.H.

probanzen, sich rühren, →[*brau*]*wenden*.

Probe

F. **1** Prüfung, Erprobung.– **1a** Feststellung der Eignung, Prüfung: *Irgad ebbs werst na scho*

zammbringa bei da Prob BINDER Bayr. 100; *Pro'* SCHMELLER I,466; *im Falle dieser Halt* [Gehalt] *in der kleinen und grossen Probe zu beweisen wäre* 1784 Berggesetze 338.– †Ra.: *„Es ... Prob haben*, in demselben bewährt erfunden werden, seyn" SCHMELLER ebd.– **1b** Anprobe, OB, OP, SCH vereinz.: *zi da Proh göih* Naabdemenrth NEW.
2: °*vagiß ned, haid ambd is d'Brob* „Theaterprobe" O'schleißhm M.
3: *Prob* Warenmuster Staudach (Achental) TS.
4 Punze, Stempel zur Angabe des Feingehalts eines Metalls: *Aoanringl mit da Probe* Simbach PAN; *Gold- und Silberarbeit ... auf welche ... die Prob geschlagen* 1741 Slg der Kurpfalz-Baier.... Landes-Verordnungen, hg. von G.K. MEYR, München 1788, IV,613.
5 †Beweis, Nachweis: *Das braucht kein Prob; die Erfahrnus gibt es sattsam an Tag* SCHREGER Speiß-Meister 68.– †Ra.: „darüber den Beweis führen ... *Kà~st mə' ·s Pro'machə~, dás I 's tà~ hà'?*" SCHMELLER I,466.

Etym.: Aus spätlat. *proba*; PFEIFER Et.Wb. 1044.

DELLING I,99; SCHMELLER I,466.– WBÖ III,1003f.; Schwäb.Wb. I,1427; Schw.Id. V,303f.– DWB VII,2140-2144; Frühnhd.Wb. IV,1154f.; LEXER HWb. II,299.– S-39E37.

Komp.: [**Augen**]**p.**: *aoŋprob* „Mus und Suppe für Kinder, werden an die Augen gehalten, um die Wärme zu prüfen" nach DIETL Erg.Schmeller I,13.

DIETL Erg.Schmeller I,13.

[**Kost**]**p.** Kostprobe, OB, NB vereinz.: *Koschtprob* Valley MB.

WBÖ III,1004.– S-97A56.

[**Speck**]**p.** Speckverkostung: „Am Sebastianstag (20. 1.) ... im Gerner Wirtshaus eine *Speckprobe* ... zu der sich die Bauern von weither einfanden" KRISS Sitte 61.

[**Stich**]**p.** Stichprobe, OB, NB, OP vereinz.: *Stichbrob* Aicha PA.

WBÖ III,1004.– DWB X,2,2725. M.S.

Broben, Dunst, →*Bradem*.

proben

Vb. **1** einüben, proben, °OB vereinz.: °*proom* Erling STA; *Proom deans!* MM 15./16.11.1997, J5.
2 †: „sich erproben, *əs hàd si 'probt*" südl.OB SCHMELLER I,466.

Etym.: Mhd. *proben*, aus lat. *probare*; PFEIFER Et.Wb. 1044.

SCHMELLER I,466.– WBÖ III,1005; Schwäb.Wb. VI,1694; Schw.Id. V,304.– DWB VII,2146f.; LEXER HWb. II,299.

M.S.

Probier

F., Prüfung, Erprobung: *So fragt an Buam er auf Probier* DUSCH Isarwinkel 56; *Die Probier* „die Probe" SCHMELLER I,466.– Ra.: *auf P. gehen* ein Mädchen vor der Ehe probeweise beschlafen, OB vereinz.: *auf Brobier geh* „früher ein regelrechter Brauch" Kochel TÖL.

SCHMELLER I,466.– Schw.Id. V,304.– DWB VII,2150.

M.S.

probieren

Vb. **1** versuchen, ob etwas möglich, durchführbar ist, °Gesamtgeb. vereinz.: *i bring den Knopf ums Verröcka nät auf, prowiers du!* Passau; *Prowiertsis amal mitara Wurzlbürschtn!* SCHEMM Die allerneistn Deas-Gsch. 93; *Da Pfoarra wüll's probian, Und 's Fundament eahm gem* SCHUEGRAF Wäldler 29; *heid werscht s' Dichtn probiascht* Ruhpolding TS 1781 Altb.Heimatp. 10 (1958) Nr.15,4.– Sprichw.: *Probian get iwa Schtudian* Fürstenfeldbruck, ähnlich NB, °OP vereinz.
2 prüfen, testen, erproben.– **2a** auf Eignung prüfen, ausprobieren, °OB, NB, °OP vereinz.: *hast denn dö Soim nu nöt probieat für d Wundn?* Hengersbg DEG; *A nemmt den Kaiwlstrigg vo' da Wend ... prowiert, ow a no ... wos ashaltn tat* SCHWÄGERL Dalust 183; *Bey vns ... ist ... der Brauch/ mit den Ayrn zu pecken/ und zu probiren/ welches stärcker sey* Laufen A. STROBL, Ovum Paschale Novum, Salzburg 1694, 15.– Ra.: *den Ehestand p.* u.ä. vor der Ehe Geschlechtsverkehr ausüben, OB, NB vereinz.: *hamd an Ehschdand fåuhea scha bråwiad* Höhenstadt PA.– Sprichw. im Wortspiel mit →*Pfeife*, Bed. 6b: *jeda Båu, dea si a Pfeifal kaft, prowiats zeascht* „wer heiratet, soll die Frau zuerst im Bett ausprobieren" Adlersbg R, ähnlich NB, OP.– **2b** eine Kostprobe nehmen, °OB, NB vereinz.: *d Suppn probiern* Wasserburg; *I hob an neuchan Wein ... Den soit'st amoi probiern* HERRLEIN Wallfahrt 80.– **2c** (Kleidung) anprobieren, OB, NB, OP, SCH vereinz.: *s Gwanta bråwüan* Zandt KÖZ; *Probierst as* [die Haube] *halt amal in deiner Stub'n!* THOMA Werke VII,43f. (Altaich).– **2d** übertr.– **2dα** vor der Ehe

Geschlechtsverkehr ausüben, beschlafen, OB, NB, OP, OF vereinz.: *si hams scho prowiat mitenana* Lauterbach REH.– Vers: *an Diandl sei Böttschdåd is råud nummariad, då honö s scho sögsazwånzg Måj brobiad* Reisbach DGF.– **2dβ** fachsprl.: „Die ... Glasmachermeister nannten *das Schinden* [Glas zur eigenen Verfügung herstellen] vor der Arbeit *das Glas probiern, ob es lauter* [tauglich] *war*" Theresienthal REG HALLER Geschundenes Glas 24.
3 †nachweisen, beweisen: *ob er auch soliches beruefen und gebot ... genuegsam probiern und darthuen ... wurde* Mühldf 1588 GRIMM Weisth. VI,172.

Etym.: Aus lat. *probare*; PFEIFER Et.Wb. 1044.

WBÖ III,1005f.; Schwäb.Wb. I,1427f.; Suddt.Wb. II,634f.; Schw.Id. V,304f.– DWB VII,2150f.; Frühnhd.Wb. IV,1155-1157; LEXER HWb. II,299.– BRAUN Gr.Wb. 473.– S-11I6, 39E37.

Abl.: *Probier, Probierer.*

Komp.: [**an**]**p.** wie →*p.*2c, OB, NB, OP vereinz.: *dö Mondur muaßt zerst abrobiarn!* Hfhegnenbg FFB; *oa(n'prowiern* BRAUN Gr.Wb. 428.

WBÖ III,1006; Suddt.Wb. I,389; Schw.Id. V,305.– ²DWB II,1229.– BRAUN Gr.Wb. 428.– S-39E37.

[**aus**]**p. 1** wie →*p.*1, °OB, NB, OP vereinz.: °*duast scho wieda was ausprobiern, du oita Bastler?* Mchn.– **2** prüfen, testen, erproben.– **2a** wie →*p.*2a, °OB, °NB vereinz.: °*dös mouß i zerscht amoi ausprowiern* Wettstetten IN.– **2b** übertr. wie →*p.*2dα: *däa låßt si it* [nicht] *asschmirn, däa brobirt di Zukünftige zärscht as* Kochel TÖL; *Bevors enk* [euch] *fanga mit an Ring ... töits ses zerscht aasprobiern* Sulzbach-Rosenbg Wirtshauslieder Opf. 67.

WBÖ III,1006.– ²DWB III,1261.– BRAUN Gr.Wb. 473.

M.S.

Probierer

M. **1** wohl jmd, der etwas versucht, probiert: °*Prowiara* Fischbachau MB.
2 †Probierer: „Im Dorf sind 2 geschworne *Probirer*, die jeden [Wetz-]Stein untersuchen" Ohlstadt GAP HAZZI Aufschl. II,1,65.

WBÖ III,1006f.; Schwäb.Wb. VI,1694f.; Schw.Id. V,305f.– DWB VII,2151f.; Frühnhd.Wb. IV,1157f.; LEXER HWb. II,299.

M.S.

-brock

M., nur im Komp.: [**Zu**]**b.**: °*da Zoubrock* „zusätzliche Aufwendung" Fronau ROD.– Abl. von →*Brocken.* M.S.

-brocke

F., nur in Komp.: [**Hohl-beer**]**b.**: *Hoibabrock* „Laub von Himbeersträuchern für die Geißen" Neukchn KÖZ.– Zu →[*Hohl*]*beere* 'Himbeere'.

[**Hopfen**]**b.**: *hopfabrok* „Hopfenernte" MEISTER Hallertauer Hopfenbauern 81. M.S.

bröck(e)lein

Indef.pron., indekl. Adj., Adv., mit (meist unbest.) Art., ein wenig, ein bißchen.
I Indef.pron., °OB, °NB vielf., °OP, °MF, SCH vereinz.: °*weng den Bregge brauchst do net glei räan* „wegen dieser Kleinigkeit weinen" Garching AÖ; *koa Bröckl han i gwisst vo dera Gschicht* Passau; *a Brekkl* „kleine Menge" Fürnrd SUL; *Es is die Zeit A Bröckerl von der Ewigkeit* DINGLER Handwerksleut 29.– In fester Fügung *um ein b.* u.ä. um eine Kleinigkeit: *Dei Miader, dei Röckerl, san um a kloans Bröckerl ... z'eng* QUERI Pfanzelter 51.– Auch erweitert *ein b. etwas* / *was* °OB, NB vereinz.: °*s muss e jeds e bröckl was arbeitn* OB; *a Bröckei ebbas aus der biblasch'n G'schicht'* FRANZ Lustivogelbach 59.
II Adj., °OB, NB, °OP vereinz.: *dea hod koa Breggei a Gfui* Rechtmehring WS; *Nirgendwo a Bröckl Gwand, Halbert nackert warn s'beinand* EHBAUER Weltgschicht I 93.
III Adv.– **1** modal, °OB vereinz.: °*dea had eam* [sich] *a Breggei z'vui risgiad, moani!* Ebersbg; *Kannst mi a ganz kloans Bröckerl gern haben, Lenerl?* CHRIST Werke 180 (Erinnerungen).
2 temporal, °OB, NB vereinz.: *wart a bröggö!* Lichtenbg VIB; *bal* [wenn] *i grad a breckerl rasten tua* DINGLER bair. Herz 51.
3 lokal, °OB vereinz.: °*mogst net a Bregge umerutschn?* Wasserburg; *Ma legt net d' Tütn nauf auf d' Waag, sondern ma laßts a bröckerl falln* Zwiebelturm 6 (1951) 27.

WBÖ III,1018.– DWB II,395.– RASP Bgdn.Mda. 34; SCHILLING Paargauer Wb. 90; SOJER Ruhpoldinger Mda. 7.– S-97A31. M.S.

bröckeln, -o-

Vb. **1** in kleine Stücke, Bröckchen zerfallen: *s Broud is brecklt* Staubing KEH; *brockln* SINGER Arzbg.Wb. 43.
2 in kleine Stücke, Bröckchen zerteilen, °OB, NB vereinz.: *Knödlbrot bröggön* Mengkfn DGF; *breckln* „zerkleinern" KILGERT Gloss.Ratisbo-

nense 48; *Nimm die Predling ... schneids etwas klein bröckelt* HAGGER Kochb. I,2,41.

WBÖ III,1013f.; Schwäb.Wb. I,1431; Schw.Id. V,565; Suddt.Wb. II,635.– DWB II,394.– BERTHOLD Fürther Wb. 28; BRAUN Gr.Wb. 64, 66; KILGERT Gloss.Ratisbonense 48; SINGER Arzbg.Wb. 43.

Komp.: [**ab**]**b.** **1** abbröckeln.– **1a** sich in Bröckchen ablösen: *obrekchln* „vom Erdreich, das ins Tal rieselt" Kochel TÖL.– **1b** sich ablösende Stücke verlieren, OB, NB, OP vereinz.: *obröckladö Zäh* „morsche Zähne" Beilngries.– Im Vergleich: *deine Lefzen san ja ganz abröcklt wöi a Freidhofsmauan* „deine Lippen sind aufgesprungen" Kötzting.– **2** wie →*b.*1: *Plätzlabachn ... daaß daou koa oinzichs obrocklt is* SCHMIDT Säimal 98.

WBÖ III,1014; Suddt.Wb. I,19.– ²DWB I,87.– BRAUN Gr.Wb. 66.– S-4K18ᵇ, 104D21.

[**auf**]**b.** wie →*b.*2: *dö oitö Semmö wiad aufbröcklt und Knödl draus gmocht* Hengersbg DEG; *Die Leni ... ging ... zum Brot aufbröckeln zurück* WANDTNER Apfelbaum 84.

WBÖ III,1014.

[**ein**]**b.** **1** in kleinen Stücken einbrocken, °NB vereinz.: *einbröckln* „Brotstücke in die Suppe tun" Passau; *eibreckln* KILGERT Gloss.Ratisbonense 66.– **2** (ein Getränk u.ä.) mit kleinen Brotstücken u.ä. versehen, °NB vereinz.: °„der Malzkaffee wurde *eibrecklt*" Teugn KEH.

WBÖ III,1014f.; Schwäb.Wb. II,594; Schw.Id. V,564; Suddt.Wb. III,568.– ²DWB VII,543f.– KILGERT Gloss.Ratisbonense 66.

[**zer**]**b.** **1** wie →*b.*1: *der Zahn zerbröcklt* Straubing.– **2** wie →*b.*2, OP vereinz.: *zbregaln* Wdmünchen.– Ra.: *den zbröcklns sauba seina Boina* „verprügeln ihn" Hengersbg DEG, ähnlich BOG.

WBÖ III,1015; Schwäb.Wb. VI,1128.– DWB XV,665f.

M.S.

Brocken

M. **1** Brocken.– **1a** klumpenförmiges Stück allg., °Gesamtgeb. vielf.: *a Brokn Brout* O'audf RO; *a heabissns Bröckl Tawock* Metten DEG; *oa Brökl ums anda bricht ma außa* „vom Zahn" Adlersbg R; *ein Pfund Neu Wachs mit kleinen Breklen darein thun* Wernbg NAB um 1850 CH.N. OBERMEIER, Abdeckersleut', Ponholz 2012, 71; *an Brocka Fleisch mit an Solod* SCHWEIGER Hopfazupfa 45; *die Pomerantzen-Schaalen mit einem Brocken Zucker* HAGGER Kochb. III, 2,41.– Ra.: *Bröckelein lachen* sich übergeben, °OB vereinz.: *Bröggal låcha miaßn* Fürstenfeldbruck; *breckal la:cha* KILGERT Gloss.Ratisbonense 186.– *Brockhen zamglaubm miaßa* „sparen müssen" Mittich GRI.– *A Bröckal obaschnein* sich bei einem Geschäft einen kleinen Nebenverdienst verschaffen Plattling DEG.– *dea zä:lt da as breckl ins mà:l* „über einen extrem sparsamen u. geizigen Mann" KILGERT ebd.– *des wann i dir vergiss ... koa Hund soll mehra a Bröckl nehm von mir!* [dann bin ich verachtungswürdig] Südd. Monatshefte (1920/1921) 18,1,62.– *darschrocka ... wöi da 'r Hund am Brocka* [überrascht] 19.Jh. WINKLER Heimatspr. 91.– *Oin bleibt da Brokkng in Hols schdäkkng* „vor Schreck" Fürnrd SUL.– *Der is da neunt Brockng in da letztn Suppnschüssl* „weitläufig verwandt" O'nzell WEG, ähnlich PA.– *Dua da a Bröckal außa, dua da a Bröckal ei!* „zu einem Kind, das in der Nase bohrt und dann den Rotz ißt" Reisbach DGF.– Sprichw.: *„mit einem Bröckl Broud ... lockt ma koin Hund in'n Backofen* – einen reichen Mann kann man mit Wenigem nicht gewinnen" WINKLER ebd.– °*Jeds a Breckal und da Hund a Trumm* „den Kleinen wenig, den Großen viel" Wdsassen TIR.– *Vor große Brockn is no neambds derschrockn* SCHMIDKUNZ Sprüche 5.– *Mit große Brocken verjagt man koan Knecht* ebd. 4.– *Ma muaß die Brocken net größer nehmen wia 's Maul ist* ders. Weisheiten 50.– Rätsel: *„Am a Deggl, unt a Deggl, und in da Mitt a fleischigs Breggl?* ... Der Pfarrer auf der Kanzel" ILMBERGER Fibel 32.– **1b** Brot-, Semmelbrocken, °NB, MF mehrf., °Restgeb. vereinz.: °*a Kaffee und Brockerl drin, es gibt nix Bessers* Tittling PA; *Kniala ... mitn Brockalan in Tag* SCHEMM Stoagass 87.– Ra.: °*då sin d Brockng teurer wia d Soß* „die Nebenkosten sind höher als der Wert des Gekauften" Mchn.– **1c** übertr.– **1cα** Exemplar.– **1cαi** großes, kräftiges Exemplar, °OB vielf., °OP, °MF mehrf., °Restgeb. vereinz.: °*a Brocka vo an Stoa* „großer Steinblock" Lohbg KÖZ; °*a brouka Mannsbüd* „ein Trumm Mannsbild" Mering FDB; *Aa sauwana Brogga bist worn!* BINDER Saggradi 33; *a ... Tannabaam ... a g'waltig's Bröckei* STIELER Ged. 62.– In fester Fügung: *a schwara Brokka* „sehr wohlhabender Mensch" Fürstenfeldbruck.– **1cαii** Dim., kleines, schwächliches Exemplar, °OB, °MF vereinz.: °*a Breckl Mensch, a Breckl Viech* Allersbg HIP; *dös armseli' Bröckerl, wo der Bodadulla* [PN] *war* FRANZ Hutzelweck'n 13.– **1cβ** unangenehme, schwierige Sache, OB, NB, °OP ver-

einz.: *o den Broka kann a sö Zent ausbeißn* Aicha PA; *Wann i wirkli den Brocken abi g'schluckt hätt', nacha gibt ma ja der Pfaff' an neuen z'fressen!* THOMA Werke VI,241 (Andreas Vöst).– **1cγ** Geldbetrag: °*des kost da owa an Brockn* Neuhs NEW; *da hauts ma ja an solchen Brocka wegga* Altb.Heimatp. 9 (1957) Nr.16,9.– **1cδ** Wort, Äußerung, OB, NB, OP vereinz.: *an Brokka kriagt ma higschmissn, då kå ma dann a Stund lang kaua* „von einem wortkargen Menschen" Fürstenfeldbruck; *Unser Kreigsgfangner hout … blouß a paar Brockng Deitsch gsprochng* BERTHOLD Fürther Wb. 30; *Vil grob brocken ich schlicken muß … Ich sey ein starcker fauler schlüffel* SACHS Werke XVII, 256,19-21.
2 Dim., (kleiner) abgetrennter od. abtrennbarer Teil eines Ganzen, OB, NB, OP, MF vereinz.: *a Bröckerl Zwirn* Schneidmühle BUL; *Howe amol a Braifarl gschriebm, is ma a Bröckarl iwabliebm* Lauterhfn NM Oberpfälzer Heimatspiegel 29 (2005) 74.
3 Dim., ein bißchen, ein wenig, →*bröck(e)lein*.
4: °*Brockelen* „Zuckererbsen" Landsbg.
5 von Menschen.– **5a**: *brocka* „unbeugsamer od. robuster Mensch" KILGERT Gloss.Ratisbonense 48.– **5b** abwertend od. Schimpfw., °OB mehrf., NB, °OP vereinz.: *dös is da r a so a Brocka!* „ungehobelter Mensch" Aicha PA; *a eiskolda Brogga* „Mensch, der über Leichen geht" Sengkfn R; „der Hinterweber-Feri, *a weng a kalter Brocken*, hielt nicht viel auf Maiandachten" LETTL Brauch 55.– In Ortsneckereien, °OB vereinz.: °*Hanswiesa Brocka* Haunswies AIC;– „Dorfen (Erding) … *Bröckei*" BRONNER Schelmenb. 128;– „Hartpenning (Miesbach) … *Brocken* … Derbe Leute" ebd. 131.– Auch: „*Du bist a gfeita Brogga!* … Anerkennung für durchtriebenen, auch waghalsigen Burschen" ILMBERGER Fibel 34, ähnlich R.– **5c** muntere, lebhafte Person, OB, °OP vereinz.: °*Breckerl* „aufgewecktes Bürschchen" Windischeschenbach NEW; „Der Bauernbub war ein waches *Bröckerl*" MM 29.8.2001, 15.– **5d** Dim., junge, niedliche Person, NB, °OP vereinz.: *a mügads Bröggal* „liebenswürdiges Ding" Reisbach DGF; *Unser Nachbarsmadl waar a saubers Bröckl* QUERI Bauernerotik 46.

Etym.: Ahd. *brocko*, mhd. *brocke* swm., germ. Abl. zur Wz. von →*brechen*; Et.Wb.Ahd. II,352f.

WBÖ III,1015-1018; Schwäb.Wb. I,1429-1431; Schw.Id. V,559-561, 564f. (Brochchi, -ö-); Suddt.Wb. II,635-637.– DWB II,393f.; Frühnhd.Wb. IV,1166f.; Mhd.Wb. I,1022; Ahd.Wb. I,1417.– BERTHOLD Fürther Wb. 28, 30; BRAUN Gr.Wb. 64, 66; CHRISTL Aichacher Wb. 58; GÖTTLER Dachauerisch 18; KILGERT Gloss.Ratisbonense 48f.; KOLLER östl.Jura 15; LECHNER Rehling 166; MAAS Nürnbg.Wb. 89f.; POELT-PEUKER Wb.Pöcking 10; RASP Bgdn.Mda. 33f.; SINGER Arzbg.Wb. 43; SOJER Ruhpoldinger Mda. 7.– S-19F20, 30C23, 97A32, M-48/3.

Abl.: *-brock*, *-brocke*, *bröck(e)lein*, *bröckeln*, *brokken*, *Brocker(er)*, *brockerig*, *brockicht*, *-bröckler*, *Bröcklet*, *bröcklicht*.

Komp.: [**Bettel**]**b.**: *Bettlbrockn* „Brot, das der Leichenbitterin gegeben wird" Hengersbg DEG.

DWB I,1727.

[**Bier**]**b.** Pl., Mahlzeit aus in Bier eingebrockten Brotstücken, OB, NB, OP, °SCH vereinz.: *Biabrockan* Mengkfn DGF; „die *Bierbrocka* … die … vor allem den zahnlosen Alten als Zwischenmahlzeit dienten" WÖLZMÜLLER Lechrainer 104.

Schwäb.Wb. I,1102; Suddt.Wb. II,359.– BRAUN Gr.Wb. 57; CHRISTL Aichacher Wb. 70; LECHNER Rehling 158.

[**Brot**]**b.** **1** Brotbrocken, °OB vielf., NB, OP, MF mehrf., °SCH vereinz.: °*Brotbrockn im Kaffee* Tutzing STA; *Bråudbrockan an Dischlaudn ainödoa und aufhöm fian Hund* Mittich GRI; *so nehme man ein anders Brodbrökl* Wernbg NAB um 1850 CH.N. OBERMEIER, Abdeckersleut', Ponholz 2012, 144.– Sprichw.: *um a Broutbrökö soit da Reiter von Roß schteign* „so wertvoll ist es" O'audf RO.– **2** Dim., Brotkrümel, OB, SCH vereinz.: *Brotbrekarl* Ludwigsmoos ND.

WBÖ III,1019.

[**Butter**]**b.** **1** Butterklümpchen: *Rührmilli … wo ganze Butterbröckal drinn gschwumma san* Hsham MB Der Almbauer 58 (2006) [120b].– **2** Dim., Stück eines Butterbrots, OB, NB, OP, MF vereinz.: *Buttabreckei* Taufkchn M.

Suddt.Wb. II,775.

[**Eis**]**b.** **1** Eisbrocken, OB, NB vereinz.: *Eisbrokchn* Eisschollen Endlhsn WOR.– **2** übertr. gefühlloser, abgebrühter Mensch: *a Eisbrocka* Lenggries TÖL; *Da ghörn Eisbrocka her, Leut, die wo die Ruhe weg ham* Altb.Heimatp. 4 (1952) Nr.44,6.

Suddt.Wb. III,670.– ²DWB VII,1167.

[**Fleisch**]**b.** **1** Fleischbrocken, Gesamtgeb. vereinz.: *Flaischbrogga åwiwiagln* „gierig verschlingen" Höhenstadt PA.– Sprichw.: *Es kimd ned auf-s Hàfàl ã, ǫwà auf de Flàisch-broggàn,* *de ... drinàd ... hånd* „Auf das Sein kommt es an, nicht auf das Scheinen" KAPS Welt d.Bauern 105.– **2** minderwertiges Fleischstück, OB, OP vereinz.: *ä Flaischbroggä* Meßnerskreith BUL.– **3** übertr. dicker Mensch, OB, NB vereinz.: *Fleischbrocka* Mchn.

WBÖ III,1019; Schwäb.Wb. II,1561; Suddt.Wb. IV,346.– S-21C9[b].

[Hennen]b., **[Hennlein]**- Dim., Happen, °OB vereinz.: °*Hennabreggal* „kleine Bissen" Ingolstadt.

[Hunds]b. **1** Brocken alten Brotes: *Hundsbrockan* Hengersbg DEG.– Scherzfrage: °*mågst Hundsbrökerl oda Katznbrökerl zum Malzkaffee?* Mchn.– **2** übertr. unflätiges Wort, derber Ausdruck: °*du mit deine Hundsbrocka* Brunnen SOB.

[Kaffee]b. in Kaffee eingebrocktes Gebäckstück, °OB, °MF vereinz.: °*Kafeebrogga houd ma gessn* Raitenbuch WUG.

[Kessel]b. **1** meist Dim., Stück einer Dampfnudel, das in die im Kessel verbliebene Soße getunkt wird, °OB, °NB, °MF vereinz.: °*Kesslbrockn* „aus dem Kessel gegessen" Gaimershm IN.– **2**: °*Kesslbröckl* „am Kesselboden verbliebene Krusten der Dampfnudel" O'stimm IN.– **3** Dim., Kesselfleisch, °OB, °OP vereinz.: °*Kesslbröckl* „beim Sauschlachten" Haselbach BUL.

W-43/17.

[Kokos]b. Konfekt aus Kokosraspeln: °*Kokasbrockn woan fia uns Kina wos Bsondas* Windischeschenbach NEW; *Kaffee haout daou duft und Kakao ... und Kokasbrockn* SCHEMM Stoagaß 41.

[Kot(s)]b. Klumpen aus Erde (→*Kot*), °OB, °NB, OP vereinz.: *Koudbrocka* Reisbach DGF; *a so a dicke Hornhaut ... daß ihra dStoandl und de hartn Koutbrocka net weh do ham* PINZL Bäuerin 138.

LECHNER Rehling 230.

[Metten]b. großes Stück Brennholz zum Warmhalten der Stube während der Christmette: °*Mettnbrockn* Berchtesgaden; „der *Mettenbrokken* ... für Weihnachten aufgehoben und vor dem Gang zur Mette in den Herd gelegt" KRISS Sitte 39.

[Neid]b. Speise, die jmdm mißgönnt wird, in Ra.: *Nàid-broggàn fressn* „im Austrag sein" KAPS Welt d.Bauern 26.

[Schäuer]b.: *Scheierbrogga* „Hagelkorn" Rechtmehring WS.– Zu *schäuern* (→*schauern*) 'hageln'.

[Scheid]b.: *Schoidbrocka* „Tanz und gutes Abendessen nach Beendigung des Flachsspinnens" Altfalter NAB.

[Semmel]b. Stück einer Semmel: *Semmlbrockn* Mchn; *mit harten Semmelbrocken ... Bauernenten fangen* K. VALENTIN, Die Jugendstreiche des Knaben Karl, München 2008, 16.– Ra.: *an eigweichtn Semibrockn im Hian håm* „dumm sein" Mchn.

WBÖ III,1020; Schwäb.Wb.VI,3103.– DWB X,1,563.

[Speck]b. Dim. **1** Speckgriebe, OB, °NB vereinz.: *Schpekpreki* Taching LF; *Döi Speekbrockala va dean Schaouf wollt nämads essn* SCHMIDT Säimal 12.– **2** übertr. Bläschen am Mund, Herpes: °*Speckbrockerl* Selb.

WBÖ III,1020; Schwäb.Wb.V,1496; Schw.Id.V,561.– DWB X,1,2039.

[Ziegel]b. Bruchstück eines Ziegels: *Ziaglbrockn* O'audf RO.– Scherzh. übertr.: *Ziaglbrockn* Kuchen aus Hefeteig Ohlstadt GAP.

Schwäb.Wb.VI,3478f.– DWB XV,909. M.S.

brocken

Vb. **1** pflücken, sammeln, ernten, °OB, °NB vielf., °südl.OP mehrf., MF, SCH vereinz.: °*bein Ebfibrogga isa vom Baam åwagfåin* Ebersbg; *as Bleamabrockha geh* Mittich GRI; *Woaßt as no, wos ma für Schwammerl ... brockt ham?* Altb. Heimatp. 50 (1998) Nr.41,8; *Dee thuat, was s'in der Fruah hat brockt, In feine Straüßl'n bind'n* GUMPPENBERG Loder 26; *auf den paum zu steigen und wasz er ... mit der hand erraichen mag ze procken* Winhöring AÖ 1594 GRIMM Weisth. VI,141; *Anna Maria Ottingerin ... stoste unter dem hopfen brocken mit dem aug an ein hopfen stangen* 1761 Mirakelb.Aunkfn 216.
2 in kleine Stücke zerteilen: °*brogga* „Brot mit der Hand mundgerecht zerkleinern" Neufraunhfn VIB; *Speeck brockn, Wurschtn, Kochn* SCHEMM Stoagaß 97; *NImm das Brust- oder andere Tafel-Stuck von dem Ochsen ... brocke es* HAGGER Kochb. III,1,26.

3 in kleinen Stücken einbrocken, °OB, NB, °SCH vereinz.: °*Brot in' Kaffee brockt* Kraiburg MÜ; *an Lua Brout krejgt ... zun Brocka* VIT BJV 1954, 196; *nimm zwey Handvoll schönes Mund-Meel auf ein Brett, brocke ein wenig Butter darein* HAGGER ebd. IV,2,90.

Etym.: Ahd. *-brockôn*, mhd. *brocken*, Abl. von →*Brokken*; WBÖ III,1021.

DELLING I,99; SCHMELLER I,347.– WBÖ III,1021f.; Schwäb.Wb. I,1430, VI,1695; Schw.Id. V,562; Suddt.Wb. II,637.– DWB II,394f.; Frühnhd.Wb. IV,1167; Mhd.Wb. I,1022f.; Ahd.Wb. I,1417.– ANGRÜNER Abbach 19; BRAUN Gr.Wb. 66; GÖTTLER Dachauerisch 19; HEIGENHAUSER Reiterwinkerisch 6; KOLLMER II,74; LECHNER Rehling 166; POELT-PEUKER Wb.Pöcking 10; RASP Bgdn.Mda. 34; SCHILLING Paargauer Wb. 23, 62; SINGER Arzbg.Wb. 43; Spr. Rupertiwinkel 15.– S-66C65, 85A2, 97A34.

Komp.: [**ab**]**b. 1** sammeln, ernten.– **1a** wie →*b.*1, °OB, °NB, OP, SCH vereinz.: *Bleamö obrocka* Hengersbg DEG; *Abbrocken* „abpflücken" DELLING I,2; *Preislbirla ... schod is's, döi michatn Dinga o'z'brocka* SCHWÄGERL Dalust 23; *Aepffel ... so kundt mans an der statt abbrocken* SELHAMER Tuba Rustica I,289.– **1b**: °*host du döi Stauan scho obrockt?* „abgeerntet" BUL.– **2** abbrechen, abtrennen: °*a Nastl obrocka* „Ast abbrechen" Taching LF; *Eiszapfen ... nachananader abbrockt* P. PODDEL, Bayr. Schnurrenb., Stuttgart 1942, 30.

DELLING I,2.– WBÖ III,1022; Schwäb.Wb. I,7; Schw.Id. V,562; Suddt.Wb. I,19.– ²DWB I,88; Frühnhd.Wb. I,30.– SOJER Ruhpoldinger Mda. 1.– S-4K18ᵇ.

[**abher**]**b.** herunterpflücken, °OB, NB, OP vereinz.: *d'Epfe owabroka* Burgharting ED; *Springt der Hirsch übern Bach, brockt eahm drei ... Brombeerblätterblatt'l aba vom Baam* F. NEUMAIER, Sing mar a weng, Liederb. für die niederbayer. Jugend, München 1958, 56.

[**auf**]**b.** wie →*b.*2: °*aubrocka* „Brot in kleine Stücke schneiden oder brechen" Neufraunhfn VIB.

SCHMELLER I,347.– WBÖ III,1022.

[**aus**]**b.**: *ausbrocka* „Laub entfernen, damit die Sonne durchkommt" Hengersbg DEG.

WBÖ III,1022; Suddt.Wb. I,584.– S-66C22, D7.

[**ein**]**b. 1** einbrocken.– **1a** wie →*b.*3, °OB, °NB mehrf., °Restgeb. vereinz.: °*in an Weitling voj Måjzkaffee a Scheibm Brot eibrockt* Obing TS; °*in da Früah brock ma uns a Schwarzbrot ei, am Sunnta a Semmö* Landshut; „eine Schale Milch oder Milchkaffee ... in die man *ein-brockte*" SCHILLING Paargauer Wb. 65; *Dao wird anbrockt, daz da Leffl steckt* SCHÖNWERTH Leseb. 100; *einbrocken* AVENTIN I,351,18 (Dt.Chron.).– Ra.: *eibrockt, daß da Löffl steckt, und außergessn, daß ma nix mehr seggt* Hungersacker R.– *Kannst nix als: brock ei und friß aus* ebd.– Sprichw.: *was ma si eibroggt hat, muaß ma r a ausleffin* Fürstenfeldbruck, ähnlich OB, °OP vereinz.;– *Hast dir gut einbrockt, so kannst du es auch ausessen* DELLING I,149;– *hast vil einprockt, so fris aus* AVENTIN I,488,22 (Gramm.).– *Eibrockt is no lang net ausglöfflt* HALLER Waldlersprüch 32.– *Selber eingbrockt, selber gfressn, selber gschissn* SCHMIDKUNZ Weish. 55.– **1b** mit kleinen Brotstücken u.ä. versehen, °OB, °NB, °OP vielf., °Restgeb. vereinz.: °*dea duat Kaffee eibrogga, daß da Leffe stegt* Grasbrunn M; *d Suppn eibrockn* „Brocken hineinschneiden" Fürnrd SUL; *aabrockta Kaffee* SINGER Arzbg.Wb. 13.– Part.Prät., M., Kaffee mit eingebrockten Brotstücken, °OB, °NB, °OP vereinz.: °*i trink heut an Eibrocktn* Dieterskchn NEN.– **2** hineinpflücken: *Ind Kirm* [Korb] ... *eibrocka* SCHWEIGER Hopfazupfa 33.– **3** übertr.– **3a** (Geld) aufwenden: *bai dera Gschicht håt a sei ganz Geaschtl aibrokkt* Fürstenfeldbruck; *er hat bei seinem Garten eine schöne Summe Gelds eingebrockt* DELLING I,149; *Einbrocken* „Sein Geld beysetzen" ZAUPSER Nachl. 16.– **3b** in der Fügung *jmdm etwas e.* u.ä. jmdn in eine unangenehme Lage bringen, °OB, °NB, °OP vereinz.: °*då håssda was Sauwas eibroggd* Ebersbg; *Dir brock i's ei!* GRAF Handel 133.

DELLING I,149; SCHMELLER I,347; ZAUPSER Nachl. 16.– WBÖ III,1022f.; Schwäb.Wb. II,594; Schw.Id. V,562f.; Suddt.Wb. III,568f.– ²DWB VII,544.– BERTHOLD Fürther Wb. 47f.; BRAUN Gr.Wb. 13, 66; CHRISTL Aichacher Wb. 226; KILGERT Gloss.Ratisbonense 66; KOLLMER II,39; LECHNER Rehling 179f.; POELT-PEUKER Wb.Pöcking 10, 14; SINGER Arzbg.Wb. 13, 43; Spr.Rupertiwinkel 3.– S-97A34, 99A1, W-164/17.

[**her**]**b.** vollpflücken: *d'Brombeer ... Da brockst an ganzn Küwi her* DINGLER Arntwagn 10.

[**zu-sammen**]**b. 1** wie →*b.*1: *Mei' Diendl ... möcht an Busch'n gern hob'n jetzt laf i auf d'Wies'n und brock ihr an z'samm* HALBREITER Gebirgsl. I,3; *Schwammerl ... Zoagts amoi, wos no zsammabrockt habts* G. UMRATH, G'schichtn aus dem Isarwinkel, Lenggries 1998, 39.– **2** wie →*b.*2, NB, OP vereinz.: *zambrokng* „z.B. Brot in kleine Stücke brechen" Naabdemenrth NEW.

†[**umher**]**b.**: *uməbrockə~* „nicht vom Fleck, nicht vorwärts kommen, zaudern" SCHMELLER I,347.

SCHMELLER I,347.

[zu]b. wie → *[ein]b.*3a, OB, °OP vereinz.: °*a weng wos zum Zoubrockn mou ma scho hom* Weiden; *ea håd sai geidl åis dsuabrogd* nach DIETL Erg. Schmeller II,11.

DIETL Erg.Schmeller II,11; SCHMELLER I,347.– DWB XVI,254.– BRAUN Gr.Wb.931. M.S.

Brocker(er)
M., Obstpflücker, Gerät, OB, NB, OP vereinz.: *Brocka* U'höft EG.

WBÖ III,1024; Schwäb.Wb. I,1430; Suddt.Wb. II,637.

Komp.: **[Apfel]b., [Äpfel]**- dass., OB, °NB vielf., OP vereinz.: *Apfibrogga* Weidach AIB; *Epflbrockerer* Burglengenfd; *epflprokxa*ʳ SCHWEIZER Dießner Wb. 155.– Übertr.: °*a richtiga Apfebrocker* „kapitaler Hirsch" Grafing EBE.

WBÖ III,1024.

[Birn]b. dass., OB, NB, OP vereinz.: *Biarabrockar* Peiting SOG.

[Blümlein]b. jmd, der Blumen pflückt u. verkauft: „der *Bleamlbrocker*, der ... an den Samstagen ... in den Bürgerhäusern seine ... Sträuße ... verhandelte" HAGER-HEYN Dorf 190.

[Ein]b.: *Ēi˜bråkå'l* „eine Tasse, ein Glas, ein Becher zum Schwarzbeerpflücken" ANGRÜNER Abbach 29.

ANGRÜNER Abbach 29.

[Hopfen]b. Hopfenpflücker: *Hopfnbrocka* Passau; *D'Hopfabrocka san Aushejfskräft gwen* PINZL Bäuerin 154.

Schwäb.Wb. III,1803.

[Schwämmelein]b.: *a Schwammerlbrocker* „Pilzsucher" OB.

[Zwetschgen]b. Zwetschgenpflücker, im Reim: „Fangfrage unter Kindern: *Iatz kemas! ... Wer? Zwäschnbrogga vo Bemas* [Pöttmes AIC]" ILMBERGER Fibel 34. M.S.

brockerig
Adj.: *brokhereg* „zerbröckelt" Achbg TS. M.S.

brockicht, -ig
Adj. **1** klumpig, voller Klumpen, °OB, °OP, °MF vereinz.: °*de Eibrenn is da broggad woan, de muaßt duach a Sieb streicha* Garching AÖ; „das *Hausgartl*, abgeräumt und *brockig* umgegraben" TREMMEL Ziagwagl 61.
2 unförmig, plump, °OB, °MF vereinz.: °*brokert* Eckersmühlen SC; „*brokad* ... Brockige Dolden" MEISTER Hallertauer Hopfenbauern 53.– Übertr.: *Weil ... de Zahndokta ganz brockate* (hohe) *Rechnunga schreibn* STROBL Mittel und Bräuch 16.

Schw.Id. V,564; Suddt.Wb. II,637.

Komp.: **[groß]b.** große Erdschollen aufweisend, OB vereinz.: „*groußbrokat* großschollig, im Gegensatz zu *kloabrokat*" Erding. M.S.

-bröckler
M., nur im Komp.: **[Schmalz]b.**: °*Schmalzbröckler* „unbeholfener Mensch" Thanning WOR. M.S.

Bröcklet
N., Brotreste, NB vereinz.: *s Bröglad* O'diendf PA.

WBÖ III,1024 (Procklach); Schw.Id. V,565. M.S.

bröcklicht, brocklig
Adj., klumpig, voller Klumpen, °OB vereinz.: °*brocklö* „schollig" Erling STA.

WBÖ III,1024.– DWB II,395. M.S.

Brod
N. **1** Flüssigkeit.– **1a** auch M. (BOG), Brühe, Suppe: *da Brod* St.Englmar BOG; *brod* „Brühe" KOLLMER Laute 83; „*Das Brod* ... die Brühe ... von gekochten Würsten" östl.NB SCHMELLER I,348; *Ius ... prod* Tegernsee MB 11.Jh. StSG. I,385,14; *Sewd ẏm ain alt hu͛n ... vn̄ gib ẏm datz prod ze trinckn̄* Indersdf DAH 15.Jh. Clm 7744,fol.67ᵛ.– Auch: °*Brod* „Sauce, Tunke" Bogen.– **1b** auch F. (ROD), Saft von Gemüse od. (gekochtem) Obst, Absud, °NB, °OP vereinz.: °*das Brod* „Flüssigkeit des Sauerkrauts" Mötzing R; *Bród* „von gesottnen Kirschen, Zwetschgen u. drgl." östl.NB SCHMELLER ebd.– **1c** Molke, °OB, °NB vereinz.: °*Brod* Pöcking STA.– **1d** überbrühtes Viehfutter, °NB, OP vereinz.: °*a Brod* Schönau VIT; *Brod* „Viehtrank für Jungtiere, besteht aus Kleie, Magermilch u. Wasser" HELM Mda.Bgdn.Ld 42; *Bròd* „abgesottenes Viehfutter" SCHMELLER ebd.– **1e** auch F., minderwertiges Getränk, v.a. Bier, Kaffee, °NB, °OP vereinz.: °*is dös a Brod!* schlechtes

Bier Lohbg KÖZ.– **1f** schmutzige Flüssigkeit: °*Brod* „dreckiges Wasser“ Rattenbg BOG; *produnreinaz* Tegernsee MB 10./11.Jh. StSG. I, 615,51.– **1g** Jauche: *umd Ståd uma bringans a Bredl auf eanarö Wiesn* Mittch GRI.– **1h** Körpersekret.– **1hα** auch M. (MAL), Schweiß: °*der Brod* Hirschling MAL; *brod* „(abfällig) Schweiß des Menschen“ KOLLMER II,74; *I bi~ gloffə~, das mə‘ s Bród runtə‘ rinnt* Bay.Wald SCHMELLER ebd.– **1hβ** Eiter: °*da lauft a Brod aussa* Ruhmannsdf WEG.
2 Bodenkruste, die sich beim Schmelzen schlechter Butter ansetzt, °NB vereinz.: *s Brod* St.Oswald GRA.

Etym.: Ahd. *brod* ‘Brühe, Suppe’, mhd. *brot* stn., germ. Wort idg. Herkunft; Et.Wb.Ahd. II,353-355.

SCHMELLER I,348.– WBÖ III,1024f.; Suddt.Wb. II,637f.– DWB II,395; Mhd.Wb. I,1027; Ahd.Wb. I,1413f.– KOLLMER II,74; RASP Bgdn.Mda. 34.– S-24L12, W-43/18.

Abl.: *Brodel*[1], *brodelig*, *brodeln*, *Brödern*, *brödern*, *brodig*[1], *-brodlach*, *Brodler*.

Komp.: [**Äpfel**]**b.**: °*Äpfelbrod* Apfelkompott Neunburg.

Mehrfachkomp.: [**Erd-apfel**]**b.** Kochwasser von Kartoffeln: *eapfe-brod* nach KOLLMER II,74.

[**Birn**]**b.** F., Kletzenbrühe: °*die Birnbrod* Mukkenbach ROD.

[**Topfen**]**b.** wie →*B.*1c, °OB, °NB, °OP vereinz.: °*Topfabrod* „Käswasser“ O’au BGD.
W-43/18.

[**Hafen**]**b.** wie →*B.*1d: °*Hofabrod* „flüssiges Futter für das Vieh“ Lohbg KÖZ.

†[**Kalk**]**b.** Kalkmasse zum Abdichten: *das Kalchproth ... hinein geschitt* Mchn 1614 LORI Bergr. 391.
SCHMELLER I,348.– WBÖ III,1025f.– DWB V,65.

[**Kessel**]**b.** wie →*B.*1c: °*Kesslbrod* „Topfenwasser“ Innernzell GRA.

[**Milch**]**b.** dass., °OB, °NB, °OP vereinz.: °*Millibrod* Wald a.d.Alz AÖ.
WBÖ III,1026.– W-43/18.

[**Mist**]**b.** wie →*B.*1g: „Jauche ... *Mistbrod*“ KRETSCHMER Wortgeogr. 242.
SCHMELLER I,348.– WBÖ III,1026.– S-18E20[a].

[**Zwetschgen**]**b.** F., Brühe von gekochten Dörrzwetschgen, °OP vereinz.: °*Zweschpnbrod* Muckenbach ROD.
WBÖ III,1026. M.S.

†**Bröde**
(Genus?), Schwäche, Gebrechlichkeit: *durh mina brodi* 11.Jh. SKD 188,76 (Otlohs Gebet); *so hat sein vngefüege pröed von im vnd all mein frewden mich veriaget* FÜETRER Poytislier 41,131.

Etym.: Ahd. *brôdî*, mhd. *brœde*, *brôde* stf., Abl. von →*bröde*; WBÖ III,1027.

WBÖ III,1027.– Frühnhd.Wb. IV,1171; Mhd.Wb. I,1023; Ahd.Wb. I,1415. M.S.

†**bröde**
Adj., schwach, unzulänglich: *Tenera ... prodiu* Frsg 9.Jh. StSG. II,168,46; *daz er unser brôde menscheit an sich nam und unser sůnt truch* O’altaicher Pred. 125,7; *er sach do gar uil vngepär dy pröden weyb mit vnfüer vor im treyben* FÜETRER Persibein 20,72.

Etym.: Ahd. *brôdi*, mhd. *brœde*, *brôde*, westgerm. Wort idg. Herkunft; Et.Wb.Ahd. II,355f.

SCHMELLER I,349.– WBÖ III,1027; Schw.Id. V,410.– Frühnhd.Wb. IV,1171f.; Mhd.Wb. I,1023; Ahd.Wb. I,1414f.

Abl.: *Bröde*, *Brodel*[2], *brodig*[2]. M.S.

Brodel[1], **-u-**
M. **1** Dampf, Geruch.– **1a** (heißer) Dampf, Dunst, °OB, °OP, °MF mehrf., °Restgeb. vereinz.: °*na dank schön, den ganzn Tåg im Waschhaus steh bei dem Dampf und Brodl!* Inzell TS; °*enk* [ihr] *håt’s an schöina Brul herinn!* Sulzbach-Rosenbg; *Brūdl* „Wärme, Dampf, Qualm“ BERTHOLD Fürther Wb. 31; *Der Brudel* „Qualm“ SCHMELLER I,349.– †Auch: *Der Brudel* „das ... Qualmen“ ebd.– **1b** unangenehmer Geruch: °*vo dem geht a Bruhl weg* Manching IN; *Dåu kiint a Bruu(d’l viira, wenn der d’ Bettdeck’n aafhiabt!* BRAUN Gr.Wb. 67.
2 Flüssigkeit.– **2a** kochende Flüssigkeit, °OB, °OP vereinz.: °*Lisl, geh eina, da host an so an Brodl auf da Plattn dou!* „kochende Suppe“ Wiefelsdf BUL; *Der Brudel* „die Brüh“ SCHMELLER ebd.– **2b** auch F. (SOB), N. (VIB), minderwertiges Getränk, v.a. Bier, Kaffee, °OB, °NB, °OP, °MF vereinz.: °*so a Brudl, ma kann’s gar ned saufn* Heilbrunn TÖL; „alle Bräuer... die da gepanscht haben ... müssen ... ihren *Brudel* trinken“ OP HuV 8 (1930) 340.– **2c** schmutzi-

ges stehendes Gewässer, °OB, °OP vereinz.: °*Brual* „Tümpel“ Wdmünchen.– **2d** Jauche: °*Bruhl* „Mistjauche“ Manching IN.

3 Aufwallen einer Flüssigkeit, OB, OP vereinz.: *Brudl* „der Wall“ Wasserburg; *Der Brudel* SCHMELLER ebd.

4 F., ungeschickte Frau: °*Brudl* „Frau, die beim Stricken Fehler macht“ Ingolstadt; *Brul* „umständliche Frau, die nichts zusammenbringt“ GÖTTLER Dachauerisch 88.

Etym.: Mhd. *brodel* stn., Abl. von →*Brod*.

SCHMELLER I,349.– WBÖ III,1027; Schwäb.Wb. I,1431, 1461; Schw.Id. V,412 (-ü-); Suddt.Wb. II,638.– DWB II,417; Mhd.Wb. I,1024.– BERTHOLD Fürther Wb. 31; BRAUN Gr.Wb. 67; GÖTTLER Dachauerisch 88.– S-96E13, M-58/6, W-44/6f.

Komp.: [**Ge**]**b.** N., wie →*B.*2b, °OB, °OP vereinz.: °*a so a Gebro(d)l!* „schlechtes Bier“ Nabburg.

WBÖ III,1028; Schwäb.Wb. III,137, VI,1986; Schw.Id. V,411.– DWB IV,1,1870,1874; LEXER HWb. I,761. M.S.

Brodel[2]

M.: °*du Broudl!* „Schwächling, Nichtskönner, Depp“ Ü'see TS. M.S.

brodelig, -u-, brudelicht

Adj. **1** schwül, dampfig, °OB vereinz.: °*is hait a brodlige Hitz!* Heilbrunn TÖL.

2: °*a brulada Kerl* langweiliger Mensch O'haching M.

Schwäb.Wb. I,1461; Schw.Id. V,412; Suddt.Wb. II,638.

M.S.

brodeln, -ö-, -u-, pfrudeln

Vb. **1** brodeln, dampfen.– **1a** aufwallen, aufschäumen.– **1aα** (siedend) aufwallen, blubbern, °Gesamtgeb. vielf.: °*Wei, d Wasch brulld scho, tuas raus ausm Kessl!* Pöcking STA; °*leg d Knedl ei, s Wassa brodlt scho!* Griesbach; °*dös Kraut brodlt scho guat* „gärt im Faß“ Fronau ROD; *'S Klingbrünnerl im Wald, Lus', wia's … brudelt und muart* PANGKOFER Ged.altb.Mda. 60; *Dös pfrudlt naou nea sua in Wasser* SCHEMM Neie Deas-Gsch. 121; *ich hab des krauts vergessen, Das strudlt und prudelt bey dem fewr* SACHS Werke XIV,172,18f.– Auch rumoren (in Magen u. Darm), °OB, °OP vereinz.: °*ihm brullerts im Bauch* „bei Durchfall“ Schwandf.– **1aβ**: *brullan* „Aufbrausen der Kohlensäure“ SCHILLING Paargauer Wb. 53.– **1aγ** übertr.– **1aγi** zornig sein, schimpfen, °OB, °NB, °OP vereinz.: °*wia der brodlt!* Pocking GRI; *bro:dln* „vor Wut kochen“ KILGERT Gloss.Ratisbonense 49.– **1aγii** refl., sich aufspielen: *Schaugts nur den Jagasknecht, wia a si brodln möcht* Ruhpolding TS KIEM obb.Volksl. 285.– **1b** dampfen, °OB, °NB, °OP, °MF mehrf., °Restgeb. vereinz.: °*do hots a brodlade Hitz* „beim Kochen“ Hohenpeißenbg SOG; °*da Kessl brodlt* Weiden; *schaut er beim … Kessel eini und siecht an Grafen sein Verwalter drin schwitzen und brodeln* STEMPLINGER Obb.Märchen II,77f.– Auch schlechten Geruch verströmen, °OB vereinz.: °*da brudelts nach überglaufner Milch* Thanning WOR; *brūdln* „nach unangenehmer Wärme riechen“ BERTHOLD Fürther Wb. 31.– **1c** brauen (vom Nebel), °OB vereinz.: °*da Newi brodlt* Ampfing MÜ.

2 brutzeln, ein prasselndes Geräusch machen, °OB vielf., °NB, °OP, °MF, °SCH vereinz.: °*s Fleisch brodlt scho* „zischt“ Eslarn VOH.

3 flirren, °OB vielf., °NB, °OP mehrf., °MF, °SCH vereinz.: °*heit is d Luft scho so brodlad* Winklsaß MAL; °*heint is sakrisch schwül, schau hea, wöi d Luft brodld* Nabburg; *brodeln* „flimmern (von heißer Luft)“ [4]ZEHETNER Bair.Dt. 80.

4 zum Weinen verziehen.– **4a** zucken, zittern (von den Lippen), °OB, °NB vereinz.: °*auweh, am Klause brädlt da Fotz scho, jatz wean eam boid d Schusser kema* Mittich GRI.– **4b** die Lippen verziehen, °OB vereinz.: °*der fängt scho zu brödln an* Thanning WOR; *broudln* „kurz vorm Weinen“ Spr.Rupertiwinkel 16.

5 Laute von sich geben.– **5a** schnurren (von der Katze), OB, °NB, °OP, °MF vereinz.: °*di Kåtz brodlt* Wiesenfdn BOG.– **5b**: *s Kind brodlt scho* „babbelt schon“ O'audf RO.

6 spritzen.– **6a** herumspritzen, planschen, °OB, NB vereinz.: °*deants des Gschirr waschn, aba bruhlts et* [nicht] *gor aso!* Tandern AIC.– **6b**: *pfru(d)ln* „ins Wasser prusten, daß es spritzt“ SINGER Arzbg.Wb. 175.– **6c** sich spritzend verteilen, aufspritzen: °*dös pfrult owa!* „bei Durchfall“ Thiershm WUN; *Ich honan mitn Kuapf a paarmal eitaucht, daaß der Schlamm nea sua pfrudlt haout* SCHEMM Stoagaß 166.

7 (Flüssigkeiten) mischen, schütteln.– **7a** durcheinanderschütten, zusammenmischen: *was prudelst du denn wieder da?* DELLING I,101; *brulen* GÖTTLER Dachauerisch 19; *Brudeln* „hin und wieder giessen“ PRASCH 16.– **7b** verwässern, verdünnen, °OB, °NB, °OP vereinz.: °*brudln* „Milch panschen“ Geiselhöring MAL.– **7c** schütteln, °OB vereinz.: °*des muscht zeascht guat brulen* Dachau.

8 Notdurft verrichten (von kleinen Kindern).– **8a**: °*brudln* „pissen" Mintraching R.– **8b** den Darm entleeren, °OB, °NB, °OP vereinz.: °*Klausi, muaßt leicht brulan?* Mittich GRI.
9 schlecht arbeiten, trödeln.– **9a** schlecht od. planlos arbeiten, °OB, °NB, °OP vereinz.: °*brudln* „schlampiges Waschen" Pfeffenhsn ROL; °*d Mudda brodld n ganzn Voamiddo in da Kuchl* Nabburg; *bruu(d)l'n* BRAUN Gr.Wb. 67.– **9b** trödeln, langsam sein: °*brodln* „säumen" Ingolstadt; *Brodeln* „etwas träge und langsam thun" DELLING I,99.

Etym.: Mhd. *brodel(e)n* 'brodeln, dampfen', Abl. von →*Brod*; WBÖ III,1028.

DELLING I,99,101; PRASCH 16; SCHMELLER I,349; WESTENRIEDER Gloss. 447.– WBÖ III,1028f.; Schwäb.Wb. I,1463f.; Schw.Id. V,410-412; Suddt.Wb. II,638.– DWB II,396, 417; Frühnhd.Wb. IV,1172f.; Mhd.Wb. I,1024.– ANGRÜNER Abbach 19; BERTHOLD Fürther Wb. 31; BRAUN Gr.Wb. 67,462; GÖTTLER Dachauerisch 19; KILGERT Gloss.Ratisbonense 49; POELT-PEUKER Wb.Pöcking 10; SCHILLING Paargauer Wb. 53f.; SINGER Arzbg.Wb. 175; Spr.Rupertiwinkel 16.– S-82A26, 96E15, W-43/19, 44/8-10, 46/4.

Komp.: [**auf**]**b.** **1** wie →*b.*1aα, °OB, NB, °OP vereinz.: °*laß de Suppn nomoi aufbrodln!* Hohenpeißenbg SOG; *die Antn ... hom ... min Schnaawln powert, daaß da Schlamm nea sua aafpfrult is* SCHEMM Stoagaß 170.– **2** wie →*b.*1b: *aufbrodln* „dampfen" Maisach FFB.– **3** wie →*b.*1c: °*dr Nebl brodlt auf* Bayersoien SOG.

WBÖ III,1029; Schwäb.Wb. I,368.– ²DWB III,447.

[**ausher**]**b.** **1** herausquellen (lassen).– **1a** quellend herausdringen: *Er blaast ei, daaß ... aassapfrudlt* SCHEMM Neie Deas-Gsch. 118.– **1b** siedend überlaufen: °*s brodlt scho außa* Passau.– **1c** bewirken, daß etwas siedend überläuft: °*beim Schweifettn auslassn net scharf eihoazn, sonst brudlst in da Höch außa* Halfing RO.– **2** schlampig (Wäsche) waschen: °*dö håts ja gråd so aussabrudlt* Tödtenrd AIC.

[**der**]**b.** nicht weit genug gelangen: °*derbrudlt* „von einem Eisstock, der weit vor dem Ziel liegenbleibt" Mintraching R.

WBÖ III,1029.

[**ver**]**b.** **1** verkochen, verdampfen: °„wenn die Suppe zu lange kocht, *verbrodelt* sie" Hzkchn MB.– **2** wie →[*ausher*]*b.*2: °*geh, scham di mit so a vabrudltn Wesch* Wettstetten IN.– **3**: °*der tuat Zeit vabrullan* „Zeit vertrödeln" Klingen AIC.

WBÖ III,1029f.; Suddt.Wb. IV,124.– DWB XII,1,176.

[**fotz(i)**]**b.** wie →*b.*4b, °OB, °NB vereinz.: °*s Malla tuat fotzbröidln, daß es glei stesst* Pöcking STA.

WBÖ III,1030.– W-43/19.

[**da-hin**]**b.** **1**: °*de Wana brodld de ganze Zeit dahi* „köchelt vor sich hin" Lenggries TÖL.– **2**: °*der brodlt so dahi* „kränkelt" Taching LF.

[**zu-sammen**]**b.** **1**: °*da brodld sich was zusammen* „braut sich ein Gewitter zusammen" Monhm DON.– **2** wie →*b.*7a, °OB, °MF vereinz.: °*was brudlst du für a Sach zamm?* Heilbrunn TÖL.– **3** schlecht kochen, °OB, °OP vereinz.: °*was brodlst denn heit alles zamm?* Hahnbach AM.

WBÖ III,1030.

[**über**]**b.** wie →[*ausher*]*b.*1b, °OB, °OP, °MF, °SCH vereinz.: °*heb an Deckl a d' Höh, sunst brudlts iwa* Ismaning M.

WBÖ III,1030. M.S.

Brodem, abgestandene Luft, →*Bradem*.

Brödern
(Genus?). **1**: °*Bredern* „Viehtrank mit Wasser und Kleie" O'au BGD.
2: °*Brötern* „Ableitungsgraben" Siegsdf TS.

M.S.

brödern
Vb. **1** mit →*Brod*, Bed. 1d füttern, °OB vereinz.: *bredan* Berchtesgaden; *Hiasei! brödert dö Kaiwi dawei* ANGERER Göll 40.
2: °*brödern* „Graben nachputzen, ausputzen" Thanning WOR.

WBÖ III,1030; Suddt.Wb. II,639.– RASP Bgdn.Mda. 33f.– W-42/16.

Komp.: [**ver**]**b.**: °„früher ist das Käswasser dem Vieh *verbrödert* worden, als Trank gegeben" Ramsau BGD. M.S.

brodig[1]
Adj. **1** schmutzig, unreinlich, °OB, °NB vereinz.: °*derer ihre Kinder san so brodig beinand, daß's oan grausn könnt* Straubing; *brodig* „voll Schweiß, schmutzig" HÄRING Gäuboden 130; *ə͂ bródi's Weibsbild* SCHMELLER I,349.
2 wund, eitrig, °OB, °NB, °OP vereinz.: *brodigö Aang* St.Englmar BOG.

3 †: „schwammig vor Fett … ə˜ *bródige Sau*“ Bay.Wald SCHMELLER ebd.

SCHMELLER I,349.– WBÖ III,1030; Suddt.Wb. II,639.– DWB II,396.– W-43/20f. M.S.

brodig[2]

Adj. **1** schwächlich, faulig, minderwertig.– **1a** schwächlich, marode, °OB, °NB, °OP vereinz.: °*mei Bua is a Brodiga, koa Schmoiz hot a* Endlhsn WOR; °*der is brodig beinand* Schwandf.– **1b** minderwertig, von schlechter Beschaffenheit, °OB, °NB vereinz.: °*brodig* „von morschem Holz“ O'ammergau GAP; °*brodig* „minderwertig in der Ausführung, z.B. Stuhl“ Ruhmannsdf WEG.

2 schlecht gelaunt, brummig, °NB, °MF vereinz.: °*bist du brodi heint!* Eging VOF.

3 hochmütig, herablassend, OB, °NB vereinz.: *rächt brotö is a mit ma* Gartelsrd AIC.

WBÖ III,1031.– W-43/22f. M.S.

-brodlach

N., nur in: [**Ge**]**b.**: °*Gebrohla* „Aufwallen einer Flüssigkeit“ Tirschenrth.

WBÖ III,1031. M.S.

Brodler, -u-, Pfrudlerer

M. **1** Aufwallen, wallendes Aufsteigen: °*es tout nu an Brodla* „wenn die Fleischbrühe im Kessel noch einmal aufkocht“ Sulzkchn BEI; *Voran Pfrulara oder an Karpfm koa Spur!* SCHEMM Neie Deas-Gsch. 122.

2 Fehler, misslungene Handlung.– **2a** Fehler beim Stricken, °OB, °NB vereinz.: °*da hast iatzt an Brudla eibracht* Griesbach.– **2b**: °*Brudler* „zu kurzer Wurf beim Eisstockschießen“ Mintraching R.

3 von Menschen.– **3a** Nörgler, °NB, °OP, MF vereinz.: °*so a ålta Brodla!* „alter Brummkopf“ Schnaittenbach AM.– **3b**: °*Proutla* „Ausplauderer, Schwätzer“ Fischbachau MB.– **3c** schlechter, langsamer Arbeiter, °OB vereinz.: °*dös is a richtiga Brudler* „er arbeitet schlampig“ Heilbrunn TÖL; *Brodlâ* „langsamer Arbeiter“ POELT-PEUKER Wb.Pöcking 10.

WBÖ III,1031; Schwäb.Wb. I,1464; Schw.Id. V,411f.; Suddt.Wb. II,639.– POELT-PEUKER Wb.Pöcking 10.– W-44/14.

Komp.: †[**Bier**]**b.**: *Bierbrudler* „(im Scherz) Bierbrauer“ SCHMELLER I,349.

SCHMELLER I,349. M.S.

Profeß

F., Profeß: *ain khnie stielle wie an ainer proßfeß* 1609 HAIDENBUCHER Geschichtb. 9.

Etym.: Aus mlat. *professio* ‘Gelübde’; vgl. WBÖ III, 1033.

WBÖ III,1033; Schwäb.Wb. I,1431; Schw.Id. V,503f.– DWB VII,2159; Frühnhd.Wb. IV,1175f. A.R.R.

Profession

F. **1** Beruf, Gewerbe, °OB, NB vereinz.: *Profession* „Gewerbeberuf“ Passau; *Professioon* BRAUN Gr.Wb. 473; *Du bist freili a Schuster! In meiner Profession, ja!* WELSCH Mchn.Volks-Leben XIII,11; *gibt sich vor einen Schneider aus/ kan aber kein Profession* Landstreicherord. 10.– Auch Zusammenschluß Gewerbetreibender: „Auch halten viele *Professionen* ordentliche Tanzschulen“ WESTENRIEDER Mchn 292.

2 †Profeß: *in disem Jar am Suntag Exaudj haben vnssere zwue Nouizin … Jr profesion than* 1612 HAIDENBUCHER Geschichtb. 27.

Etym.: Aus frz. *profession*; KLUGE-SEEBOLD 724.

WBÖ III,1033f.; Schwäb.Wb. I,1431; Schw.Id. V,504; Suddt.Wb. II,639.– DWB VII,2159f.; Frühnhd.Wb. IV,1176.– BRAUN Gr.Wb. 473.

Abl.: *Professionist.* A.R.R.

Professionist

M., ausgebildeter Handwerker, °OB vereinz.: °*bisd ebbara Brofessionisd?* (Ef.) Ebersbg; *Professanist* „Fachmann; Handwerker“ BRAUN Gr.Wb. 473; „An *Professionisten* finden sich hier vor: 1 Bader, 4 Becker, 1 Bräuer“ Zwiesel REG HAZZI Aufschl. IV,1,130.

WBÖ III,1034; Schwäb.Wb. I,1431f.; Schw.Id. V,504; Suddt.Wb. II,639.– BRAUN Gr.Wb. 473. A.R.R.

Professor

M., Professor, Lehrer an einer höheren Schule od. Hochschule: *Brofesser – Brotfresser!* „Scherzspruch“ Hfhegnenbg FFB; *De Brillner und an Steigen nach Muaß's a Profeßer sein!* GUMPPENBERG Bergamseln 121; *Des hom zwüi Brofässa in Ealanga dafoan* LODES Huuza güi 31.– In Vergleichen: *dea kummt wia a Professar* steigt eingebildet daher Schongau, ähnlich N.– Übertr.: *Brofessa* „scherzhaft für Brillenträger“ Ingolstadt.– Fahriger Mensch, OB, OP vereinz.: *a z'streita Professa* Vilseck AM.

Etym.: Aus lat. *professor*; PFEIFER Et.Wb. 1046.

WBÖ III,1034; Schwäb.Wb. I,1432; Schw.Id. V,504; Suddt. Wb. II,639.– DWB VII,2160f.; Frühnhd.Wb. IV,1176f. A.R.R.

Profit
M. **1** Profit, NB vereinz.: *an Brofit aistraicha* Aicha PA; *Wenns um an Profit geht, do san's olle glei dabei* LOEW Grattleroper 143; *Was hat er auch für einen Profit, wann er das thut?* BUCHER Jagdlust 84.– Ra. *sich vor lauter P. nimmer auskennen* u.ä. vor Freude außer sich sein, OB, NB, OP vereinz.: *der kennt si niat aus va lauta Provit* Hessenrth KEM; *Er kennt sih nimma aus vor lauta Profit* HÄRING Gäuboden 200.
2 †: „Blechlein, auf welchem Reste von Kerzen vollends ausgebrannt werden ... *Profiterlein*" SCHMELLER I,1178.

Etym.: Aus mnl. *profit*, frz. Herkunft; PFEIFER Et.Wb. 1046.

SCHMELLER I,468.– WBÖ III,1036; Schwäb.Wb. I,1432; Schw.Id. V,507; Suddt.Wb. II,639.– DWB VII,2162; Frühnhd.Wb. IV,1177; LEXER HWb. II,300.– BRAUN Gr.Wb. 473.

Abl.: *profitlich.* A.R.R.

profitieren[1]
Vb., profitieren: *Da hab i' koa Schnüpfl Dowag profitiert* SIEBZEHNRIEBL Grenzwaldheimat 235.

Etym.: Aus frz. *profiter*; PFEIFER Et.Wb. 1046.

SCHMELLER I,468.– WBÖ III,1036; Schwäb.Wb. I,1432f.; Schw.Id. V,507.– DWB VII,2162f.; Frühnhd.Wb. IV,1178; LEXER HWb. II,300.– BRAUN Gr.Wb. 472. A.R.R.

profitieren[2], mit den Sterbesakramenten versehen, →*providieren*.

profitlich
Adj., auf eigenen Vorteil bedacht, OB, NB, OP vereinz.: *is a recht a Profitlicher* Pörnbach PAF; *profitlich* Mchn Volk u. Heimat 13 (1937) 287.

Schwäb.Wb. I,1432; Schw.Id. V,507.– DWB VII,2162; Frühnhd.Wb. IV,1178; LEXER HWb. II,300. A.R.R.

Profos
M. **1** †Profos: *bald dem profosn bevelh geben ernstlich, das er sy ... baid mit dem schwerd, richtet* Rgbg 1532 Chron.dt.St. XV,112,3-5.
2: *Profos* „in der Schülersprache Professor" Landshut.

Etym.: Aus afrz. *prevost*; KLUGE-SEEBOLD 724. In Bed.2 Spielform von →*Professor*.

WBÖ III,1036f.; Schwäb.Wb. I,1433; Schw.Id. V,507-509; Suddt.Wb. II,639.– DWB VII,2163; Frühnhd.Wb. IV,1178.
A.R.R.

Progader, Organisator u. Leiter einer Hochzeitsfeier, →*Prokurator*.

Brogel
1 M.: °*a sou a Brougl* „Angeber" Hochdf FDB.
2 M., F., Angeberei: °*Prougl* „Stolz, Angabe" Mering FDB; *A sou a Brougl, sogar an eachda Bounakafee hodds gejwa* WÖLZMÜLLER Lechrainer 99.

WBÖ III,1037. A.R.R.

brogeln[1]
Vb. **1** auch refl., prahlen, großtun, °OB mehrf., °NB, °SCH vereinz.: °*der broglt si aber!* Günzenhsn FS; °*du deafst nöt brogln mit deina Arbat* Metten DEG; *Dé brogelt si' mit iərə'n Kránzl* SCHMELLER I,352; *Do braugsch di idd* [nicht] *a sou brougla mid dein Heidda* [Gaul] WÖLZMÜLLER Lechrainer 99; *Giebt wol Leuth/ die sich noch drüber proglen* SELHAMER Tuba Rustica I, 120.
2 murren, vor sich hinschimpfen, °OB, °NB vereinz.: °*brogln* „grantig brummen" Aigenstadl WOS; *der Bauer ... håt ebbs broglt dàzua* HALLER Frauenauer Sagen 83.
3 ein prasselndes od. gurgelndes Geräusch machen, °OB, °NB vereinz.: °*s Schmoiz in da Pfanna broglt* O'schleißhm M.
4 siedend aufwallen: °*brogln* Ebersbg; *Brogeln* „von Speisen gesagt ... in eine mässige Wallung ... kommen" WESTENRIEDER Gloss. 60.

DELLING I,100; SCHMELLER I,352; WESTENRIEDER Gloss. 60; ZAUPSER 60.– WBÖ III,1037; Schwäb.Wb. I,1433; Schw.Id. V,518; Suddt.Wb. II,639.– DWB II,396.– BRAUN Gr.Wb. 66; KOLLMER II,534; POELT-PEUKER Wb.Pöcking 10; SINGER Arzbg.Wb. 43; WÖLZMÜLLER Lechrainer 99.

Komp.: **[auf]b.** wie →*b.*1: *aufbrogln* aufgeblasen sein oder tun Ohlstadt GAP.

WBÖ III,1037 A.R.R.

brogeln[2]
Vb. **1** wohl bespritzen: °*broglscht d'Straß heit!* Brunnen SOB.
2 †: *brogeln* „hin und hergießen" OP SCHMELLER I,352.

Etym.: Wohl Spielform von →*brodeln*; vgl. ebd.

SCHMELLER I,352.– W-43/24.

Komp.: **[um-ein-ander]b.** wohl verschütten: °*der broglt was umananda* Blaibach KÖZ.
A.R.R.

†brogen
Vb. **1** emporragen: *dar ob vil panier gen dem luffte progen* FÜETRER Persibein 73,271.

2 Widerstand leisten: *der broget nû gein ir mit gewalt* BERTHOLDvR I,330,30f.
3 prahlen: *Sô wil der mêr friunde hân und broget von sînen friunden* ebd. II,101,33f.

Etym.: Mhd. *brogen*, wohl germ. Bildung idg. Herkunft; vgl. POKORNY I,141.

SCHMELLER I,352.– WBÖ III,1037f.; Schwäb.Wb. I,1433; Schw.Id. V,518.– DWB II,396; Frühnhd.Wb. IV,1179f.; Mhd.Wb. I,1025.

Abl.: *Brogel, brogeln*[1], *brogetzen, Brogler, broglerisch, Broglet, broglig.* A.R.R.

broges

Adj., nur präd. **1** uneins, verfeindet, °OP, °MF, °SCH vereinz.: °*mit dem bin i brouches* Aicha SUL; *brōchäs ... brouchäs* BERTHOLD Fürther Wb. 30.
2: °*brouches* „zahlungsunfähig" Helena NM.

Etym.: Gaunerspr. aus hebr. *be roges* 'im Zorn'; WBÖ III,1038.– Bed.2 wohl scherzh. Erweiterung von →*brach*.

SCHMELLER I,352.– WBÖ III,1038; Schwäb.Wb. I,1433; Suddt.Wb. II,639.– BERTHOLD Fürther Wb. 30.– W-43/15.

A.R.R., M.S.

brogetzen

Vb., zaudern, zögern, °OB, °NB vereinz.: °*brogetzn* Gangkfn EG.

SCHMELLER I,352.– WBÖ III,1038; Suddt.Wb. II,640.– W-43/25. A.R.R.

Brogler

M., Angeber, Wichtigtuer, °OB, NB vereinz.: °*Brogla* Höhenstadt PA; *A Progler ischt er all'm gwesn, sinscht nix* Peißenbg WM Altb.Heimatp. 10 (1958) Nr.14,3; „Er ist ein *Prahlhans ... Progler*" Baier.Sprw. II,225[a]; *diser Brogler ... hilfft jhr* Errettung der Jungfrau 64.– Sprichw.: *An Brogla soll ma was gebm und an Schiachtoana was nehma* „Ein Großtuer hat meist nicht so viel, wie er sagt, dagegen steht ein Jammerer ... oft in guten Verhältnissen" Schlehdf WM HuV 15 (1937) 297.– Ortsneckerei: „Penzing (Landsberg): *Progler*" BRONNER Schelmenb. 134.

DELLING I,100; ZAUPSER 60.– WBÖ III,1038; Schwäb.Wb. I,1433; Schw.Id. V,518; Suddt.Wb. II,640.– Frühnhd.Wb. IV,1180.– BRAUN Gr.Wb. 66; POELT-PEUKER Wb.Pöcking 10; Wb.Krün 7. A.R.R.

†broglerisch

Adj., angeberisch: *Er sagt ia ... gantz proglerisch ich bin nicht wie andere Leut* SELHAMER Tuba Rustica I,322. A.R.R.

Broglet

(Genus?), Murren, Schimpfen, °NB vereinz.: °*Broglad* „Nörgelei" Frauenau REG. A.R.R.

broglig, -icht

Adj., angeberisch: °*broglig* Schongau; *anhabisch* [aufdringlich] ... *und broglat mitn Mäu* CHRIST Werke 360 (Mathias Bichler). A.R.R.

Prog(r)oder(er), Organisator u. Leiter einer Hochzeitsfeier, →*Prokurator*.

Brokkoli, Brockel, Brocker, Brockelein(s)

N., auch M. (SR), meist Pl., Rosenkohl, °OB, °NB, °SCH mehrf., °OP, °MF vereinz.: °*heuer steht der Brockerl schö* Straßkchn SR; °*de Brockerln kochma an Hiascht* Schnaittenbach AM; *brokuli* GOODWIN Ugs. 103; *Brockə-ln* „Kohlsprossen" SCHMELLER I,346.

Etym.: Aus it. *broccoli* Pl. 'Sprossenkohl', mit volksetym. Anlehnung an →*brocken*; KLUGE-SEEBOLD 153, WBÖ III,1013.

SCHMELLER I,346.– WBÖ III,1013.– W-43/16. A.R.R.

Prokurator, Prog(r)ader(er)

M. **1** †Bevollmächtigter, Rechtsvertreter: *zween procuratoren oder vorsprecher* 1554 GRIMM Weisth. III,641; „*Procurator* ... Person, welche die Geschäfte eines andern ... verwaltet" F.X. v.KRÜLL, Theoretisch-praktische Einl. in die bayer. zivil Gerichtsordnung, Ingolstadt 1797, 77.
2 Organisator u. Leiter einer Hochzeitsfeier, °OB, °NB vielf., OP, °SCH vereinz.: „der *Håuzadloda*, gewöhnlich *Prokaråda* genannt" Emmerting AÖ; „der *Broggråda* leitet die ganze Feierlichkeit" Garham VOF; „der *Progader* als Stimmungsmacher, wenn die Musiker pausieren" Bergen TS Bayerld 92 (1990) Nr.6,30; „Zum Laden ziehen der *Procurator*, der *Hochzeiter* und ein Bevollmächtigter des Wirthes ... aus" BGD LENTNER Bavaria Gebirge 249; *daß bey iedwelcher Hochzeit allzeit der Präutigam oder Procurator zu Verhüttung alles ... Streittens ... selbsten ... sich einfünde* Schwandf 1722 HARTINGER Ordnungen II,836f.– Sachl., Vkde: Im Gesamtgeb. fungiert der *P.* auch als Brautwerber u. →[*Hoch-zeit(s)*]*lader*, Weiteres s. [*Hoch*]*zeit*.– Auch: *Brokaråda* „Zeremonienmeister bei der Primizfeier" Mittich GRI.

Etym.: Mhd. *procurâtor*, aus lat. *procurator*; Fremdwb. II,682.

Ltg: *brogrǭda(ra)* u.ä. OB, NB (dazu CHA), *-garǭda* u.ä. NB (dazu AÖ, LF, MÜ, TS), auch *-gǭda(ra)* u.ä. OB, NB (dazu FDB), *bogrǭda* (WS), *brolǭga* (MB), mit volksetym. Anschluß an →*Lader broklǭda* (AÖ, STA).

WBÖ III,1040; Schwäb.Wb. I,1434; Schw.Id. V,565f.; Suddt.Wb. II,640.– Fremdwb. II,682; WMU 1405.– BRAUN Gr.Wb. 473; GÖTTLER Dachauerisch 57; RASP Bgdn.Mda. 122; SOJER Ruhpoldinger Mda. 32.– S-7B6[d], 8B10.

A.R.R.

Bröll, Sumpf, →*Brühl*.

Brollen

M.: *broin* „Klumpen, bes. von Lehm und Erde" KOLLMER II,74.

Etym.: Herkunft unklar; vgl. WBÖ III,1042.

WBÖ III,1042; Schw.Id. V,586.– KOLLMER II,72, 74.

A.R.R.

Brombel, Bromer →*[Brom]beere*.

bromig, rußig, →*[be]rahmig*.

Pronabus, Rausch, →*Pranobis*.

Propeller

M. **1** Propeller, OB, NB, OP, SCH vereinz.: *da Propella* Mengkfn DGF.
2 Pl., übertr. große od. abstehende Ohren, OB, NB vereinz.: *Brobella* Erling STA.

Etym.: Aus engl. *propeller*; KLUGE-SEEBOLD 726.

WBÖ III,1044; Suddt.Wb. II,641.– Fremdwb. II,690.– S-105C4.

Komp.: [**Wasser**]**p.** Libelle: *Wasserprobeller* Mariakchn EG DWA II,16. A.R.R.

proper

Adj. **1** ordentlich, reinlich, °OB, OP vereinz.: *a propri Muntur* „gute Kleidung" Naabdemenrth NEW; „sie habe dem *properen* Vater ... die Sohlen seiner Stiefel glänzend wichsen müssen" AMERY Dortmals 42.
2 prächtig, sehr schön, OB, NB vereinz.: *der is propa, a Prachtkerl* Ingolstadt; „Das ist ein *proppers* Kleid" WESTENRIEDER Gloss. 445.

Etym.: Aus frz. *propre* 'sauber'; KLUGE-SEEBOLD 726.

DELLING I,100; WESTENRIEDER Gloss. 445.– WBÖ III,1045; Schwäb.Wb. I,1435; Schw.Id. V,773; Suddt.Wb. II,641.– DWB VII,2165; Frühnhd.Wb. IV,1185.– BERTHOLD Fürther Wb. 171. A.R.R.

Prophet

M., Prophet, Weissager: *dö Proföt̃n* O'audf RO; *War aa der Jonas a Prophet* EHBAUER Weltgschicht II 66; *Kolckas ... der do ir prophet was* FÜETRER Trojanerkrieg 122,468.– Ortsneckerei für die Einwohner von Prittriching LL: *Propheten* BzN 3 (1951/1952) 59.

Etym.: Mhd. *prophêt(e)*, aus lat. *propheta*, gr. Herkunft; KLUGE-SEEBOLD 726.

WBÖ III,1034; Schwäb.Wb. I,1432; Schw.Id. V,504.– DWB VII,2166; Frühnhd.Wb. IV,1188f.; LEXER HWb. II,301.– S-89M35.

Komp.: [**Wetter**]**p.** Wetterprophet, OB, NB, SCH vereinz.: *du bist a schlechta Weddaprophet* Haag WS.

WBÖ III,1034.– DWB XIV,1,2,759.– S-83B10. A.R.R.

†Prophezei

F., Prophezeiung: *also ward erfüllt di profecey des heiligen sand Ulrichs* ARNPECK Chron. 480,31f.

Etym.: Mhd. *prophêzîe*, aus lat. *prophetia*; KLUGE-SEEBOLD 726.

SCHMELLER I,468.– Schwäb.Wb. I,1432; Schw.Id. V,505.– DWB VII,2167f.; Frühnhd.Wb. IV,1186f.; LEXER HWb. II,301. A.R.R.

Bropst, Knospe, →*Broß(t)*.

Propst

M. **1** Propst, Vorsteher eines Kapitels, Stifts od. Klosters: *Brobst* Mchn; *Prepositus p[ro]best* Tegernsee MB 10./11.Jh. StSG. I,809,56; *sol auch der selbe probist ... vber den selben hove einen salman* [Gewährsmann] *nemen* Baumburg TS 1294 Corp.Urk. III,201,19-21; *dem herrn Brobst im herrn Chiemsee* 1609 HAIDENBUCHER Geschichtb. 17.
2 Mitglied, v.a. Vorsteher, der Kirchenverwaltung: °*Probst* Brunnen SOB.
3 †weltlicher Vorsteher: *der graf von Ortenberch hat ein hofmarch ze Ekkenhaim; da sol sin probst rihtten* Straubing 1.H.14.Jh. MB XXXVI,2,278; *brobsten des fur[stlichen] stüffts Berchtersgaden* Berchtesgaden 1618 WÜST Policey 338.
4 übertr.: °*ist des a Pressl!* „recht dicker Mensch" Erlau WEG.

Etym.: Ahd. *probost*, mhd. *prob(e)st*, aus afrz. *provost*; KLUGE-SEEBOLD 727.

SCHMELLER I,466; WESTENRIEDER Gloss. 445.– WBÖ III, 1007-1009; Schwäb.Wb. I,1428, VI,1695; Schw.Id. V,775; Suddt.Wb. II,641.– DWB VII,2169; Frühnhd.Wb. IV, 1159f.; LEXER HWb. I,357f., II,299; WMU 294; Gl.Wb. 465.– BRAUN Gr.Wb. 473.– S-89I28.

Abl.: *Propstei, Propster, Pröpstling.*

Komp.: [**Dom**]**p.** Dompropst: *Bischolf/ Tv̊mbrǒst/ Capitel/ Prelat* Mühldf 1291 Corp.Urk. II,660,39; *domprobst* SCHÖNSLEDER Prompt. L6[r].

WBÖ III,1009; Schwäb.Wb. II,255.– ²DWB VI,1230; LEXER HWb. II,1574f.; WMU 1781f.

†[**Dorf**]**p.** Dorfvorsteher: *allt und neüe Dorfbröbst sambt der Obrigkhait unnd Herrn Pfarrer* Riekfn R 1595 HARTINGER Ordnungen II,811.

†[**Holz**]**p.** Waldaufseher: „ein *Holzprobst* ... und 2 Nachtwächter" HAZZI Aufschl. IV,1,196; *Anforderung, Miet oder Gabe der Vorstknecht und Holzpröbst* Passau 1516 ObG 19 (1930) 254.

SCHMELLER I,466.– Rechtswb. V,1506.

[**Kirch(en)**]**p.** wie →*P.*2, °OB, °NB vereinz.: „*Kirabrobstn* tragen an Fronleichnam die Fahnen" Simssee RO; *Der pharrǎr vnd der chirchbrovst von sanct Peter* Mchn 1284 Corp. Urk. II,76,4f.; *Herrn Pfarrer, Caplan, beeden Kürchbrebsten ... für Zerung geben 6 fl.* Griesbach 1602 MITTERWIESER Fronleichn. 80.– Im Vergleich: *dea hot an Beutl wia Kirchnprobst* „viel Geld" O'audf RO.

SCHMELLER I,466f.– WBÖ III,1009; Schwäb.Wb. IV,399.– DWB V,808; Frühnhd.Wb. VIII,952f.; WMU 1001.– S-89I28, W-43/27.

†[**Lehen**]**p.** Vertreter eines Lehnsherrn: *Friedrich Frh. von Hertling Lehenprobst* Neuburg 1800 VHO 60 (1909) 62; *Augustin Köllner ... fstl. Öbrister Secretarj v.* [und] *Lehenprobst* Indersdf DAH 1521 OA 25 (1864) 270.

WBÖ III,1009.– DWB VI,542; Frühnhd.Wb. IX,64.

[**Seel**]**p.** wie →*P.*2: *Sölprobst* Schnaitsee TS.

W-43/27.

†[**Wein**]**p.** Aufseher über den Weinbau: *es sol ... ain Weinprobst ... ain Prew ... in allen Steuren unbesteurt beleiben* Altomünster AIC 16.Jh. MB X,370.

SCHMELLER I,467.– WBÖ III,1009f.

[**Zech**]**p.** **1** wie →*P.*2, °OB, °NB vereinz.: °*da Zehnprobst mitn Klinglbeitl* Marktl AÖ; „Die Torten werden dem *Zöprobst* ... auf die *Zötafö* gelegt" Bayerwald 24 (1926) 206; *Zechprobst* „derjenige, der über eine Kirche, oder deren Vermögen die Aufsicht hat" WESTENRIEDER Gloss. 239f.; *den zechbröbsten zu s. Jacob von vier wandlungchertzen* Wasserburg 1469 MITTERWIESER Fronleichn. 34.– Im Vergleich: *dea sitzt då wiar a Zöchbrobst* „breit und behäbig" Reisbach DGF.– **2** Mann, der die Kollekte einsammelt, °OB, °NB vereinz.: „immer ein Jahr lang ist einer *Zechprobst*" O'trennbach EG; *Zöchpropst* HÄRING Gäuboden 189.

SCHMELLER I,467, II,1078; WESTENRIEDER Gloss. 685.– WBÖ III,1010.– S-88A9, W-43/27. A.R.R.

Propstei

F. **1** Amt, Amtsbereich, Amtssitz des Propstes: *grozz wirdichait ... sam pistv̊m, probstey vnd ander prelatur* KONRADvM BdN 143,7; *was sein vater het geben zu der brobstei* ARNPECK Chron. 672,29.
2 †Gerichtsbezirk: *ist iezo nur ain markt und probstei under Linz* AVENTIN IV,708,31f. (Chron.).

Etym.: Mhd. *probstîe*, Abl. von →*Propst*; WBÖ III, 1010.

WBÖ III,1010; Schw.Id. V,776; Suddt.Wb. II,641.– DWB VII,2169f.; Frühnhd.Wb. IV,1161; LEXER HWb. II,299; WMU 295; Gl.Wb. 465. A.R.R.

Propster

M., Vorsteher der Kirchenverwaltung: °*da Brobster* Rgbg.

WBÖ III,1010f. A.R.R.

Pröpstling, Brest-

M., dicker, schwerfälliger Mensch, °NB, °OP vereinz.: °*dös is a rechta Brestling* Cham; „dicker Mensch ... *der Brö~stling*" Dinzling CHA BM I,72; *bresdlen* nach KOLLMER II,72.

SCHMELLER I,467.– WBÖ III,1011f.; Schwäb.Wb. I,1428; Suddt.Wb. II,641.– KOLLMER II,72; Spr.Rupertiwinkel 15.

A.R.R.

Bröre, Entwässerungsgraben, →[*Be*]*röhre*.

Brort

M., Rand, Einfassung: *Brart* „Gefäßrand" GRASMANN Hafner Kröning 381; *prort ... ramft* Rgbg 10.Jh. StSG. II,732,14; *den kopphf* [Trinkgefäß] ... *hald ... bey bayden seytten gleych Und nicht bey dem prart* Frsg 1484 C. SCHROEDER, Der dt. Facetus, Berlin 1911, 160, 265-267.

Etym.: Ahd., mhd. *brort*, germ. Wort idg. Herkunft; Et.Wb.Ahd. II,294f.

SCHMELLER I,363.– WBÖ III,1046.– DWB II,397; Mhd. Wb. I,1025; Ahd.Wb. I,1418. A.R.R.

Bros → *Ambrosius*.

Brosame, Brose(n)

F., M. **1** Brösel, Krümel, °OB, NB vereinz.: *Breosn* Garching AÖ; *Bråusam* Simbach PAN; *Brousn* HELM Mda.Bgdn.Ld 43; *Brous·m, Brous·n* „Brosame" SCHMELLER I,364; *Mica brosma* Aldersbach VOF 12.Jh. StSG. III,153, 51; *dieweil nach der wandlung ain prosem des prots gestalt ... bleibt* BERTHOLDvCh Theologey 441; *die von Tisch gefallne Brosen* SELHAMER Tuba Rustica I,249.– Ra.: *um koan Brousn* „nicht im geringsten" Achbg TS.
2 Schmolle, °nördl.OP mehrf., °OB, °OF, °MF vereinz.: °*der rindlt as Brot o und ißt nea Brousn* Weiden; *Brousn* „Inneres der Dampfnudel" Penzenhfn N; *haout er von woichn Braousn oagsetzt* SCHEMM Stoagaß 59; *Brous·m, Brous·n* „Brodkrume" SCHMELLER I,364; *so ezzen wir die innern brosem* O'altaicher Pred. 63,24; *prosen ... schmoln* AVENTIN I,403,21 (Gramm.).
3: *alte Brausn* „dicke, unangenehme Frau" KONRAD nördl.Opf. 6.

Etym.: Ahd. *brôs(a)ma*, mhd. *brôsem(e)* st/swf., germ. Wort idg. Herkunft; KLUGE-SEEBOLD 153.

SCHMELLER I,364.– WBÖ III,1049-1051; Schwäb.Wb. I,1436f.; Schw.Id. V,802-806; Suddt.Wb. II,641.– DWB II,397f.; Frühnhd.Wb. IV,1194f.; Mhd.Wb. I,1026; Ahd. Wb. I,1419f.– BERTHOLD Fürther Wb. 30; BRAUN Gr.Wb. 67; DENZ Windisch-Eschenbach 117; KONRAD nördl.Opf. 6; RASP Bgdn.Mda. 34; SINGER Arzbg.Wb. 41; Spr.Rupertiwinkel 15.– S-30C26, M-16/29.

Abl.: *Brösel, brös(e)lig, bröseln, brosen, brosicht, Brösler, Bröslet*.

Komp.: **[Brot]b. 1** Brotbrösel, OB vereinz.: *Broutprousn zampickn* O'audf RO; *brǫutbrǫusn* BRÜNNER Samerbg 88.– **2** Brotschmolle, °OP vereinz.: °*d' Braoutbraousn* Kchnthumbach ESB.

WBÖ III,1051; Schwäb.Wb. I,1445; Schw.Id. V,806.

†**[Tisch]b.**: *Tisch-brous·n* „im Scherz: ein liebendes Pärchen" Reit i.W. TS SCHMELLER I,364.

SCHMELLER I,364.– WBÖ III,1051. A.R.R.

Brosche

F., M. (WUN), Brosche, Gesamtgeb. vereinz.: *a Broosch muaß ma fest anlocha* [anstecken], *sonst schneidts d'Freindschaft ab* Mchn; *der Brosch* SINGER Arzbg.Wb. 43.

Etym.: Aus frz. *broche*; KLUGE-SEEBOLD 153.

WBÖ III,1047; Schwäb.Wb. I,1437; Schw.Id. V,825.– Fremdwb. I,99.– BRAUN Gr.Wb. 66; SINGER Arzbg.Wb. 43.– S-37C23, 108/363. A.R.R.

Brösel, -elein

N. **1** Brösel, kleiner Brocken.– **1a** Brösel, Krümel, °Gesamtgeb. mehrf.: *strui dö Bresl zam!* „sammle sie mit der Zunge" Mittich GRI; *a Bräisall Bråud* Vohenstrauß; *Dei Braösla ... werd'n am Samsta in Uaf'n doun* Bärnau TIR SCHÖNWERTH Leseb. 86; *awa Bräsl kriag i!* SILBERNAGL Almsommer 50; *Brösel* ZAUPSER 18.– Ra.: *da: is ma as bresal ganga* „Angst ... gehabt" KILGERT Gloss.Ratisbonense 186.– °*Hand* [sind] *Bresl an Disch* „es gibt unerwünschte Mithörer" Grafing EBE.– Scherzh. Deutung der Türbeschriftung an Dreikönig (→*CMB*): *Kaschba mogst Bröisla* Nabburg.– **1b** M., auch Pl., Kartoffelschmarren: *Bröjsla* „Bröselschmarren" JUDENMANN Opf.Wb. 29.– **1c** kleines Stück, Bröckchen allg., OB, NB, OP vereinz.: *a Brökal, a Bresal* Plattling DEG; *Bröisla ... habm grood sua gout gschmeckt wöi a ganz Oa* HEINRICH Stiftlanda Gschichtla 11f.– **1d** übertr. geringe Menge: *wia bei'n Unglück die mehra Zeit aa a Bröset a Glück dabei is* FRANZ Lustivogelbach 54.– In festen Fügungen adv.: *ein / kein b.* ein / kein wenig, ein / kein bißchen, NB, °OP vereinz.: *mei Diandl hoaßt Resal, gfrain duad's mi koa bresal* Reisbach DGF; *i bin ihm koan Bröiserl mehr neidi* SCHLICHT Altbayernld 150; *a brēsla* Eichstätt nach WEBER Eichstätt 62; *håt ... kein Brösel nit g'acht't* R 1723 HARTMANN Hist.Volksl. II,238.
2 Schmolle, °NB, °OP, °MF vereinz.: *koa Bresl drin, is lauta Rindl* Haidmühle WOS.
3 †übertr. kleine Zeitspanne: *Sétz di' schêd* [nur] *ə˜ Brêisl· e˜ 'n Sèss·l* Regen SCHMELLER Mda. 494.

DELLING I,100; HÄSSLEIN Nürnbg.Id. 53; SCHMELLER I,364; WESTENRIEDER Gloss. 58; ZAUPSER 18.– WBÖ III,1049-1051; Schwäb.Wb. I,1436f.; Schw.Id. V,801f.; Suddt.Wb. II,642.– DWB II,399.– BRAUN Gr.Wb. 60; KILGERT Gloss. Ratisbonense 49; KOLLMER II,72; POELT-PEUKER Wb. Pöcking 9; SINGER Arzbg.Wb. 41.– S-30C26.

Komp.: **[Brot]b. 1** Brotbrösel, °Gesamtgeb. vielf.: *Bråudbrejsl weand mitn Flörawisch as Hundsfuada eikhiat* Mittich GRI; *Braoudbröisla deaf ma niat afn Buan vastran und draftren, dös is a Sünd* Wdsassen TIR; *Streuts Braoutbresln aus* Bayerwald 24 (1926) 287;

D'Braodbraösln, dei lig'n bleib'm, kraig'n d'Henna Bärnau TIR SCHÖNWERTH Leseb. 86.– **2** Brotschmolle: °„*Brotrinden* und *Brotbresl*" Eschlkam KÖZ.

WBÖ III,1051; Schwäb.Wb. I,1445; Suddt.Wb. II,646.

[Topfen]b., [Toppen]- Pl., Topfenschmarren: *Topfabreasela* Peiting SOG; *dopabreasala* nach FREUDENBERG Böbing 42.

[Hennen]b. wie →*B.*1b: „Zerbröselter, relativ trockener Kartoffelteig ... *Hennerbrösl*" HÄUSSLER Oberpf. Kartoffelkochb. 18.

[Herz]b. nur in der Fügung *kein H.* gar nicht: *Koan Herzbreserl* „nicht im geringsten" NIEDERMAIR Glonn 273; *Kaə˜ ... Herzbrêsə-l* SCHMELLER I,364.

[Schmarren]b.: *Schmoanbrösl* Ausschlag bei kleinen Kindern Dfbach PA.

[Semmel]b. Semmelbrösel, °OB mehrf., NB, OP, SCH vereinz.: *Semmlbrösl reibn* Partenkchn GAP; „zuletzt zwei Löffel *Semmelbrösel* hinzugemischt" SCHANDRI Rgbg.Kochb. 48; *wal halt döi Semmlbröisln gaoua so schüi brau' und röisch dro'henga* SCHWÄGERL Dalust 214.– Im Vergleich: °*beinand bini wia da Lord Semmibresl* „müde, schlapp" Ebersbg.– *Ausschauen tust wie der Lord Semmelbrösel* [vornehm gekleidet] MM 17./18.4.1993, 5.– Ra.: *dem hams Semmelbröseln auf sei Gsiacht gstraat* „er hat Sommersprossen" Rosenhm.

WBÖ III,1052.– KILGERT Gloss.Ratisbonense 49.

[Stein]b. kleiner Steinbrocken: *Stoabresl* Mittich GRI. A.R.R.

Broselet

(Genus?): °*der hat a Broselet vobracht* „eine Prahlerei" Wildenranna WEG. A.R.R.

broselig

Adj.: °*broslad sei* „prahlerisch" Dachau. A.R.R.

brös(e)lig, -icht, -o-

Adj. **1** leicht bröselnd od. bröckelnd, aus Bröseln bestehend, °OB, °NB, °OP, °OF, SCH vereinz.: *er hat brösleta Boana* Deisenhfn M; °*da Kuacha is breslad* Metten DEG; *brœslet* SCHMELLER I,364.
2 schwach, gebrechlich, °OB, °NB vereinz.: °*de is recht breslat, oid und schiach* Halfing RO.
3 gefühllos, taub (von Körpergliedern), °NB, °OP vereinz.: *pejzö, breslat* Außernzell DEG.
4 zornig, °NB, °OP vereinz.: °*iaz wir i bald brösle* Neumarkt.

SCHMELLER I,364.– WBÖ III,1053; Schw.Id. V,812; Suddt. Wb. II,642.– S-17C27, 22D3, 30C29, 64M59, W-43/32.

A.R.R.

broseln, -ö-

Vb. **1** siedend aufwallen, °OB, °NB, °OP vereinz.: *daß's sodlt und broslt* Bodenmais REG; *brêsln* „brodeln, gelinde kochen" SCHMELLER I,365.
2 ein prasselndes Geräusch machen, °OB, °NB, °OP, °MF vereinz.: °*des Schmoiz breslt in da Pfanna drin* Wildenroth FFB.
3 refl., prahlen, °OB, °NB, °SCH vereinz.: °*wia se dea brosld!* Dachau; *brosəln sich* „sich prahlen" Bay.Wald SCHMELLER ebd.
4: °*was broslst heint immer* „schimpfst" Brunnen SOB.
5 zucken, zittern (von den Lippen), °NB vereinz.: °*iatz breslt eahm da Fotz* Fürstenstein PA; „Vor lauter Rührung und Stolz ... hat ihm *der Votz bröselt*" PEINKOFER Werke II,52.– †Auch: *brêsln* „weinen" Straubing SCHMELLER ebd.

Etym.: Wohl Spielform von →*prasseln*[1] od. →*brodeln*, in Bed.3 von →*brogeln*[1]?

SCHMELLER I,365.– W-43/29f.

Abl.: *Broselet, broselig, Brosler*.

Komp.: **[auf]b.** refl., wie →*b.*3, °OB, °OP vereinz.: °*er had si unbandi aufbröslt* Bernau RO.

A.R.R.

bröseln, -o-

Vb. **1** auch refl., in Brösel, kleine Stücke zerfallen, °OB, °NB, OP, SCH vereinz.: *dear Zåh breasld si ålsa ganz* Gallenbach AIC; *bräisln* KILGERT Gloss.Ratisbonense 49.– Übertr.: °*bei dem breslts oiwei no a bissl, wei a hint uma a wenig ebs vodeat* „kommt immer wieder ein bißchen Geld herein" Ismaning M.
2 zu Bröseln, kleinen Stücken zerreiben, zerkleinern, °OB, °NB, °OP, SCH vereinz.: *an Doag bresln* Schrobenhsn; *Bröseln* DELLING I,100; *der Dismas breslt etla roude Eierschaln dazua* HALLER Dismas 38; *Bröseln* „mit den Fingern zerreiben" ZAUPSER 18.
3: *bresln* leicht regnen Fischbach RO.
4 langsam arbeiten: °*brösln* Eining KEH; *brês·ln* „in kleinen ... Absätzen, Portionen ... thun" SCHMELLER I,364.

DELLING I,100; SCHMELLER I,364f.; ZAUPSER 18.– WBÖ III,1048; Schwäb.Wb. I,1437f.; Schw.Id.V,810f.; Suddt.Wb. II,642.– DWB II,399.– BRAUN Gr.Wb. 60; KILGERT Gloss. Ratisbonense 49; KOLLMER II,72; POELT-PEUKER Wb. Pöcking 9.– S-30C27.

Komp.: [**ab**]**b.** **1** auch refl., wie →*b*.1, OB, NB, OP vereinz.: *da Doag breslt å* Mittich GRI.– **2** in Bröseln, kleinen Stücken abrupfen, OB, NB, OP vereinz.: *Türken obresln* die Körner vom Maiskolben abriffeln Neubeuern RO; *ǫǫprẹsəln* „von den Gänsen, die die Körner von Gerste, Hafer u.s.w. abfressen“ Eichstätt WEBER Eichstätt 77.– **3** wirtschaftlich zugrunde gehen, °OB, °OP vereinz.: °*dea isch åbresld, sei ganz Gejd håd a vasuffa* Dachau.

WBÖ III,1048; Schw.Id.V,811f.– S-30C27a.

[**abher**]**b.** **1** sich in kleinen Stücken ablösen: *oiwai breslt sö ebbs åwa vo mainö Zent* Garham VOF; *Der Putz is zenstimadim* [rundherum] *oierbräiselt* SCHEMM Stoagaß 27.– **2** wie →[*ab*]*b*.2, OB, NB, OP vereinz.: „vom Brot *oarabräsln*“ Stadlern OVI.

WBÖ III,1049.– S-30C27a.

[**auf**]**b.** wie →*b*.2: *Brout aufbrousln* O'audf RO.

[**aus**]**b.** **1** in Bröseln, kleinen Stücken herauslösen, NB, OP vereinz.: *an Moi* [Schmolle] *ausbresln* Hengersbg DEG.– **2** innen mit Semmelbröseln bestreuen, OB vereinz.: „eine Backform *ausbrösln*“ Fürstenfeldbruck; „Backe diese Masse ... in einer ... *ausgebröselten* Tortenform“ SCHANDRI Rgbg.Kochb. 220.

WBÖ III,1048.– S-30C27a.

†[**her-aus**]**b.** wie →[*aus*]*b*.1: *Raus bröseln* „Hüpsch langsam stückweise herausziehen“ ZAUPSER 18.– Übertr.: „Man muß alles aus dem Menschen *raus bröseln*, d.h. ... wenn man ihn nach und nach über jeden einzelnen ... Theil ... ausgefragt hat“ DELLING I,100.

[**ausher**]**b.** **1** refl., wie →*b*.1: *da Zån brejsld sö assa* St.Englmar BOG.– **2** (Geld) widerwillig herausrücken: *s Gejd außabresln* Mittich GRI.

[**der**]**b.** **1** wie →*b*.1, °OB vereinz.: „zu trockenes Heu ist *ganz dabräslt*“ M'nwd GAP.– **2** wie →*b*.2, OB, NB, °OP vereinz.: *dabreasl s Brot id* [nicht] *går aso!* Kochel TÖL; *de ganz Maua hàts sauwa dabreslt de Bombm* FEDERHOLZNER Wb.ndb.Mda. 50.– Übertr.: °*nachat derbrösl i di!* „Ausruf beim Raufen“ Tittmoning LF.– **3** unpers., in eine schlimme od. unangenehme Lage kommen.– **3a** in eig. Bed., °OB, °NB, °OP vereinz.: °*hat's di dabreslt* „hast nichts mehr erwischt“ Garching AÖ; *Ganz recht geschiecht's ma, daß me a so dabräslt hod* TOCHTERMANN Oiß wos Recht is 147.– **3b** erschöpfen, ermatten, °OB, °NB, °OP, °SCH vereinz.: *ba den Sunawind* [Föhn] *hait bin i gånz dabreaslt* Kochel TÖL; *Seit vier Stund' rennan s' umananda, total dabreslt* MAIER Was mir begegnet ist 93.– **3c** schwer erkranken: °*håst as gheat vo da Katö, dö dabreslts wöga jedn Schoaß* Grafenau; „krank sein ... *dâ:bree:sld*“ CHRISTL Aichacher Wb. 110.– **3d** verunglücken, °OB, °NB, °OP vereinz.: °*heit hätts mi bal mitm Motorradl derbreesl*t Wettstetten IN; *In dera Kurvn hods mi dabräsld* BINDER Bayr. 38.– **3e** sterben, °OB, °NB, °OP, °MF vereinz.: *den haouds dabräislt, öitza wird's uns aa bal daloiwln* Weiden; *Sein Bruada hods scho vor drei Johrn dabrejsld, mit 40 Johrn* LAUERER I glaub, i spinn 39.– **3f** wie →[*ab*]*b*.3, °OB, °NB vereinz.: °*den håts dabreslt* er hat abgehaust Ruhmannsdf WEG; *In solche Zeiten hat's schon oft oan ... derbröselt* Mchn. Stadtanz. 18 (1962) Nr.11,4.– **3g** Part.Prät., erschrocken, betroffen, °OB, NB vereinz.: °*dabreslt* Ismaning M.

WBÖ III,1048.– ANGRÜNER Abbach 21; BERTHOLD Fürther Wb. 37; DENZ Windisch-Eschenbach 122; KILGERT Gloss. Ratisbonense 56; MAAS Nürnbg.Wb. 98; RASP Bgdn.Mda. 38; SINGER Arzbg.Wb. 48; Spr.Rupertiwinkel 17.

[**ein**]**b.** **1**: *eibräisln* „hineinbrocken“ KILGERT Gloss.Ratisbonense 66.– **2** panieren, NB vereinz.: *d Fisch eibresln* Hengersbg DEG.– Übertr.: *einbrösltö Augn* „mit Eiter zugeklebt“ O'nzell PA.

HÄSSLEIN Nürnbg.Id. 53.– WBÖ III,1048f.; Schwäb.Wb. II,594.– KILGERT Gloss.Ratisbonense 66.

[**ver**]**b.** **1** auch refl., wie →*b*.1, OB vereinz.: *mei Zäh verbreasln si ganz* Hfhegnenbg FFB.– **2** wie →*b*.2, OB, NB, OP mehrf., SCH vereinz.: *s Broud vobräisln* Sulzbach; *Deats den guaten Kuacha net går a so vobresln* FEDERHOLZNER Wb.ndb. Mda. 42.– **3** übertr. allmählich aufbrauchen: *vabresln* „kleinweise sein Vermögen verzehren“ Mittich GRI; *Verbröseln* „für ... unnüze Sachen Geld versplittern“ HÄSSLEIN Nürnbg.Id. 54.

HÄSSLEIN Nürnbg.Id. 54.– WBÖ III,1049; Schwäb.Wb. II,1086; Schw.Id.V,811.– DWB XII,1,177.– ANGRÜNER Abbach 86; BRAUN Gr.Wb. 739.– S-30C27a.

[**her**]**b.** **1** refl., wie →*b*.1, NB, OP vereinz.: *hot si rächt schö heabräislt* „das Erdreich war locker“

Adlersbg R.– **2** wie →*b.*2: *Brod heabresln* Haidmühle WOS.– **3** übertr.– **3a** †wie →[*ausher*]*b.*2: *Dà hàts éps braucht, bis ər ə~ Pàr Pfenning her'brêslt hàt* Schmeller I,365.– **3b** unpers., wie →[*der*]*b.*3c: *herbräisln* „bettlägerig werden (Krankheit)" Kilgert Gloss.Ratisbonense 96.– **3c** unpers.: *herbräisln* „hinfallen, stürzen" ebd.

Schmeller I,365.– Kilgert Gloss.Ratisbonense 96.

[**umher**]**b.** wohl trödeln, langsam gehen: *bräisln a so uma* Schwägerl Dalust 106.

WBÖ III,1049.

[**zer**]**b. 1** auch refl., wie →*b.*1, °OB, NB, OP vereinz.: *Boina zbräisln se* Beilngries.– **2** wie →*b.*2, OB, °NB, OP vereinz.: *d Saia* [Sauerteig] *zbräiseln* Stadlern OVI.– Übertr.: *dö zbrösln si no* da gibt es wieder Streit Eibach ED.

WBÖ III,1049; Schwäb.Wb. VI,1128.– DWB XV,666.– Kilgert Gloss.Ratisbonense 178.– S-29B20,30C27a.

A.R.R.

Brosen →*Brosame.*

brosen

Vb., refl., bröselig werden: *da Kaas bråust si* Staudach (Achental) TS.

Etym.: Mhd. *brosemen*, Abl. von →*Brosame*; WBÖ III, 1052.

WBÖ III,1052.– Schwäb.Wb. I,1437.– Frühnhd.Wb. IV, 1195f.; Mhd.Wb. I,1026. A.R.R.

brosicht, -ig, †-micht

Adj. **1** †: *brôsmet, brôset* „brosamähnlich, bröckelicht" Schmeller I,364.
2 locker, weich, °OP vereinz.: *braousat* „vom Brot" Etzenricht NEW.
3 mollig, °OB, OP vereinz.: *braousat* „von einer üppigen Frau" Naabdemenrth NEW.

Schmeller I,364.– WBÖ III,1047; Schwäb.Wb. I,1437 (brosamig). A.R.R.

prosit, prost

Interj. **1** Zuruf beim Zutrinken, Gesamtgeb. vielf.: *proust* Staudach (Achental) TS; *na, eïzza Brosiid* Frauenau REG; „Also *prost*, Herr Lehrer, aufs Wohlsein!" Thoma Werke VI,277 (Vöst).– Spruch: *prost, daß d'Gurgl ned rost!* Hallbergmoos FS, ähnlich °OB, NB, °OP, °OF vereinz.– Schnaderhüpfel: °*Musikantn pfeifts ei, ja mia daan äitz singa, owa äitz daan ma(r) aa zum Abschied nu Prosit tringa* Brennbg R.
2 Zuruf an einen Niesenden, OB, NB vereinz.: *brosd* Mchn.

Etym.: Aus lat. *prosit* 'es möge nützlich sein'; Kluge-Seebold 727.

WBÖ III,1053; Schwäb.Wb. I,1437f.; Schw.Id. V,858; Suddt.Wb. II,642.– DWB VII,2172.– Berthold Fürther Wb. 171; Braun Gr.Wb. 473; Christl Aichacher Wb. 262.– M-52/18,83/11.

Abl.: *prosteln.* A.G.

Brosler

M.: °*dea damische Brosla* „Prahler" Dachau.

A.R.R.

Brösler

M., langweiliger Mensch, °OB, °NB vereinz.: °*Bräsler* O'neukchn MÜ.

Schw.Id. V,812. A.R.R.

Bröslet

N., Ansammlung von Bröseln od. kleinen Stükken, NB vereinz.: *dea Stoa is lauttas Breslat* Mittich GRI.

Schw.Id. V,812. A.R.R.

Prosótt, -er(er), -sóttel, -súlter, -ső̃tt

M. **1** großer Kopf, OB, °OP vereinz.: °*der håt so an Prosulter af* Rgbg.
2 dicker, schwerfälliger Mann, °OB, °NB, °MF vereinz.: *dös is a so a Prosotta, der ko scho boid nimma gwaggln vo lauta foascht sei* Reichersbeuern TÖL; „*Prosott der …! …* Vielfraß" MM 3./4.2.2001, J2.
3 langweiliger Mann, °OB vereinz.: °*wos is denn dös für a Brosottara?* Kreuth MB.

Etym.: Herkunft unklar; vgl. WBÖ III,1054.

Delling I,101; Schmeller I,472; Zaupser 18.– WBÖ III,1053f.; Schwäb.Wb. VI,1696.– W-43/33.

Abl.: *prosóttern.* A.G.

†prosóttern

Vb.: *prosottern* „stolz thun, sich aufblähen" M'nwd GAP Schmeller I,472.

Schmeller I,472. A.G.

Broß(t), Brobst, Brosp

M., N., †F. **1** Knospe, °OP mehrf., OB, °NB vereinz.: °*da Bam is ganz brotzat* [prall] *vo lauter Brost* Fronau ROD; *die Gfrier hat die Prost o'kohlt* [zerstört] Roding Winkler Heimatspr. 131; *Gemmas proz* Tegernsee MB 11.Jh. StSG.

II,634,19; *die probs, die an der paum reisern her für schiezzent* KONRADvM BdN 379,4f.; *in februario ... sein ... dy proß an den päumen groß geschwollen gewesen* Rgbg 1521 Chr.dt.St. XV,37,4f.– Spruch bei der Überreichung von Laubbaumzweigen am Martinstag: *Soviel Proß ... Hab der Baua Rinder und Roß* Steinach SR Bayerld 27 (1915/1916) 203.
2 Sproß, Trieb, Schößling, MF mehrf., °NB, °OP, °OF vereinz.: °*brich mit da Loatan nöt zväi Prost å* Deggendf; *Brusn* „für Futterzwecke" Ramsbg WUG; *Brûß* „junge, noch nicht verholzte Zweige mit Laub" Altmühltal DMA (FROMMANN) 7 (1877) 404; *Bressdl* KONRAD nördl.Opf. 7; „Franz gämbs ... hat Feldbräth [Wild] ... *Bros* schlagen lassen" Mchn 1780 MHStA FA Fasz.423(1780),308r.– Auch: *Brous* „Pfropfreis" Derching FDB.

Etym.: Ahd., mhd. *broz* stn., germ. Wort wohl idg. Herkunft; Et.Wb.Ahd. II,363f.

Ltg: *brōs* u.ä. (FS, PAF, RO; BOG, ROL, SR; RID; EIH, HIP; FDB), *-š* (PAF), *brūs*, *-u-* (SUL; GUN, HIP, SC, WUG), vereinz. *-ou-* (HIP; FDB), mit *-n* der swm. *broſn* (GRI), ferner *brōsd* OB, NB, OP (dazu WUN), *-šd* (PAF), *broſtn* (KEM, TIR; WUN), mit volksetym. Anschluß an →*Propst brōbsd* u.a. (LA, SR; BUL, NEW, RID, SAD, VOH), wohl mit Anlehnung an →*Knospe brōsb* (PAR), *brōšb*, *broſ̌pm* (KEM).

SCHMELLER I,365.– WBÖ III,1054; Schwäb.Wb. I,1438; Schw.Id. V,800f.; Suddt.Wb. II,642.– DWB II,399, VII,2173f.; Frühnhd.Wb. IV,1193f.; Mhd.Wb. I,1034; Ahd. Wb. I,1427f.– KONRAD nördl.Opf. 7.– S-85A33.

Abl.: *brossen*, *Brosser*, *brossicht*.

Komp.: [**Alber(er)**]**b.** **1** †Sproß der Pappel (→*Alber*): *Alberbroßt* „zur grünen Bettlersalbe ... gebraucht" SCHMELLER I,365.– Auch: °*Alberbroß* „junger Weidenzweig" Willharting AIB.– **2** Heilsalbe od. Absud, urspr. aus Pappel, °OB vereinz.: *Oiwarabroß* „Salbe, Absud aus Erle" O'audf RO.

SCHMELLER I,66, 365.– WBÖ III,1054f.; Schwäb.Wb. VI,1504; Schw.Id. V,801.– ²DWB II,237; Frühnhd.Wb. I,754.– W-2/38.

[**Baum**]**b.** Baumknospe, NB, OP vereinz.: *Bambrost* Söllitz NAB.

[**Geiß**]**b.** frischer Trieb als Ziegenfutter: *Goißbros* Enkering EIH; „*Gaißbroß* in den Wäldern zu *hauen* ist verboten" SCHMELLER I,365.

SCHMELLER I,365.– WBÖ III,1055.

†[**Holler**]**b.** frischer Holundertrieb: „dem Vieh gaben die Hirten ... Brot und *Hollerbrost*" 1856 STADLBAUER Heilpflanzen Opf. 97; *holabrōs* nach WEBER Eichstätt 147; *im Merczen ... von Holderbroß essen, ist sehr guet vnd gesundt* 17.Jh. Cgm 3720,fol.3r.

SCHMELLER I,365. A.R.R.

prosseln, -st-
Vb., hastig sein, zur Eile antreiben, °OB, °NB, °OP vereinz.: °*der broslt owa heit wieder* „sagt der Maurer, wenn ihn der Kapo antreibt" Zwiesel REG; *brosteln, brosseln* „eilfertig thun (ohne Noth und Zweck); andere lästiger Weise zur Eile antreiben, pressieren" SCHMELLER I,366.

SCHMELLER I,366.– W-41/5. M.S.

brossen, -ßt-, -sp-
Vb. **1** sprossen, Knospen bilden, OP, °OF vereinz.: *d'Beim broschbm* Hessenrth KEM; *broßtn* DENZ Windisch-Eschenbach 117; *wenn die paum dez ersten probssent, e si läwber gewinnen* KONRADvM BdN 379,5f.; *prosten oder prost gewinnen* AVENTIN IV,213,5f. (Chron.).
2 frische Triebe abreißen, MF vereinz.: *brosn* Mischelbach WUG; *bross·n* „(von Thieren, insonderheit Ziegen), Laub abfressen" Altmühltal DMA (FROMMANN) 7 (1877) 404.

Etym.: Mhd. *brozzen*, Abl. von →*Broß*; WBÖ III,1055.

SCHMELLER I,365, 367.– WBÖ III,1055; Schwäb.Wb. I,1438; Schw.Id. V,801; Suddt.Wb. II,643.– DWB II,399, VII,2173; Frühnhd.Wb. IV,1197f.; Mhd.Wb. I,1034.– BRAUN Gr.Wb. 473; DENZ Windisch-Eschenbach 117; SINGER Arzbg.Wb. 43.

Komp.: [**aus**]**b.** wie →*b.*1: *a(u)sbrostn* „aussprießen" SINGER Arzbg.Wb. 25.

WBÖ III,1055; Schwäb.Wb. VI,1555.– BRAUN Gr.Wb. 20; SINGER Arzbg.Wb. 25. A.R.R.

prossen
Vb., refl., sich beeilen, °NB, °OP vereinz.: °*derfst di aber broussn!* Königstein SUL.

Etym.: Gleicher Herkunft wie →*prasseln*¹?

W-43/31.

Abl.: *prosseln*, *Proßler*. A.R.R.

Brosser, -ßt-
M. **1**: *Proster* Baumknospe Hirschbach SUL.
2: *Brosta* „Pflanzentrieb" SINGER Arzbg.Wb. 43.

Suddt.Wb. II,643.– BRAUN Gr.Wb. 473. A.R.R.

brossicht, -ßtig
Adj., voller Knospen, °NB vereinz.: *brosset* Mittich GRI.

WBÖ III,1055; Suddt.Wb. II,643. A.R.R.

Proßler, -ßt-
M., hektisch arbeitender Mensch, °NB vereinz.: °*af an Brostla hoit ma nix, af an Motza* [Langsamen] *no wenga* Metten DEG. M.S.

Brost, Knospe, Trieb, →*Broß(t)*.

prost →*prosit*.

prosteln
Vb.: °*prosteln, zubrosteln* „zuprosten" Gangkfn EG. A.G.

Prosúlter, großer Kopf, →*Prosótt*.

Brot
N. **1** Nahrungsmittel.– **1a** Brot.

Sachl., Vkde: °„Während der Woche nach Fronleichnam soll man kein *Brot* backen, weil dieses sonst schimmlig wird" Landsbg. Beim Einschießen darf man „nicht über die Einschießschüssel steigen, sonst bekommt ... das *Brot* Sprünge" Haidenaab KEM Oberpfalz 6 (1912) 158, ähnlich NEW. Während des Backens „darf man keinen Laib auf den Tisch legen ... [sonst wird] das zu backende *Brot spindig* [klebrig] ... auch keinen [unmittelbar vor dem Brot gebackenen] Kuchen" Haidenaab KEM ebd., „sonst ... trennte sich [vom neuen Brot] die Rinde ab" SINGER Arzbg. Wb. 41.– Ein Riß od. Loch oben auf dem Brotlaib deutet auf einen Todesfall innerhalb der Familie od. Verwandtschaft hin (°OB, °OP vereinz.; OP Bavaria II,304f., BÖHM Falkenbg 186); „ein Riß unten ... bedeutet eine Hochzeit" OP Bavaria II,305;– °*wenns Brot aufgrissn is, hat die Bäuerin beim Auswirken den Hintern nöt zuozwickt* Dirnbg VIT.– In eine neue Wohnung soll als erstes *B.* hineingetragen werden (WEG; Bayerld 26 (1914/1915) 419), dies durch die Nachbarn Chiemgau HAGER-HEYN Drudenhax 253.– *B.* wird (heimlich) denen mitgegeben, die in die Fremde ziehen, bes. gegen Heimweh (WEG; Bayerld 26 (1914/1915) 288, MM 6.4.1999[,23]).– Brauch war es, dem Gast *B.* abzuschneiden Chiemgau HAGER-HEYN ebd. od. es von ihm selbst abschneiden zu lassen (OB, NB, OP vereinz.), ohne Bezahlung auch in Landgasthäusern Leuchtenbg VOH.– „In Südbayern schneidet jeder, der das ländliche Trauerhaus betritt, ein Stückchen *Brot* vom dargereichten Laibe" Bayerld 26 (1914/1915) 288, s.a. [*Wächter*]*b.*;– auch beim Trauergottesdienst war in OB eine Brotspende üblich: „Noch um 1870 wurde auf die Tumba ein Laib *Brot* gelegt, auf diesen eine große Schüssel mit Mehl gestellt. In das steckte man eine brennende Kerze mit eingefügten Geldstücken. Das Gespendete gehörte dem Mesner" Burgrain WS, s.a. [*Kirch-tag*]*b.*, [*Kirch(en)-tracht*]*b.*– „Wenn einem beim Essen das *Brot* in die Suppe fällt, bekommt man Besuch" Reisbach DGF.– *B.* wird allg. hoch geachtet (s.a. Bed. 1aα): „wer *Brot* wegwirft, muß einmal betteln gehen" Partenkchn GAP, ähnlich OB vereinz.;– „wer mit Brotkrumen wirft, kommt nicht in den Himmel" O'nzell WEG;– *B.*, v.a. Brosamen darf man nicht achtlos auf den Boden fallen lassen u. darauf treten, sonst °„muß man sie als arme Seele auf spitzen Nadeln suchen" Kiefering AÖ, sie „im Fegefeuer mit den Zähnen zusammenklauben" Truchtlaching TS, vgl. Chiemgau HAGER-HEYN Drudenhax 254, od. *ma wead damid beim letztn Gricht ongschid* Schrobenhsn;– „auf den Boden gefallenes *Brot* heben die Leute auf und küssen es, gleichsam als Abbitte" Cham;– von Brosamen am Boden sagt man: *dö ghean dö oama Sejn, und an Teufö koa Brogga* Simbach PAN od. *göltsgod fia dö oama Söln* Stadlern OVI; Brosamen auf dem Tisch wirft man (für die armen Seelen) ins Feuer (GAP; PA; SUL; Chiemgau HAGER-HEYN ebd., TIR FÄHNRICH Brauchtum Opf. 412).– Gefundenes *B.* darf man nicht essen, da steckt der böse Feind drin (AÖ; VOH), es macht krank Bayerld 26 (1914/1915) 288, es wird höchstens dem Vieh gegeben (OB, NB, OP, SCH vereinz.) od. (für die armen Seelen) ins Feuer geworfen (GAP; WEG); „geht ein Wagenrad über ein *Brot*, wird man taub" O'nzell WEG.– „Vor dem ersten Anschneiden werden mit der Messerspitze oder dem Daumen ein oder drei Kreuze auf die flache, mehlbestäubte Unterseite des Brotlaibes gezeichnet" FÄHNRICH Brauchtum Opf. 412, ähnlich °OB, °NB, °OP vielf., °OF, °SCH vereinz. Dadurch soll das *B.* lange reichen (°OB, °NB, °OP vereinz.), bekömmlich sein (DEG; °NEW), Hungersnot verhindern (°AÖ; °AM). °„Man sagt dabei *Im Namen des Vaters usw.* oder spaßeshalber *oa Tag, zwoa, Tag, die ganz Wocha*" Aidenbach VOF, ähnlich °Nabburg.– Kreuze drückt man schon in den Sauerteig (°MÜ; NEW; REG Bayerwald 81 (1990) H.2/3, 38) u. in den geformten Laib (°OB, °NB, °OP vereinz.).– „Schneidet man den Brodlaib hinten zu weit ab, so schneidet man unserm Herrgott die Fersen ab" OP Bavaria II,305, od. °„nur das äußerste Stück, der Bäuerin die Fersen" Schwandf; „macht man große *Ranftln* (Anschnitte), kommt man in Schulden" Weiden;– „der das *Brot* nicht ordentlich herabschneidet ... lügt heute noch" POLLINGER Landshut 164, ähnlich °PA.– Man darf nicht mit dem Messer ins *B.* stechen (M), dies würde die armen Seelen verletzen, doch darf es zur Abwehr böser Mächte im aufbewahrten Brotlaib stekken Chiemgau HAGER-HEYN Drudenhax 254; andernorts wird dieses eines befürchteten Unglücks wegen vermieden (PAN).– *B.* darf allg. nicht auf der Oberseite liegen, sonst leiden die armen Seelen (°OB, °NB vereinz.; AM SCHÖNWERTH Opf. I,288), °„kann der Bauer kein Vieh verkaufen" Wegscheid, geschieht ein Unglück (°OB, °NB, °OP vereinz.; BGD KRISS Sitte 160), °„gibt es Ärger und Verdruß" O'appersdf FS, vgl. Bayerld 26 (1914/1915) 288, POLLINGER ebd., °*geht s Hauswesn zruck* N'audf RO, ähnlich OB vereinz., vgl. WÜM SCHÖNWERTH ebd. I,404; s.a. Bed. 1aβ.– Angeschnittenes *B.* darf „mit der Schnittfläche weder zur Tür noch zum Fenster hinausweisen ... [um den] Wohlstand ... des Hauses zu wahren" Chiemgau HAGER-HEYN ebd., ähnlich °OB, NB, °OF vereinz., „*sunst geht's Brot furt* ... wird ... schimmelig" Kchdf REG Bayerwald 81 (1990) H.2/3,38; *es soöt mit da*

Schnittseitn an Heagottswinkö zuwö schaugn Innviertel;– „*Brot* darf man nicht auf die Schnittfläche stellen, das zeigt Mißachtung“ ebd.– °*In Winta san de warma Brodloab in d'Betta einikema zum Bettwarma* Moosach EBE, ähnlich °OB, °NB, °OP vereinz.– Man ißt altbackenes *B.* zum Zähnereinigen (GAP; KÖZ, PA; NEW), benützt geröstetes zerriebenes *B.* zum Zähneputzen (M);– gekautes *B.* od. gekaute Brotrinde legt man auf Geschwüre, damit sie ausreifen (OB, NB, OP, SCH vereinz.), heißes od. gebähtes *B.* auf Geschwülste (PA); gegen diese räuchert man auch mit *B.* (DEG, WOS);– „Bei Quetschungen und Prellungen ... wirkt ... die Auflage ... von mit Weinessig verknetetem *Schwarzbrot*“ Bay.Wald FRIEDL Mittel u. Bräuch 122;– *B.(-rinde)*, gekocht, gilt als Mittel gegen Bauchschmerzen (ED), essiggetränkt über die Stirne gelegt, als Mittel gegen Kopfschmerzen (PAN; WEN); weiterhin: „Gegen Kopfweh ... Ein oder drei Rindenstücke *Brot* mit Dreikönigssalz bestreuen und mit Dreikönigswasser anfeuchten ... mit einem Kopftuch festbinden“ Beidl TIR FÄHNRICH Brauchtum Opf. 409;– gegen Zahnschmerzen ißt man fremdes *B.* (WM) od. man räuchert mit *B.* (DEG); auch wird geraten: „kaue mit ... dem wehen Zahn eine schwarze Brotrinde, spucke sie ... in den Ameisenhaufen ... [od.] drükke Brotrinde nur dagegen ... und vergrabe sie ... im Ameisenhaufen“ Bay.Wald FRIEDL Hausmittel 11f.;– *B.* essen soll gegen Schluckauf helfen (DAH), schon verschimmeltes gutes Singen bewirken (PA; VOH SCHÖNWERTH Opf. I,406) od. hohes Alter OP Bayerld 26 (1914/1915) 288;– als Mittel gegen Verhexen legt einem „Neugeborenen ... die Patin ein Stückchen *Brot* ins Kissen“ ebd. 287, ähnlich WEG.– Wer *B.* bei sich hat, ist vor bösen Hunden geschützt (DEG);– „*Brot*, eine Zeit unter die Achselhöhle gelegt und einem Hund gegeben, schützt vor diesem Hund“ Rdnburg od. bindet ihn an einen Menschen (Bay.Wald FRIEDL Hausmittel 110, POLLINGER Landshut 157);– „Reibe des Kranken Stirne mit *Brot* ... und wirf dieses einem Hunde vor. Frißt er es, so bleibt der Kranke am Leben“ Bay.Wald FRIEDL ebd. 88.– „Um einen Brand zu löschen, wird *Brot* von der Osterweihe ins Feuer geworfen“ Neukchn VOH, vgl. ROD SCHÖNWERTH Opf. II,84; auch der beim Backen zuerst eingeschossene Laib (DEG; PAR; RO, EG HAGER-HEYN Drudenhax 258).– „Stellt man bei einem Gewitter einen Brotkorb ins Freie, schützt es vor Hagelschlag“ O'nzell WEG, vgl. WUTTKE Volksabergl. 303.– (Geweihtes) *B.* wird dem Vieh, v.a. Kühen, gegen Behexung u. Krankheit zu fressen gegeben (OB, NB, OP, dazu EIH, HIP; FDB), vgl. SCHÖNWERTH Opf. I,405, dies in den Rauhnächten (OB, NB, OP; OP Bavaria II,302, REG Bayerwald 81 (1990) H.2/3,39), an Ostern (REG ebd., KÖZ FÄHNRICH Brauchtum Opf. 119), in der Walpurgisnacht (TIR, VOH SCHÖNWERTH ebd. 314), den Pferden beim Georgiritt Hausen NM FÄHNRICH ebd. 394.– *'n Fröihjoahr mouß ma'de Henna aa a Brout geem, des schlöißt 'n Oiastogg af!* SCHWÄGERL Dalust 190, ähnlich R (→[*Hennen*]*b.*);– „Daß gekaufte Hühner nicht weggehen ... Wirf den Hühnern Brotstücke ... vor ... im Munde benetzt“ Bay.Wald FRIEDL Hausmittel 111.– „Wenn man ein Stück Vieh kauft oder verkauft, muß man ihm ein Stück geweihten *Brotes* geben, dann fehlt ihnen nichts“ Münchnerau POLLINGER Landshut 155, ähnlich AIC; auch „läßt ... [man] sich vom Verkäufer ein Stück *Brot* mitgeben; wird dieses schimmlig, so ist man mit dem Vieh nicht glücklich“ Bayerld 26 (1914/1915) 420.

1aα Grundnahrungsmittel, °Gesamtgeb. vielf.: *wia ma a Brout wegat wiaft, hat da Teifö Gwaöt drüba* Innviertel; *s Bröot schimböd* Hartmannsrt WEG; *wenn ma nu a Braot hot, s anda gits se scho vo selwa* Neukchn VOH; *Kejchei and an Lua' Brout, des hot er in an Tejchei hoamtrogn* KÖZ BJV 1954,197; *d'láid ... habn birn, odə' broud, ode'nud·ln he'gébn* Eschenlohe GAP PANZER Sagen II,116; *panis derpiz prot* Rgbg 12.Jh. StSG. I,385,26; *swelich peck einen andern pecken in seinem ofen vails prot lat pachen* 1365 Stadtr.Mchn (DIRR) 432,1f.; *Noth thats i bettlets Brod* STURM Lieder 71.– In festen Fügungen: → *Wasser und B.* einfachste Verpflegung .– *Schwarzes B.* Schwarzbrot, NB mehrf., OB, OP, SCH vereinz.: *dea ißt ladda schwoaz Bråud, wa a an soichan Schel afhåt* „so gut aussieht“ Iggensbach DEG; *fråu sa um a Stikl schwoatz Bråud* Stadlern OVI; *Bettlleut ... braucha ... koa schwarz Broud oschneid'n* Taufkchn EG Dt.Gaue 15 (1914) 158; *Weiters hat derselbe an schwarzen Brod ... zu genießen 30 Laib Brod* O'viehbach DGF 1521 HARTINGER Ordnungen III,425;– im Vergleich: *bekannt wie das schwarze B.* u.ä. weithin bekannt, OB, °NB vereinz.: °*da Hansgirglbauer is bekannt wia dös schwarze Brot* Innernzell GRA;– Ra.: *schwoaz Broud macht weiße Zen* Sulzbach.– *Wön ma den net hetn un dös schwarz Brout, nacha müaßtn ma lauter weiß össn* [jmd hat auch etwas Gutes an sich] O'audf RO, ähnlich GRI;– Reim: *schwoatz Bråud mächt Wangan råud* Stadlern OVI, ähnlich OB, NB, OP vereinz.;– erweitert: *schwarzes Brot macht Wangen rot, aber Butterbröter machen sie noch röter* Ingolstadt.– Auch †: *ə~ speisəds Braəd* GAP SCHMELLER II,687.– *Weißes B.* Weißbrot, OB, NB, OP, SCH vereinz.: *s weiß Bråud fuatat nöt* „ist nicht ergiebig“ Mittich GRI; *kriagt's jedsmal a Mäu voll Kaffee und a weiß Brout dazua* Alt-Bayer.Heimat 3 (1950) Nr.6[,4]; „Schneide *weisses Brod ... wie Suppenschnitteln*“ HUBERINN Kochb. 472; *vmb vischs vnd vmb weis prowt* 1330 Urk.Raitenhaslach 579; *Für weiss brodt* Rgbg 1632 Zwiebelturm 8 (1953) 280.– *Schönes B.* dass.: *schöins Bråud* Vohenstrauß; *so schol min husfrv ... geben · win · vische · Vnd schőn brőt* Birkensee HEB 1290 Corp.Urk. II,501,37-40; *das schön prot, das ein wenig cleyen hat, macht zu stul genn* 2.H.15.Jh. ObG 5 (1961)

359;– Sprichw.: *a schåins Bråud logkt Bedlleid a* Cham;– erweitert: *Schàyñs Bràud lockt Bédlleut áñ, Hóbarbràud dreibts widar davā́* Neuenhammer VOH Schönwerth Sprichw. 7.– *Gemischtes B.* Mischbrot: *gmischts Brout* Hengersbg DEG.– Auch: „*Brot* … Das *zamtene* … zusammengetane … aus weißem und schwarzem Mehl gemischte“ Bayerwald 60 (1968) 142.– *linds Brout* „Brot ohne Rinde“ Wb.Krün 32.– „Die Rinde ist *das hirt Brot*, das Innere, *das lind Brot*“ Kchdf REG Bayerwald 81 (1990) H.2/3,38.– *Ulmer B.* best. Gebäck, OB, °OP vereinz.: °*a Ulma Broud houd mei Mudda aaf Weihnachtn gmacht* Windischeschenbach NEW; *Vlm̄er. brod. zŭ bachen* Pickl Kochb.Veitin 126.– *A gschenkts Bråud hom* „eine unverdient gute Stelle“ Naabdemenrth NEW.– In Vergleichen: *etwas haben müssen / so notwendig haben wie das B.* u.ä. unbedingt benötigen, °OP vereinz.: „was recht nötig ist, *muaß ma hom wijs Broud*“ Sulzbach.

Ra., Sprichw.: *'s Broud muaß aufn Ofa woatn, net da Ofa aufs Broud* „Teig muß nach dem Kneten noch längere Zeit gären“ Innviertel.– „*Man bacht kein Brod ohne Mehl* … Aus Nichts wird nichts“ Baier.Sprw. II,52.– *'s Brout von Huaf und 's Lem vo Good* „im Austrag“ Wdsassen TIR.– „Zu einer Frau, die das Brotbacken nicht richtig kann … *Die tut Brot sieden* oder … *dürrn*“ Kchdf REG Bayerwald 81 (1990) H.2/3,37f.– *A Stückl Brout im Sack is besser als a Birkhahnstouß aaf m Huat* Haller Waldlersprüch 66, ähnlich OB, NB, °OP vereinz.– °*'s Braout is a Gab Gottes* Weiden, ähnlich OB, NB, OP vereinz.;– *s Bråud låßt unsa Heagodt wachsn, drum mou ma s in Ehrn håltn* Cham;– *Brot wegwerfn hoaßt an Herrgott wegwerfn* Finsing ED;– *'s Bràud is a léy's Goud, ma sól 's kóin Hund hiñwerffa* Neuenhammer VOH Schönwerth Sprichw. 7;– *wen ma afs Braot tritt, tritt ma afn Herrgott* Neukchn VOH;– °*tritt löiwa aaf an Guldn als aaf a Stückl Braoud* Weiden, ähnlich WS.– *Du trittst as Braud in Bun eiche* „wenn jemand in ein Getreidefeld hineintritt“ Vohenstrauß.– *S brọud ged aimói via huŋa* „Brot macht immer satt“ Kollmer II,393, ähnlich CHA;– (*nicht*) *wissen, wie das B. gegen den Hunger geht* u.ä. den Wert des Brotes (nicht) zu schätzen wissen, OB, NB, OP vereinz.: *der woaß selm wias Brout fürn Hunga geht* „einer, der sich aus kleinen Verhältnissen emporgearbeitet hat“ Tann PAN; *A Reicha woaß ned, wài s Brod für Hunga gàid* Brunner Heimatb.CHA 161.– *s Broudt ghörd âfn Disch* [soll stets zur Verfügung stehen] ebd.;– *A rèhti Baüri schneidt iran Leudnan 's Bràud niad für und spird 's àñ niad eiñ* Neuenhammer VOH Schönwerth Sprichw. 8.– *'s Brot muaß ma net altwerdn lassn* Schmidkunz Sprüche 8.– *Wo viel Kinder sind, wird s Brot net sper* „trocken“ ebd.– *Wer seiñ Bràud gschénkt kréygt, kóñ láhn* Neuenhammer VOH Schönwerth Sprichw. 8.– °*S Brot isch so hart zum verdeana* Burggen SOG, ähnlich Oberpfalz 80 (1992) 142;– *der woaß wia ma s Brout vodean muaß* „verständiger, selbst arbeitsfreudiger Bauer“ NB;– *ja mei, Brout eßn is oöwei leichta aös wia Brout vodean* Altötting, ähnlich OB, NB, OP vereinz.– *Dea vadöint si sei Brout in da Suppn* „ist sehr fleißig“ Neukchn VOH.– *Sich nicht das B.* (*zu einer Wassersuppe*) *verdienen* u.ä. faul, nachlässig, nichtsnutzig sein, OB, NB vereinz.: *er vadient si no net amoi as Brot zu a Wassersuppn* Mchn.– *Unserem Herrgott / den* (*armen*) *Leuten das B. wegessen* u.ä. dass., OB, NB vereinz.: *der is grad da auf da Welt, das a unsan Herrgott und an Leutn 's Brout wegatfrißt* Pfarrkchn.– *Er hülft, daß kein Brod schimmlich wird* [jmd hat auch etwas Gutes an sich] Baier. Sprw. II,78.– *Wenn du und das liebe Brod nicht wären, müßten viele verhungern* dass. ebd.– *'s is leicht Braoud essn, wen ma oans had* Etzenricht NEW;– *es ist nicht gut Brot essen, wenn man keines hat* Partenkchn GAP.– *üwaroll is guat Broud ess'n* „es läßt sich überall leben, wenn man sein Auskommen hat“ Judenmann Opf.Wb. 30, ähnlich TIR;– erweitert: °*wo andaschd is a guad Broud essn, wenn ma oas hod* Neufraunhfn VIB, ähnlich OB, NB, °OP vereinz.– *'s Bràud èßn is bál vargèßn* Neuenhammer VOH Schönwerth Sprichw. 7.– *Ea ißt a guats Bråud, is in a guats Bråud einigsessn* „ist vermöglich, hat sich ein Vermögen erheiratet“ Iggensbach DEG.– *Vo den möchte i koa Brout essn* „er ist ein strenger Bauer“ O'audf RO.– *Mit dem is ned guad Brout äsn* leicht reizbarer Mensch Sengkfn R.– *Sie muß allein 's Brot essen* Mädchen, das keinen Tänzer findet Wald AÖ;– auch: *B. hüten* (*müssen*) u.ä. OB, NB vereinz.: *de miassn Broat hiatn* Kchhm LF; „*das Brod hüten* muß ein Mädchen, das bei einer Hochzeit keinen Tänzer bekömmt“ Delling I,275.– *Döi zwoa döin s Broud i oi Sackl* „sie lieben sich“ Altfalter NAB.– *Reich'n Leit'n Kinnan iis 's Bråut scho(n' båch'n!* Braun Gr.Wb. 62.– *Dean is as Broud bachng* „er ist in einer mißlichen Lage“ Selb.– *Fia den is aa scho as letzte Brot bacha* „er liegt im Sterben“ Mchn;– auch: *der hat sein letztes Stückl Brot ge-*

gessen Winkler Heimatspr. 43.– *Dör schaug aus wia weenrs Broud spor'n miasd* „abgemagert" Derching FDB.– *Der hat ma s Bråud verbrennt* „die Arbeit verleidet" Tann PAN.– *Wenn da Bee(d'lmoa(n neks ho(b'm söll, valöist a-r-aa nu 's Stück'l Bråut* Braun Gr.Wb. 62, ähnlich °TIR.– *Wenn da Baua sei Bråud beim Beggn kafn mous, håt er scho oghaust* Cham, ähnlich VOH Schönwerth Sprichw. 8.– *Neubachas Bràud ... várgàid wài dar Reiff'án'Zauñ* Neuenhammer VOH ebd. 7;– *Neubachas Bràud is a Schaur in'Haus* Ambg ebd.;– *neibachas Braoud und gröins Hulz is a schlechte Wirtschaft* Wdsassen TIR;– *Brot warm und Ofa warm mocht d Bauern arm!* Haller Waldlersprüch 26.– *Kaafts Broud vogibt niad* „ißt sich rasch weg" Sulzbach, ähnlich NB vereinz.– *Gstuhlns Bråut schmeckt aa neat schlechta!* Braun Gr.Wb. 62.– *A fremds Brod is owai bössa* Haidmühle WOS, ähnlich OB, NB, OP vereinz.;– *Frem(d)s Braout essn die Kinna für weiß* Singer Arzbg Wb. 41;– *a fremds Brout is füan Neid guat* „hilft gegen Neid" Hengersbg DEG, ähnlich NB vereinz.;– *fremdes B. essen* in fremdem Dienst stehen, OB, NB vereinz.: *iaz muas i a fremds Bråud öẞn* Mittich GRI;– *fremds Bråut is a härbs Bråut* „fremder Dienst ist bitter" Innviertel;– *Wer deand, woaß, wai s fremd Brod schmeckt* Brunner Heimatb.CHA 161, ähnlich OB, NB vereinz.;– *'s deanat Brot schmeckt überall gleich sauer* Christ Werke 554 (Rumplhanni).– „Auf die Frage *Was gibt es heute zu essen? ... Niks und an Brout dazu*" U. Kanz u.a., Die Heimat auf der Zunge tragen, Regensburg 2012, 84.– Scherzh. Deutungen der Türbeschriftung an Dreikönig (→*CMB*): *Kasperl möcht a Brot* M'nwd GAP;– *Caspa häif da Maria Brot tragn* Aicha PA.– Ortsneckerei: „Sauerlach (Wolfratshausen) *Brotei* ... Zechburschen aßen ... angeblich einmal sehr viel Brot, vergaßen dieses aber bei Begleichung der Zeche" Bronner Schelmenb. 135.

1aβ Brotlaib, -wecken, OB, NB vereinz.: *die Bredder* Finsing ED; *a kloas Bråud* Mittich GRI; *Er nimmt die Fisch und die fünf Brot* Ehbauer Weltgschicht III 130; *hab ich* [den Fuhrleuten] ... *fur Prot kauft auf ain Wagen zwaj Prot* 1484 Frsg.Dom-Custos-Rechnungen I,512; *Mit siebn Brod thätst viel tausend speisen* Bucher Charfreytagsprocession 43.– In festen Fügungen: †*weißes B.* Weißbrotlaib: *ein wizes brot das eines phenninges wert sei* Giebing RO 1288 Corp.Urk. II,31,31f.– †*Schönes B.* dass.: *sol man in gebn ... zwelf brot, sehs schǒniv, sehs rokkiniv* Pfründe Geisenfd 414; „das Paar *schönen Brotes* zu 10 Lot um 1 Kr. geben" Freystadt NM 1623 Oberpfalz 7 (1913) 146.– Ra.: *Von ander Leut Brot ist leicht runterschneiden* Schmidkunz Sprüche 8.– Reime, Verse: *schnaitst as Bråut gleich, wirst du reich* Kohlbg NEW, ähnlich °OP, °MF vereinz.– *S Bråut deäf mä niät zu däif oschnein, sunst kimt mä-r-e d'Schuln nain* Bruck ROD.– *Wer 's warm Brot abaschneidt und 's neu Heu abakeit* [vom Heustock herabwirft] *der kimmt it* [nicht] *weit* Kiem Kreuther Tal 119.– *Legst as Brot aufn Bauch, geht as Glück auf in Rauch* Tölz.– **1aγ** Scheibe, Stück Brot, °NB mehrf., °Restgeb. vereinz.: *gstrichas Brout* Artelshfn HEB; *Brotel* „Dim. ... meist ... belegte Scheibe Brot" Kilgert Gloss.Ratisbonense 49; „Der Kaplan ... hat nur *das drucken prot*" Hirschau AM 1580 VHO 86 (1936) 345.– In festen Fügungen: †*schwarzes B.* Schwarzbrotscheibe: *als Wann ein| bůtter aůff einem schwarzen brodt wehre* Pickl Kochb.Veitin 83.– →*Schmalz* | →*Butter und B.* u.ä. Butterbrot.– →*Schmalz und B.* Griebenschmalzbrot;– auch Sauerampfer. →*Fett und (ein) B.* Fettbrot.– →*Käse und B.* Käsebrot.– Ra.: *då khånama denna a Bråur åschnain, wen i wui* „ich bin selbständig" Mittich GRI;– *Überall ist gut Brotabschneiden, wenn man eins hat* Lettl Mühl 129.– Aufforderung an einen Besucher: *sitz dö eina und schneida a Breod å!* Gottsdf WEG, ähnlich NEW;– scherzh.: °*schneid de nieda, setz da a Brout o, nimm an Schtöllfouß, trink amal!* Wdsassen TIR.– Ortsneckerei: „spottete man den Weidener [wegen der Ausspr. von *Brot*] aus ... *Schneidt's Enk* [euch] *a Braud* (Brod), *wennd's a Messer haut's* ..." BzAnthr. 6 (1885) 137.– **1b** andere Backware, Backware allg., OB, °OP vereinz.: °*fünf Bröter* (Semmeln o.ä.) *liegn scha am Tisch* Rgbg.– **1c** in religiöser Spr., Eucharistie, Leib Christi, v.a. in Fügungen: *das war und lebentig prout, das uns wirt heut fürgelegt* Tegerns.Hym. 60; *mit dem Brodt der Englen| nemblich mit dem Hochheiligisten Sacrament* Hueber Granat-apfel 114.

2 Brotzeit, Brotzeitpause, °OB, °NB, SCH vereinz.: °*geh zum Brouthaltn!* Kchdf AIB; *heint stent t Leit lang nöt fom Bråud af* Mittich GRI; *Bis zum Brout han ma leicht firti* Altb.Heimatp. 6 (1954) Nr.38,13; *Das Brôd eßen* Schmeller I,348.– *Zum B.!* u.ä. Aufforderung an die bäuerlichen Dienstboten, zur Brotzeit zu kommen, OB, NB, SCH vereinz.: *rei zum Brot!* „ruft die Bäuerin" Wolnzach PAF; „Nun ruft der Oberknecht ... allen Ehehalten *'zon Brot'*" Inkfn

MAL HuV 9 (1931) 289; „er … trat erst weg, als *'zum Brot!'* gerufen wurde" MEIER Werke I,304. **3** Lebensunterhalt, Broterwerb, Beschäftigungsverhältnis, OB, NB, OP mehrf.: *der Saukerl da misaraböġ håt mö ums Brout bråcht* Altötting; *meine Kinna vadöina allzam ia Braoud* Wdsassen TIR; *bis sa se selwa ihra „Braout" gsoucht ho*[*b*]*n* HEINRICH Gschichtla u. Gedichtla 62; „mit … noch im elterlichen *Brode* stehenden Kindern" VOGEL Moral 126; *Swer einen kneht| oder ein dirne in sinem brot hat* Passau 1299 Corp.Urk. IV,541,9f.; *Einem zum Brod helffen* SCHREGER Speiß-Meister 120.– Ra. *jmd / der Schinder / Hafner bittet auch um das tägliche B.* u.ä. will auch Arbeit u. Verdienst haben, OB, NB vereinz.: *dea bitt a um's täglö Bråut* Simbach EG; *Dar Hófmar bidt añ um sãñ déglis Bràud* Neuenhammer VOH SCHÖNWERTH Sprichw. 8.
4 Pfln., Frucht einer Pflanze.– **4a** Roßpappel, deren Frucht.– **4aα** Roßpappel (Malva silvestris), nur in festen Fügungen: →*Laib B.*;– *Brot und Kasloabeln* Haunswies AIC MARZELL Pfln. III,42.– **4aβ** Frucht der Roßpappel: °*Bräi'l* „wird von den Kindern gegessen" Windischeschenbach NEW.– **4b** Hirtentäschel (Capsella Bursa-pastoris), nur in fester Fügung →*Laib B.*

Etym.: Ahd., mhd. *brôt*, germ. Wort unklarer Herkunft; KLUGE-SEEBOLD 153f.

Ltg, Formen: *brǫud* u.ä., vereinz. *-ǭi-* u.ä. (AÖ, LF, PAF, TS), *-ęǫ-* u.ä. (AÖ, LF, MÜ, TS; WEG, WOS), *-ǫi-* (TS; GRI, ROL, WEG), ferner sw.OB, SCH *brǫɑd* u.ä., vgl. Lg. § 11a, im Gesamtgeb. daneben *brōd* u.ä., auch *brǭd* OB, NB.– Pl. soweit bel. *brǫudɑ* u.ä. (GRI; NM), *bręidɑ* (NM), *brǫedɑ* (TS), *brēdɑ* u.ä. (ED; GRI, PA; R).

SCHMELLER I,348, II,551; ZAUPSER 18.– WBÖ III,1056-1085; Schwäb.Wb. I,1438-1444; Schw.Id. V,923-951; Suddt. Wb. II,643-645.– DWB II,399-402; Frühnhd.Wb. IV,1198-1203; Mhd.Wb. I,1027-1030; WMU 295; Ahd.Wb. I,1420-1424.– BERTHOLD Fürther Wb. 30; BRAUN Gr.Wb. 62; CHRISTL Aichacher Wb. 70; DENZ Windisch-Eschenbach 117; KILGERT Gloss.Ratisbonesis 49; KOLLER östl.Jura 15; LECHNER Rehling 166; RASP Bgdn.Mda. 34; SINGER Arzbg. Wb. 41; Spr.Rupertiwinkel 16.– S-4K41, 29B55, 65, 68, 30C1f., 4-7, 19, 72, D1, E4-8, 11, 68G4, 100G4, M-4/27, 14/28, 16/31, 22/31, 34-39, 90/16, W-117/35, 38-40, 50, 56, 60.

Abl.: *Brotel, broteln, broten, Broter(er), brotern, brotig, Brotling, Brötung.*

Komp.: [**Abend**]**b.** **1** Brotzeit, Brotzeitpause am Nachmittag (→*Abend*), °NB, °OP mehrf., OB, MF vereinz.: *Ombbrout* „Nachmittagsvesper" Deggendf; *Åmbraot haltn* Prem BUL; „wird … um 3 Uhr das *Abendbrot*, Milch und Käse etc. genossen" Rottal HAZZI Aufschl. III,3,1135; *Abendbrod* Ambg KRETSCHMER Wortgeogr. 550; *Abentprot antecenia. merenda* Voc.Teutonico-Latinus a.ii^{v}.– **2** Abendbrot, OB, NB, OP, MF vereinz.: *Åumdbråud* „Abendessen" Beratzhsn PAR; „zu Landshut ein *Abendbrod* genommen" 1840 SCHMELLER Tageb. II,277; *So man mit dem krawt, cabiß vnd ruben abhauen vnd abschneiden [fertig ist], gibt man Jn das abentprot* Indersdf DAH 1493 HuV 17 (1939) 214.

WBÖ III,1085; Schwäb.Wb. I,13; Schw.Id. V,952; Suddt. Wb. I,29.– ^{2}DWB I,127f.; Frühnhd.Wb. I,50f.; Mhd.Wb. I,43.– S-30D8^{d}, M-244/1.

Mehrfachkomp.: [**Halber-ábend**]**b.** wie →[*Abend*]*b.*1, NB vereinz.: *s Håiwaa(ba)ndbråud bringa* Mittich GRI; *An Haiberandbroud a Mili Und d'Nudln auf d'Nacht* GERAUER Bauerntisch 81.– Zu →[*Halber*]*ábend* 'Nachmittag'.

WBÖ III,1085; Suddt.Wb. V,55.– DWB IV,2,194.– BRAUN Gr.Wb. 234.

[**Agatha**]**b.** am Fest der hl. Agatha (5. Februar) gesegnetes Brot: *Agatha-Brot* OB BzAnthr. 13 (1899) 82; *Agathabrot … hat oiwei gschmeckt, a wenn's schlecht backen war* Rimsting RO HAGER-HEYN Drudenhax 127.

WBÖ III,1085; Schwäb.Wb. I,114, VI,1503; Schw.Id. V,953; Suddt.Wb. I,253.

†[**Ämmelein**]**b.**: „Während des … [Taufmahles] kommen fremde Kinder … welchen die Hebamme … *Dämerlbrod* austheilt, weißes schönes Brod, mit Butter oder Käse" Neustadt SCHÖNWERTH Opf. I,171.– Ltg durch Verschmelzung mit Art.

[**Anis**]**b.**, [**Aneis**]- Anisbrot, OB, NB, OP vereinz.: *Aneisbraut* Hengersbg DEG.– Auch †Gebäck mit Anis: *Anisbrod* HUBERINN Kochb. 489; *Änis Brod zŭ Machen* PICKL Kochb. Veitin 145.

WBÖ III,1085f.; Schwäb.Wb. VI,1515; Schw.Id. V,955.– S-30C14.

[(†**Sankt-**)**Antoni**(**us**)]**b.** **1** am Fest des hl. Antonius von Padua (13. Juni) gesegnetes Brot: „In Herzogöd [TIR] wird … beim Feldgottesdienst … das *Antonius-Brot* gesegnet" FÄHNRICH Brauchtum Opf. 189.– **2** Almosen zu Ehren des Heiligen.– **2a** Brotspende: °„für die Armen gibt's im Kapuzinerkloster das *Antoniusbrot*" Rgbg.– **2b** Geldspende, °OB, NB vereinz.: °*Antoniusbrot* „Geld, das in eine Büchse bei der Statue des hl. Antonius geworfen wurde" Pasing M; „Opferstock für *Antonius-Brot*" Neukchn KÖZ FÄHNRICH ebd. 190.– **3** †wohl am

Fest des hl. Antonius des Einsiedlers (17. Januar) gesegnetes Brot: „*St. Antonius-Brot* ... schimmelt nicht ... verhindert den *Brand* auf den Feldern" OB BzAnthr. 13 (1899) 80.

Schwäb.Wb.VI,1523; Suddt.Wb. I,426.

[**Erd-apfel**]**b.**,[**-äpfel**]- Brot mit Kartoffel(mehl)-zusatz, OB, NB, OP vereinz.: *Erapföbråud* „machen sich nur die ganz Armen" Iggensbach DEG.

WBÖ III,1086; Schw.Id. V,956; Suddt.Wb. III,729.– S-30C9.

[**Arnika**]**b.**: °*Anikabrod* „Blütenkopf der Arnika, von den Kindern gegessen" Jachenau TÖL.

[**Bäcker**]**b.** Bäckerbrot, OB, NB, OP, SCH vereinz.: *mitn Böggabrod kimmst nöd waid* Haidmühle WOS; „*Bäckerbrot* war ... eine Rarität für uns" LETTL Mühl 133.– „Bauernspruch: *wer junga Bäckabroud ißt, is aöta um hürts Schwarzbroud frouh*, d.h. der Bauer soll lieber sein eigenes Brot essen" Tann PAN.

WBÖ III,1087; Suddt.Wb. II,15.– ²DWB IV,37; Frühnhd. Wb. III,360.– S-30C1.

[**Bauern**]**b.** Bauernbrot, OB, NB, OP mehrf., SCH vereinz.: *s Baurnbrod git vü bessa aus* Schrobenhsn; *an Bauanbråur ißt ma nöd ab* Mittich GRI; *Bauan:brood* CHRISTL Aichacher Wb. 52.– Ra.: *Bauernbroud macht d Zehn weiß* BRUNNER Heimatb.CHA 161, ähnlich OB, NB vereinz.– *Bauanbråud mocht Bocka råut* Beratzhsn PAR, ähnlich NB, OP vereinz.

WBÖ III,1087; Schwäb.Wb. I,722; Suddt.Wb. II,128.– DWB I,1180.– BRAUN Gr.Wb. 41; CHRISTL Aichacher Wb. 52.– S-30C1.

[**Baunzen**]**b.**: *Baundsnbroud* „verächtlich Semmeln; mit ihnen wurden die *Baunzen* (Schnuller) gefüllt" Reisbach DGF.

[**Becken**]**b. 1** wie →[*Bäcker*]*b.*, OB vereinz.: *Bäcknbrot* Geisenfd PAF; *begÿbroud* nach GEBHARDT Nürnbg 138.– **2** †Backware des Bäckers allg.: *die Tafern ... mit genüegsamben Peckhen Brot, an Semmeln, Laibeln, Pazen Laiben ... versehen* 1724 StA Mchn Hofmark Amerang Pr.16,fol.136ᵛ.

WBÖ III,1087; Schwäb.Wb. I,744; Schw.Id. V,974: Suddt. Wb. II,156.– DWB I,1216.

[**Bettel**]**b. 1** erbetteltes Brot, NB, OP vereinz.: *Beedlbrod schmöckt nöd guad* Haidmühle WOS; „Kinder ... die wir beynahe um das *Bettelbrod* schicken müssen" Gerlhsn FS 1803 HARTINGER Ordnungen III,318; *das er der peckh ... gar vil schier zů dem petlprot gedyhen* 1518 Urk.Juden Rgbg 352.– In fester Fügung †*im B. umgehen* betteln müssen: *Man läst vater und mueter ... im petlbrot umbgên* AVENTIN IV,59,32f. (Chron.).– Ra.: *das B. essen / fressen müssen* betteln müssen, OB, NB, OP vereinz.: *heiⁿd muas a s Bedlbråud öß̈n* Mittich GRI; *ietzo muest er das petlprot fressen* AVENTIN ebd. 523,19.– Sprichw.: *Bettlbrot schimmet net!* „für einen Bettler ist alles gut genug" Wasserburg.– **2** schlechter Verdienst, geringe Entlohnung, OB, NB vereinz.: *ghoüt* [behalte] *da dei Bettlbrout, i brauchs nöt* Altötting.– **3** Backware.– **3a** best. Semmelsorte: *Bettelbrot* Furth BRUNNER Heimatb.CHA 154.– **3b** †süßes Gebäck: *Bettelbrod* HUBERINN Kochb. 489.

WBÖ III,1088; Schwäb.Wb. I,962; Schw.Id. V,975; Suddt. Wb. II,255.– ²DWB V,23; Frühnhd.Wb. III,2162; Mhd.Wb. I,703.

[**Bettler**]**b. 1** wie →[*Bettel*]*b.*1: *Bettlerbrot* Wasserburg.– Auch: *Bettlerbrot* „das Essen der Bettler überhaupt" Weiden.– **2** †wie →[*Bettel*]*b.*3b: *Das Bettler brodt* PICKL Kochb.Veitin 83.

WBÖ III,1088; Schw.Id. V,977; Suddt.Wb. II,263.– S-30D8ᵇ.

[**Pfister**]**b.** Brot aus einer (ehemaligen) Hofbäckerei (→*Pfister*), OB vereinz.: *Pfisterbrot* Partenkchn GAP; *Pfisterbrod* Mchn SCHMELLER I,443.

SCHMELLER I,443.– WBÖ III,1088.– DWB VII,1707.– S-30D8ᶜ.

[**Pflug(s)**]**b. 1**: *s Pflouchsbraout* „Laib Brot, der im Frühjahr bei der ersten Saat einem Ortsarmen geschenkt wurde" Hohenbg REH SINGER Arzbg.Wb. 175.– **2**: „*Pflugbrot* ... das man ... vor dem Ackern im Frühling den Zugtieren zu fressen gab" BRONNER Sitt' 209.

SINGER Arzbg.Wb. 175.

[**Bier**]**b.** in Bier gebrocktes Brot, NB, OP vereinz.: *s Bierbråud* „wird übersalzen" Beratzhsn PAR; „Zu den Brotzeiten ... *Bäiabroud*" FÄHNRICH M'rteich 121.

[**Bir(e)n**]**b.** Kletzenbrot, °westl.OB mehrf., °NB, OP, °SCH, MF vereinz.: *Bürnbroud* Derching FDB; *mit vui Nuß, Äpfl und a Birabrod* Kohlgrub GAP MM 24./25.12.2008,15.

WBÖ III,1088; Schwäb.Wb. I,1128; Suddt.Wb. II,388.– SCHILLING Paargauer Wb. 53.– M-105/19f.

Mehrfachkomp.: [**Klo-birn**]**b.** dass., °OB mehrf.,°NB, °OP, °MF, °SCH vereinz.: °*Kloubanbrot gibt's auf Niklo und zu Weihnachtn* Schönbrunn LA; °*Klauberbrot* Allersbg HIP; „nebst ... einem Stück *Klaubenbrot*" CHRIST Werke 358 (Mathias Bichler); *Klàuwəˈbroud* SCHMELLER I,1322.– Zu *Klobirne*, Nebenf. von →[*Kletzen*]-*birne*.

SCHMELLER I,1322.

[**Blasi**(**us**)]**b.** am Fest des hl. Blasius (3. Februar) gesegnetes Brot(gebäck): „*Blasiusbrote*. Die Gläubigen erhalten sie zusammen mit dem *Blasiussegen*" Kchbuch BEI Altb.Heimatp. 65 (2013) Nr.6,11; *Blasiusbrot* Hohenthan TIR um 1820 FÄHNRICH Brauchtum Opf. 26.

WBÖ III,1089.

[**Auf-bleiber**]**b.** (wohl an Heiligabend) gebackene, in Stücke geschnittene Hirse: „Festtagsspeisen ... *Aufbleiberbrot*" FRIEDL ndb.Kuchl 30.

[**Boten**]**b.**, †[**Böten**]- **1** Lohn für das Überbringen einer Nachricht: „Die frohe Kunde von der Geburt ... wurde ... durch eine Bötin *eingesagt*. Sie erhielt dafür das *Botenbrot*" Altb.Heimatp. 5 (1953) Nr.21,19; *der königin boten zu potenbroth umb iren son 2 lb.* 1351 Rgbg.Urkb. II,7 (Rechnung); *gelegenheit ... E. Dl. ein fröliches bötten brodt abzugewinnen* 1632 SCHMIDT Erziehung 303.– **2** †überbrachte Nachricht: *Nunca potenprot* Voc.ex quo 1767.

SCHMELLER I,308.– WBÖ III,1089f.; Schwäb.Wb. I,950, 1324; Schw.Id. V,977-979; Suddt.Wb. II,546.– DWB II,274f.; Frühnhd.Wb. IV,864f.; Mhd.Wb. I,948; Ahd.Wb. I,926f.– S-30D8[b].

Abl.: [*Boten*]*broter*.

[**Buben**]**b.** oberer Teil des Brotlaibs, OB, SCH vereinz.: „oben: *Buambroud*, unten: *Malabroud*" Derching FDB.

Schwäb.Wb. I,1486.

[**Butscher**]**b.** Sauerampfer (Rumex acetosa): °*Butscherbrot* Winklsaß MAL.– Herkunft des Bestimmungsw. unklar.

[**Butter**]**b. 1** Butterbrot, °Gesamtgeb. vielf.: °*magst a Butterbrodei oder a Honigbrodei?* Taching LF; *Budabreod* Krinning WEG; °*a Rankern Butterbraout* Brand WUN; *butabrod* nach GOODWIN Ugs. 103; *Solz af Buttabraod* Bärnau TIR SCHÖNWERTH Leseb. 157.– In fester Fügung: *um ein Butterbrot* „zu einen sehr nied[r]igen Preis" [4]ZEHETNER Bair.Dt. 85.– Ra.: *a Stu(b)m vula Kinna is n Bä(d)lleitnan saa Buttabrout* SINGER Arzbg.Wb. 29.– Spiel: *Butterbraout schmiern* „Man faßt die Hand des Kindes, Handfläche nach oben, und streicht mit der eigenen Hand fest drüber" SCHEMM Dees u. Sell 157.– **2** wie →[*Butscher*]*b.*, NB, °OP vereinz.: °*Buderbraot* Pfakfn R.

WBÖ III,1090; Schwäb.Wb. I,1567; Suddt.Wb. II,775.– DWB II,584.– BRAUN Gr.Wb. 76.– S-30D8[a], W-1/16.

[**Feier-tag**]**b.** Brot für Sonn- u. Feiertage, OB, NB vereinz.: *Feirtabrot, weiß Brot, wo d'Ehalte mittags kriege, kheant zum Hoamtrage* „für die Eltern" Hfhegnenbg FFB.

WBÖ III,1090; Suddt.Wb. IV,84.

[**Frei-tag**]**b. 1** am Freitag gebackenes Brot, im Reim: *Freitagbrot bringt Angst und Not* Haidenaab NEW Oberpfalz 6 (1912) 158, ähnlich Chiemgau HAGER-HEYN Drudenhax 254f.– **2** †: „Im 16. und 17. Jahrhundert ... das *Freitagbrot* ... Eine an jedem Freitag für stadtarme Leute ausgegebene Mahlzeit" FISCHER Verwaltung 509.

WBÖ III,1091; Suddt.Wb. IV,463.

[**Kirch-tag**]**b. 1** für Kirchweih gebackenes Brot, OB, OP, SCH vereinz.: *eis Kirchtabroud tuat ma an Zimt eichibacha* Valley MB; „am Kirchweihtag ... wurde ... ein besonderes Weißbrot, das sogenannte *Kirtabrot*, gebacken" FUNK Irgertshm 18f.– **2** an Kirchweih in der Kirche entrichtetes Brotdeputat: „am *Kurchdmeita* war ein Seelenamt ... Dabei opferten die Bauern ... das *Kurchddabroud*" WÖLZMÜLLER Lechrainer 46.

WBÖ III,1091.

†[**Sonn-tag**]**b.** sonntägliche Brotabgabe: *daß ein Bauer einem Hüther für solch Sonntagbrod soll geben 2 Laib* N'traubling R 1584 HARTINGER Ordnungen II,750.

WBÖ III,1091; Schw.Id. V,986f.– DWB X,1,1721; LEXER HWb. II,1319.

[**Dämerl**]**b.** →[*Ämmelein*]*b.*

†[**Teller**]**b.** Scheibe Brot, auf die Speisen gelegt u. zerschnitten werden: *um Wecken zu Tellerbrot* Straubing 1478 JberHVS 64 (1961) 32.

WBÖ III,1091.– DWB XI,1,1,240; Frühnhd.Wb. V,412; LEXER HWb. II,1419.

†[**Dienst**]**b.** wie →*B*.3: *40 kraut köpf … 7 laibl brod … als im dienst brod genossen* SCHELLE Bauernleben 30.

Schwäb.Wb.VI,1747.– Rechtswb. II,885.

†[**Port-ge-ding**]**b.** Lebensunterhalt innerhalb der Grenzen eines Rechtsgebiets (→[*Port-ge*]-*ding*): *alle, die auf des Gotteshaus Aigen sitzen, die aigen Portgeding Brot haben* Kastl NM 2.H.16.Jh.VHO 89 (1939) 171.

[**Distel**]**b.**: °*Distlbrot* „Boden des Silberdistelkopfs, der süß schmeckt" Jachenau TÖL.

Suddt.Wb. III,220.

†[**Tolentin**]**b.** am Fest des hl. Nikolaus von Tolentin (10. September) gesegnetes Brotgebäck: *Tolentinbrod* „ehmals durch die Augustiner Mönche gebacken, geweiht und … als Mittel für Allerley ausgetheilt" SCHMELLER I,601.

SCHMELLER I,601.– Schw.Id.V,987.

[**Toten**]**b. 1** Backware für ein Leichenmahl: „als *Totenbrot* wurden beim Totenmahl Semmeln verabreicht" O'audf RO.– **2** †: *Tôtenbrôd* „Brodlaib … so … beym letzten Gottesdienst für einen Verstorbenen … gereicht wird" SCHMELLER I,632.

SCHMELLER I,632.– WBÖ III,1092.– DWB XI,1,1,599.

[**Kirch**(**en**)**-tracht**]**b.** wie →[*Kirch-tag*]*b*.2: „Bei diesem *schwarzen Amte* [Seelenamt] wird … *Kirchtrachtbrod* … geopfert" LEOPRECHTING Lechrain 195; „*Kirchtrachtbrote*. Seit uralter Zeit bezog ein Pfarrer … Brotlaibe … zu Kirchweih in die Kirche getragen" SCHMID Attenhfn 67.

[**Drei**(**er**)]**b. 1** Brotzeit, Brotzeitpause um drei Uhr nachmittags, °NB mehrf., °OB, OP vereinz.: *Dreibrod haltn* „Pause machen, um das Vesperbrot zu essen" Wasserburg; °*kemts zum Dreibrot eina!* Neukchn a.Inn PA; *Schier zan Dreibrot nehma sie si heut kaam Zeit* GERAUER Bauerntisch 99; „(I)ch mußte … das vielgerichtige Mahl für ein gutes *Dreibrod* gelten lassen" 1841 SCHWERTL Notizen 36; *Sie setzen sich zum Dreybrod nieder* BUCHER Charfreytagsprocession 163.– **2** Brot, das drei Pfennige kostet: *as Dreierbrot* Weiden.

DELLING I,133; SCHMELLER I,348, 561.– WBÖ III,1092; Schwäb.Wb. II,357; Schw.Id. V,987; Suddt.Wb. III,348.– [2]DWB VI,1359.– S-30D8[e].

[**Ei**(**er**)]**b. 1** mit Eiern zubereitete Backware, OB, NB mehrf.: *Oabrot* „Weckl und Hörnl" Traunstein; *s Oabråur* „Brot, mit Milch angemacht" Mittich GRI; „Frühstück … Kaffee … *Obers* (= Milchrahm) *und Eierbrot*" Rgbg 1772 VHO 59 (1908) 91.– **2** Brotschnitte mit Ei.– **2a**: °*aam Freida haouts aaf Braoutzeit oft a Oabraout gem* „mit Rührei belegtes Brot" Windischeschenbach NEW.– **2b** in einem Ei gewendete gebackene Brotschnitte: „eine kleine Brotzeit … ein *Oiabroud*" Neumarkt HORN-EICHENSEER, Opf. Kost 181.

WBÖ III,1092; Schwäb.Wb. II,565.– DWB III,86.– S-30D8[a], 75B31.

[**Enker**]**b.** wie →*B*.2, °OP, MF vereinz.: °*vagäßts enka* [euer] *Enkabraout ned!* Kchnthumbach ESB; *Enkə'brâud* „Abendbrod" OP SCHMELLER I,112.– Herkunft des Bestimmungsw. unklar; vgl. ebd.

SCHMELLER I,112.– W-43/37.

[**Ernte**]**b. 1**: *s Arndtbrout* „weißes Brot, das während der Erntezeit gegeben wird" Innviertel.– **2**: °*Antbrod* „die (bessere) Brotzeit während der Ernte" Dachau.– **3**: *Aratbrout* Mahl nach der Ernte Bertoldshm ND.

Schwäb.Wb. II,829; Schw.Id. V,956f.

[**Essig**]**b.** wie →[*Butscher*]*b*.: °*Essigbrot* Sauerampfer Pfeffenhsn ROL.

[**Himmel-vater**]**b.** dass.: *Himmivatabrot* Rimsting RO.

[**Ge-vatter**]**b.** Brot u.a. als Geschenk des Taufpaten, sw.OP vereinz.: *Kfattabråud* „Brot, Zucker und Weiteres, was Kindsmutter und Neugeborenes brauchen" Beratzhsn PAR.

Schwäb.Wb. VI,2034.

[**Vesper**]**b.** wie →[*Abend*]*b*.1, °OB, NB, °OP vereinz.: *Föschbabråut* Velden VIB; *Veschpa(r)-bråut* „Brotzeit; Imbiß" BRAUN Gr.Wb. 770.

WBÖ III,1093; Schwäb.Wb. II,1439; Schw.Id. V,959; Suddt.Wb. IV,240.– DWB XII,2,10f.– BRAUN Gr.Wb. 770.

[**Fochenz**]**b.** Brot in Form eines Osterlamms als Patengeschenk: „erhält das Patenkind … zu Ostern das *Fochazbrot* (Osterlampl)" Altb.Heimatp. 5 (1953) Nr.21,19.– Zu →*Fochenz* 'Weißbrot'.

WBÖ III,1093; Schw.Id.V,957.

[**Vogel**]**b.** **1** wie →*B.*4aα: *Voglbrot* „Roßpappel" Pfaffenhfn MARZELL Pfln. III,44.– **2** Zittergras (Briza media), °OB, SCH vereinz.: *Fouglbroud* Derching FDB; *Vuag'lbråut* „vom Vieh gern gefressen" BRAUN Gr.Wb. 782.

WBÖ III,1093; Schw.Id. V,957; Suddt.Wb. IV,391.– DWB XII,2,405.– BRAUN Gr.Wb. 782.

[**Früchte(n)**]**b.** wie →[*Bir(e)n*]*b.*, OB, °NB, °OF vereinz.: °*Früchtebrot* „wurde ins Bett gelegt, daß sich die Rinde nicht abhob" Bayerbach GRI.

WBÖ III,1093.

[**Früh**]**b.**, [**Fruh**]- **1** zur Nachtzeit gebackenes Brot, OB, OP vereinz.: *Friabrot* Mchn.– **2** Brotzeit, Brotzeitpause am Vormittag, NB, MF vereinz.: *Fruahbrod* Vormittagsbrotzeit Passau.

Schwäb.Wb. II,1795; Suddt.Wb. IV,487.– DWB IV,1,1,289.

[**Gaum**]**b.** →[*Jahn*]*b.*

[**Gaumer**]**b.**: °*Gaumabrot* „Brotzeit für die, welche während der Kirchzeit den Hof hüten (*gaumen*) mußten" Baumburg TS.

[**Geier**]**b.** wie →[*Butscher*]*b.*: *'s Geierbrout* Loitzendf BOG.

[**Geiß**]**b.** Feldmarbel (Luzula campestris): *Goaßbrout* Kaltenbrunn NEW MARZELL Pfln. II,1431.

[**Gersten**]**b.** Brot aus Gerstenmehl, OB, NB, OP vereinz.: *Geaschtabrot is a schpörrs* [trockenes] *Brot* Hohenpeißenbg SOG; „Wer stets *Gersten-Brod* isset" SCHREGER Speiß-Meister 121.

WBÖ III,1094; Schwäb.Wb. III,426.– DWB IV,1,2,3737; Frühnhd.Wb. VI,1153; LEXER HWb. I,887.– S-30C4.

[**Gnaden**]**b.** Gnadenbrot, OB, °NB vereinz.: °*den oidn Klepper kannst hegstns no s Gnadnbrod gem* Erlau PA; *Wenn i nur ... net's Gnadnbrot beim Sepp und bei der Nanni essn müaßt* CHRIST Werke 77 (Erinnerungen).– Sprichw.: *Gnádnbràud schméckt saur* Ambg SCHÖNWERTH Sprichw. 7.

WBÖ III,1094; Schwäb.Wb. III,724; Suddt.Wb. IV,844.– DWB IV,1,5,569f.

[**Herr-gotts**]**b.** wie →[*Vogel*]*b.*2: °*Herrgottsbrot* Frasdf RO.

SCHMELLER I,1153.– WBÖ III,1094; Schwäb.Wb. III,1499; Schw.Id. V,960.– DWB IV,2,1144.– S-30D8[h].

[**Gucker**]**b.**, †[**Gucku**]- **1** Pfln.– **1a** Sauerklee (Oxalis acetosella), OB vereinz.: *Guckarbrot* O'ammergau GAP; *Gugabrod* HuV 16 (1938) 206; *Das Guku-Brôd* SCHMELLER I,886.– **1b** Klappertopf (Alectorolophus): *Kukarbrot* Peiting SOG.– **1c** Echte Kuhschelle (Anemone Pulsatilla): *Kukarbrot* ebd.– **2**: *Kukkabrot* „Brot, in dessen Teig Sauerklee hineingeknetet wurde" Hohenpeißenbg SOG.

SCHMELLER I,886.– WBÖ III,1094f.– DWB IV,1,6,1042.

[**Gucketzer**]**b.**, [**Gück-**]-, [**Guch-**]- **1** wie →[*Butscher*]*b.*, °NB, °OP vereinz.: °*Gigazabrot* „von den Kindern, die es gerne essen, so genannt" Eining KEH; *Kukazabrod* NB MARZELL Pfln. III,1500.– **2** Wiesenbocksbart (Tragopogon pratensis): *Kuckazabroud* Metten DEG.

[**Gutscher**]**b.**, [**Kutscher**]- wie →[*Butscher*]*b.*, °NB vereinz.: °*Gutscherbrot* Laberweinting MAL.

[**Haber(n)**]**b.** Brot aus (beigemischtem) Hafermehl, OB, NB, OP vereinz.: *da is amai a Hungasnåud gwön, da håms Håuwanbråud bàcha müassn* (Ef.) Mittich GRI; „der Tisch ... mit einem Schub für den Laib *Haberbrod*" Vohenstrauß SCHÖNWERTH Leseb. 59f.– Ra.: *dea ißt scho a Howabraot* „steht sich nicht gut" Neukchn VOH.

WBÖ III,1095; Schwäb.Wb. III,996; Schw.Id. V,961; Suddt.Wb. V,32.– DWB IV,2,80; Frühnhd.Wb. VII,815; LEXER HWb. I,1134.– S-30C5.

[**Ehe-halten**]**b.** Brot für die Dienstboten, OB vereinz.: *Ehaltnbrod* Fdkchn IN; *Ehehaltenbrod* Kelhm 1798 HAZZI Aufschl. IV,2,182.

WBÖ III,1095.

[**Häppelein**]**b.** wie →[*Geiß*]*b.*: *Happerlbråut* „Gemeine Simse" Tröstau WUN BRAUN Gr.Wb. 239.– Zu →*Häppel* 'junge Geiß'.

BRAUN Gr.Wb. 239.

[**Hasen**]**b.** **1** wie →[*Vogel*]*b.*2, °OP, °MF vereinz.: °*Hosabraout* Sulzkchn BEI.– **2** wie →[*Gucketzer*]*b.*2: „*Hasenbrot* ... im Leizachtal (OB) ... der Wiesenbocksbart" MARZELL Himmelsbrot 25.– **3** wie →*B.*4b: *Hosabrout* Iber AM.– **4** wohl Steifer Sauerklee (Oxalis stricta) od. Hornsauerklee (Oxalis corniculata): *Hosabraod* „gelbköpfig, wildwachsend auf trockenen Böden, Ruinen" Fürnrd SUL.

WBÖ III,1095; Schwäb.Wb. III,1210f.; Schw.Id. V,963; Suddt.Wb. V,129.– DWB IV,2,536.

[**Haus**]**b.** (v.a. zu Hause gebackenes) Schwarzbrot, OB vielf., NB, OP mehrf., MF vereinz.: *iwas Hausbråud stet nix auf* Mittich GRI; *'s Hausbraout is wos anas als 's Beckabraoud* Wdsassen TIR; „ein Stück Rinde vom *Hausbrot*" Chiemgau HAGER-HEYN Drudenhax 253; „die Dirn ... wenn sie gutes *Hausbrod* bäckt" SCHLICHT Bayer.Ld 56; „das aus Korn [Roggen] gebackene Brot, oder so genannte *Hauß-Brod*" SCHREGER Speiß-Meister 121.– Ra.: *das H. essen/ gern mögen* u.ä. im Hause ein Liebesverhältnis haben, OB, NB, OP, SCH vereinz.: *dea mag 's Hausbraut gean* „wenn ein Knecht mit der Magd eine Liebelei anfängt" Simbach PAN; *der hot 's Hausbroud gfress'n!* JUDENMANN Opf.Wb. 30.– °*Der frißt aa net lauta Hausbrot* „ist seiner Frau nicht treu" Hartpenning MB.– *Die müssen s Hausbrot allein essn* Mädchen, die nicht zum Tanz gewählt werden Wald AÖ.– Auch †gewöhnliches, weniger feines Brot: *drey Sauerhizbäcker ... welche weißes und schwarzes Hausbrod backen* Tölz WESTENRIEDER Beytr. V,296.

WBÖ III,1095; Schwäb.Wb. III,1273; Schw.Id. V,964; Suddt.Wb.V,155.– DWB IV,2,654; Frühnhd.Wb.VII,1324; LEXER HWb.I,1401.– BRAUN Gr.Wb.245.– S-30C1.

[**Aller-heiligen**]**b.** für Allerheiligen gebackenes Brot, OB vereinz.: *Allerheiligenbrot* „Weißbrot in Zopfform" Wasserburg.

WBÖ III,1096f.; Schw.Id.V,954.– S-30D4.

[**Hell**]**b.** Kleine Braunelle (Prunella vulgaris): *Hellbrot* WINKLER Heimatspr. 75.

[**Hennen**]**b.**, [**Hennlein**]- den Hühnern gegebenes Brot, OB, NB, OP vereinz.: *Henabroat* „an Ostern geweihtes Schwarzbrot für die Hühner, *wails nacha bössa leng*" Herrnthann R.

WBÖ III,1097; Schw.Id.V,963.

[**Herren**]**b.** **1** besseres Brot (für einen Herrn), OB, NB, OP vereinz.: *Herrnbrout* Weiden; *An Sand marteins tag ... den diernen vnd hüttern yedem ain herren prot* Indersdf DAH 1493 HuV 17 (1939) 212.– Ra.: *der ißt jatzt Heanbrout* „lebt jetzt in besseren Verhältnissen" Tann PAN.– **2**: *a Herrnbrout* „Kost, Lebensunterhalt eines Dienstboten bei einer Herrschaft" Innviertel.

WBÖ III,1097; Schwäb.Wb. III,1486; Schw.Id. V,963.– DWB IV,2,1137; Frühnhd.Wb. VII,1859; LEXER HWb. I,1260.– S-30D8[b], 109/544.

[**Hettel**]**b.**, [**Hettlein**]- **1** wie →[*Geiß*]*b.*: „Man ... weist sie den Geißen mit den Worten: *Hedlabroud, Hedlabroud!*" WINKLER Heimatspr. 96.– **2** Märzglöckchen (Leucojum vernum): *Hedlbrot* Ödmiesbach OVI.– Zu →*Hettel* 'Geiß'.

BRAUN Gr.Wb.248.

[**Himmel(s)**]**b.** **1** Manna, Hostie.– **1a** Manna, OB, NB vereinz.: *Himmlbrot* Wasserburg; *O du wares himelpröt* Tegerns.Hym. 45.– **1b** (konsekrierte) Hostie, Oblate, OB, NB, OP vereinz.: *s Himmösbrot empfanga* Hengersbg DEG; *fröia houd ma a Himöbroud gessn* „Oblaten, an Christi Himmelfahrt" Beilngries; „Das Volk nannte die Oblaten *Himmelbrot*" Chiemgau HAGER-HEYN Drudenhax 212; *durch das liebe Himmelsbrod Wern wier gestärkt* DAH 1792 WESTENRIEDER Beytr. IV,417.– In fester Fügung *H. schutzen* geweihte Hostien in die Salzach werfen, Schifferbrauch an Fronleichnam: *Himmelsbrotschutzen* Laufen BHV 2 (1915) 128;– Sachl. vgl. ebd. 127f.; Salzfaß 29 (1995) 36.– Auch: *Himmibrout* „Gebäck zum Himmelfahrtstag ... aus einem gut gewürzten Teig in Oblatenform" HELM Mda.Bgdn.Ld 104.– **2** Pfln., Teil einer Pflanze.– **2a** wie →[*Butscher*]*b.*, °OB, °NB, OP vereinz.: *Himmibroid* Heiligenkreuz TS; *Hīmlbrod* „die Laubblätter des Sauerampfers" ANGRÜNER Abbach 48.– **2b** wie →*B.*4b, OB, OP vereinz.: *Hirtntascherl, Himmibrot* Kolbermoor AIB.– **2c** Wiesenklee(blüten).– **2cα** Wiesenklee (Trifolium pratense): °*Himmelsbrot* „Rotklee" NB.– **2cβ** Blüten der Pflanze: *Himmelbrot* „die roten Blütenköpfe" Cham; „Als etwas Süßes ist das *Himmelsbrot* bekannt" BRUNNER Heimatb. CHA 91.– **2d** wie →[*Gucker*]*b.*1a, OB, NB, OP vereinz.: *Himibraut* Spiegelhütte REG; „Sauerklee, im Walde *Himmelsbrod* genannt" OP Bavaria II,107; „Recht angenehm schmeckt auch der Sauerklee ... auch ... *Himmelbrot* genannt" MARZELL Volksbot. 73.– **2e** Mittlerer Wegerich (Plantago media): *Himmelsbrot* Kösching IN ders. Pfln. III,837.– **2f** wie →[*Gucketzer*]*b.*2: °*Himmelbrot* „Wiesenbocksbart" Straßkchn SR; *Himmelsbrot* BJV 1954, 192; „Die ... süßlich schmeckenden Stengel von *Himmelsbrod*" HÖFLER Volksmed. 100.– **2g** Wiesenschaumkraut (Cardamine pratensis): *Himmelbrod* O'trennbach EG.– **2h** Storchschnabel (Geranium): *Himmibra(ou)t* Ayrhf VIT Bayerwald 24 (1926) 163.– **2i** wie →*B.*4aβ: °*Himmelbrot* „Samen der wilden Malve" Altenmarkt TS.– **2j** †honigartiger Saft eines Alhagistrauchs: *hy-*

melbrot, daz mischet man ... under daz pulver 1392 Runtingerb. II,25.

WBÖ III,1097f.; Schwäb.Wb. III,1591, VI,2171; Schw.Id. V,962.– DWB IV,2,1351; LEXER HWb. I,1284; Ahd.Wb. IV,1079.– ANGRÜNER Abbach 48; RASP Bgdn.Mda. 77; Spr. Rupertiwinkel 12,44.– S-30D8[h],55/9[g].

[**Honig**]**b.**, [**Hönig**]-,[**Hünig**]- **1** Honigbrot, °OB mehrf., NB, OP, SCH vereinz.: *Hegbroat* Mauerbg AÖ; *daaß füa uns Kin'a a Honichbraout wos ganz ganz Sölt'ns is* Boxdf NEW Wir am Steinwald 3 (1995) 139.– **2**: *Honigbrot* „Lebkuchen" Wasserburg.– **3** wie →[*Vogel*]*b.*2: *Honigbrod* NB.

WBÖ III,1098; Schwäb.Wb. III,1800, VI,2208.– S-30D8[a].

[**Hunds**]**b.** **1** Brot für Hunde, OB, NB vereinz.: „Brot aus sehr grobem schwarzen Mehl heißt je nach Verwendung *Hundsbråud, Fakalbråud, Kheiwöbråud*" Mittich GRI.– **2** schlechtes Brot, OB, NB vereinz.: *a Hundsbrout, a koörapnschwoazs* „gibt man trotzdem auf den Tisch" Innviertel.

WBÖ III,1098; Schwäb.Wb. III,1887, VI,2219; Schw.Id. V,963.– DWB IV,2,1933.

[**Hunger**]**b.** **1** †kleines Brot in Notzeiten: *Hungerbrote* 1817 GASSNER Rgbg.Vkde 31.– **2** wie →[*Bettel*]*b.*2: *er hat a Hungerbrot* „zu geringen Verdienst" Finsing ED.

DWB IV,2,1945.

[**Hutschen**]**b.** wie →[*Gucketzer*]*b.*2: °*Hutschabroud* „Wiesenbocksbart" Neurandsbg BOG.

[**Hutzel**]**b.** wie →[*Bir(e)n*]*b.*, °OP, °MF, °SCH vielf., °OB, NB vereinz.: °*Hutzlbrot* „aus getrockneten Birnen, zur Weihnachtszeit" Kchnthumbach ESB; „sonst würde das *Hutzelbrod* leer und saftlos" SCHANDRI Rgbg.Kochb. 295; *hūdslbrout* Rupertsbuch EIH nach WEBER Eichstätt 75.

Schwäb.Wb. III,1939; Schw.Id. V,966.– DWB IV,2,2001.– BERTHOLD Fürther Wb. 101.

[**Jäger**]**b.** Große Eberwurz (Carlina acaulis): *Jagabrout* „Silberdistel" Berchtesgadener Heimatkalender 2012,121.

WBÖ III,1098f.– Rechtswb. VI,381; Frühnhd.Wb. VIII, 265.

[**Jahn**]**b.**, [**Gaum**]- wie →*B.*2, °sw.MF vielf., OP, °SCH vereinz.: °*eiz demma Gabrout essn* (Ef.) Eckersmühlen SC; *Gaambrout* „Zwischenmahlzeit" FRIEDEL Grenzgedanken 50; „opf. *Gá~broud*, bayr. *Já~broud* (Zwischenmahl)" SCHMELLER I,913.– Zu →*Jahn* 'Reihe abgemähten Getreides'.

SCHMELLER I,913, 1207.– Rechtswb. VI,397.– S-79E10, W-43/37.

[**Johannis**]**b.**, [**Kannes**]- **1** Johannisbrot: °*Khanasbrout* Neuhs NEW; „Näschereien wie süßes Holz, *Khannesbrot*, Pumpernickl" FÄHNRICH M'rteich 49; „wo ich seinerzeit das erste *Johannisbrot* sah" E. STEMPLINGER, Lernjahre, hg. von F. JUNG, Winzer 2002, 104; *geben vnß ... von den pockkhs hendl oder Jhannß*/ *prodt Zu Essen* [2]SCHMIDEL Reise 43; *.1. loth pulverisiretes Johannes broth* BIHLER tierärztliche Rezepte Straubing 80.– **2** wie →[*Butscher*]*b.*: *Johannisbrod* Schaufling DEG MARZELL Pfln. III,1501.

WBÖ III,1099; Schwäb.Wb. IV,101; Schw.Id. V,966.– DWB IV,2,2334.– BRAUN Gr.Wb. 292, 298; DENZ Windisch-Eschenbach 176.

[**Juden**]**b.** wie →*B.*4b: °*Judnbrot* „Hirtentäschel" Rgbg.

WBÖ III,1099.

[**Kaffee**]**b.** **1** (zum Kaffee gegessenes) Brot, v.a. Weißbrot, OB, NB, OP vereinz.: *Kafebråut* Weiß-, Milchbrot Kohlbg NEW.– **2** (zum Kaffee gegessene) andere Backware, OB, NB, OP vereinz.: *Kaffeebraout* „Semmel" Neukchn VOH.

WBÖ III,1099; Schw.Id. V,966.

[**Käse**]**b.** Käsebrot, OB mehrf., Restgeb. vereinz.: *a Schduckh Keesbrood* Friedbg; *oan Kaasbrout gschmeckt* Bechtsrieth NEW A.-E. GLEISSNER, Genauer betrachtet, Pressath 2013, 36.

WBÖ III,1099; Schw.Id. V,968.– DWB V,250.

[**Kern**]**b.** Brot aus weißem besseren Mehl (→[*Kern*]*mehl*), OB, NB vereinz.: *Keanbråut* Aicha PA.

Schwäb.Wb. IV,345; Schw.Id. V,968.– DWB V,604.

[**Kindlein**]**b.** Geschenk an die Kinder am →[*Kindlein-kirch*]*tag*: „handgroße semmelartige Weißbrotlaibl ... *Kindlbrot* ... mit Kletzen und Kletzenbrühe gefüllt" HAGER-HEYN Liab 116.

WBÖ III,1100; Schwäb.Wb. IV,378; Schw.Id. V,968 (Kinden-).– DWB V,730.

[**Kipf**]**b.**, [**Kipflein**]- längliches Weißbrot, OB, OP, MF vereinz.: *Kipflbrot* Partenkchn GAP;

„Die Klosterfrauen von Obermünster reichten ... alle Freitag 14 *Kipfbrot*“ Rgbg 1552 VHO 62 (1911) 128.

WBÖ III,1100.

[**Kirchen**]**b.** **1** †den Armen nach dem sonntäglichen Gottesdienst od. an kirchlichen Festen gespendetes Brot: *Wie man das Kürchenbrot den Armen ausgeteilt* Kinsau SOG 1673 Heimatpfleger des Bezirks Oberbayern, Reihe A, H.19, Schongau 1960, 3.– **2**: *Kirchenbrot* „Geldspende für die Kirche, früher in Form von Brot“ Tannenbg SOG.

Schwäb.Wb. IV,395; Schw.Id. V,967.– DWB V,798; Frühnhd.Wb. VIII,943.

[**Sankt-Klaus**]**b.**, [**Klausen**]-, [(**Sankt-**)**Nikolaus**]-, [**Nikolo**]-, [**Nikolai**]- **1** zu / ab dem Fest des hl. Nikolaus (6. Dezember) Gebackenes.– **1a** Gebäck, meist in Nikolausform, OB, NB vereinz.: *Niklobrout, Hiaschn, Hosn, die der Niklo bringt* Hengersbg DEG; *Nikolaibrot* OP ZVVkde 13 (1903) 391.– **1b** wie →[*Bir*(*e*)*n*]*b.*: °*Sana Kloosbrot is schon anganga* Weilhm.– **2** wie →[*Tolentin*]*b.*: „*Niklasbrote* ... [ißt man] bei allerlei leichten Erkrankungen wie Fieber, Durchfall, Halsweh“ Fuchsmühl TIR FÄHNRICH Brauchtum Opf. 228;– Weiteres vgl. ebd. 227f.

WBÖ III,1107.

[**Kleie**(**n**)]**b.** Brot aus Kleie, °OB, NB, OP vereinz.: *Klämbraut* „nur für Hühner, Hunde“ Iggensbach DEG.

WBÖ III,1100; Schwäb.Wb. IV,473.– DWB V,1086.– S-30C14.

[**Kletz**(**en**)]**b.**, [**Klotz**(**en**)]- Kletzenbrot, °OB, °NB, °OP vielf., MF, SCH vereinz.: °*zu Niklo gits vom Ged* [Pate] *oder vo da God* [Patin] *a Kloutznbrout* Königssee BGD; °*dösmoi host oba a ganz guats Gletznbrot zammbracht* Regen; °*as Gletznbroud mouma fröih gnou bacha* Mimbach AM; *wia's beim Kletznbrout so is, werd d'Nachbarin aa g'lad'n* GREINSBERGER Liederb. [34]; „Zu Weihnachten wird *Kletzenbrod* gebacken“ LENTNER Bavaria Voralpenld 20; „*Klötzen-* oder *Klotzenbrod* aus gedörrten Nüssen, Zwetschgen und Birnen“ LF HÜBNER Salzburg 98.

Sachl., Vkde: *K.* wird zw. Nikolaus u. Weihnachten gebacken; wenn es „mißräth ... so bangt die Hausfrau für ihr Leben“ OB Bavaria I,387, ähnlich Chiemgau HAGER-HEYN Drudenhax 266. Jeder Dienstbote auf dem Bauernhof bekommt einen Laib (AÖ, GAP, RO, SOG), in Mittich GRI alle zusammen einen bes. großen, die Familienmitglieder je einen kleinen Wecken. „Wer von den Dienstboten ein eigenes *Kletzenbrot* will, muß sich die Früchte selber beschaffen, nur den Teig bekommen sie von der Oberdirn“ Innviertel.– „Die Burschen gingen am *Stefflsdog* [26. Dezember] zur Freundin und holten sich *'s Scherzl*“ Kohlgrub GAP, ähnlich OB vereinz., vgl. Chiemgau HAGER-HEYN Drudenhax 266, Bay.Wald REDER Bayerwald 114. Dieses muß „das Dirndl ... abschneiden ... Nur bei glatter Schnittfläche ... hat die Liebe Bestand und führt zur Heirat“ HAGER-HEYN ebd.– Im Innviertel „holen sich die auf Lichtmeß gedingten Dienstboten das *Kletzenbrot* bei ihren zukünftigen Bauern“.– „neunerlei *Kletzenbrot* geschenkt ... von neunerlei Leuten“ verheißt eine baldige Heirat PEINKOFER Werke II,127.– Weiteres vgl. HAGER-HEYN Drudenhax 266.

DELLING II,24.– WBÖ III,1100-1102.– DWB V,1254.– GÖTTLER Dachauerisch 43; HEIGENHAUSER Reiterwinkerisch 24; KILGERT Gloss.Ratisbonense 49; POELT-PEUKER Wb.Pöcking 19; SOJER Ruhpoldinger Mda. 17; Spr.Rupertiwinkel 32.– S-30D2.

[**Kloster**]**b.** in einem Kloster gebackenes (an Arme verteiltes) Brot, OB, NB, OP vereinz.: *Kloaustabroaut* Walkertshfn MAI.

WBÖ III,1100; Schwäb.Wb. VI,2323.– DWB V,1236; LEXER HWb. I,1631.– S-30D8[c], 89E13.

[**Knet**]**b.**: *s Knötbråud* „bekommt die Magd für ihre Hilfe beim Backen“ Mittich GRI.

WBÖ III,1102.

[**Knödel**]**b.** geschnittenes (Weiß-)Brot für Knödel, °OB, °NB mehrf., OP, SCH vereinz.: *wos frischö nöt wög geht, vakauft ma ois Knöllbroud* Hengersbg DEG; *zan Kniadlbroud schneidt ma oltbachne Semmln af, haout ma koi, 's Schwoarzbroud* Wdsassen TIR; *Um Gott's wuin, i hob s' Knedlbrot zum Kaffa vogessn!* Altb.Heimatp. 47 (1995) Nr.16,3.

WBÖ III,1102.– KILGERT Gloss.Ratisbonense 49.– S-30C10.

[**Knoten**]**b.** dass., NB vereinz.: *Knonbrod bröggön* Mengkfn DGF.

WBÖ III,1102.

[**Kommiß**]**b.** Militärbrot, OB, NB, OP, SCH vereinz.: *Kamißbräud* Vohenstrauß; „einen Laib *Kommißbrot* ... für 20 Mann“ SILBERNAGL Almsommer 50; *das Commißproth ist ihnen zu Straubing verraicht worden* 1693 POSCHINGER Glashüttengut Frauenau 95.

WBÖ III,1102; Schwäb.Wb. IV,594, VI,2343; Schw.Id. V,967.– Fremdwb. I,364; Frühnhd.Wb. VIII,1300.– S-30D8[b].

[Korn]b., [Körnlein]- 1 Roggenbrot, OB, NB, OP vereinz.: *a Kounbrod* Ascholding WOR; „[in best. Bäckereien] sollten *Wecken* und *Kornbrot* hergestellt werden" Ambg 1474 VHO 59 (1908) 297; „Das *Korn-* oder *Rocken-Brod* ist etwas rauher" SCHREGER Speiß-Meister 130.– **2**: *keandlbro:d* „Vollkornbrot" KILGERT Gloss. Ratisbonense 49.

WBÖ III,1102; Schwäb.Wb. IV,638.– DWB V,1821.– KILGERT Gloss.Ratisbonense 49.– S-30C6.

[Kreuzer]b. Brot, das einen Kreuzer kostet: *Kräzabråud* Iggensbach DEG; *damit ... der Arm und Reich jedesmals ... Creuzer Brot finnde* N'aichbach LA wohl 16.Jh. HARTINGER Ordnungen I,272.– Im Vergleich: *dea is bekannt wia a Kreuzabrot* „überall bekannt" Grafenau.

WBÖ III,1103; Schwäb.Wb. VI,2374; Schw.Id. V,968.– DWB V,2190; Frühnhd.Wb.VIII,1647.

[Kukuruz]b. Brot mit Maismehl, OB, NB vereinz.: *Kukuruzbrot* „ist gelb und grob" Wasserburg.

WBÖ III,1095.– S-30C12.

[Kümmel]b. Kümmelbrot, OB, OP vereinz.: *Kimlbråut* Kohlbg NEW.

WBÖ III,1103.– DWB V,2591.– S-30C14.

[Kutscher]b. →*[Gutscher]b.*

[Laib]b., [Laiblein]- Brot, Backware in Laibform, OB, NB, OP vereinz.: *Loabbråud* Mettenhm MÜ; *Loawöbråud* „Semmel" Aicha PA; „die Schergen, die ... *die Unterthanen mit Habersammlung, Stroh, Flachs, Eier, Leibbrod ... beschwerten*" 1669 E. ROSENTHAL, Gesch. des Gerichtswesens u. der Verwaltungsorganisation Baierns, Würzburg 1906, II,15.

WBÖ III,1104.– S-30C19[c].

[Land]b. wie →*[Bauern]b.*, OB, NB vereinz.: *Landbrot* Passau.

WBÖ III,1103; Schw.Id. V,969.– S-104A5.

[Läut]b. Brotlaib als Entlohnung für das Gebetläuten: „zu Walburgis [30. April] und zu Michaelis [29. September] für den Lehrer ... *Läutbrod*" O'lind VOH 1849 Oberpfalz 70 (1982) 39.

[Leich(en)]b. wie →*[Toten]b.*1, NB, OP vereinz.: *fia d Laichlaid Bia und Laichbråud* Aicha PA; *Leichbråut* „[durfte] nicht im Haus des Verstorbenen gebacken werden" BRAUN Gr.Wb. 366; „*Leichtrunk* ... Das Brod wurde hiezu eigens gebacken, das *Leichenbrod*" Rötz WÜM SCHÖNWERTH Opf. I,257.

WBÖ III,1104; Schwäb.Wb. VI,2453.– DWB VI,618.– BRAUN Gr.Wb. 366.

[Leute]b. Brot einfacherer Qualität für einen im Dienst Stehenden, OB, OP vereinz.: *Leitbrout* Weiden.

WBÖ III,1104.– Gl.Wb. 381.– S-30D8[b].

[Luller]b. Weißbrot für einen Stoffschnuller, °OB, °OP vereinz., veralt.: °*a Lullabroud* „den Säuglingen zum Zuzeln gegeben" Marktl AÖ.– Auch Brotrinde od. Stück Brot, das man dem Kleinkind zum Lutschen gibt, °OB, °OP vereinz.: °*Lullerbrot* Schwandf.

W-43/35.

[Magen]b. best. Kleingebäck, °OB, °NB vereinz.: °*Mågnbroud* „dunkel, etwas nach Honig schmeckend" Ebersbg; *Magenbrot* HORN-EICHENSEER Opf. Kost 173.

WBÖ III,1104; Schwäb.Wb. VI,2506; Schw.Id. V,969.

[Mahder]b.: *Mådabråud* Mäherjause Aicha PA.

WBÖ III,1104.

†**[Malefiz]b.** Brot für das Mahl des Scharfrichters: *Malefiz- oder Scharfrichterbrod* Ingolstadt 1796 HAZZI Aufschl. II,1,455 (Rechnung).

[Marmelade]b. Marmeladebrot, °OB vereinz.: °*Murmaladbroud* Au AIB; *do host net amol die Mamaladbrout gessn* LAUERER I glaub, i spinn 67.

WBÖ III,1104.

[Marter]b. Brotlaib, heute Semmel im Karfreitagsbrauchtum, dem Vieh verfüttert: *Marterbrot* BERGMAIER Ruhpolding 445.– Sachl. vgl. ebd.

WBÖ III,1104f.

[Milch]b. mit Milch zubereitetes Weißbrot, OB, NB, OP vereinz.: *zan Milchbraoud nimmt ma nea woizas Mehl* Wdsassen TIR; „Neugebackene *Milchbrode* werden in ... Scheiben geschnitten" SCHANDRI Rgbg.Kochb. 33.

WBÖ III,1105; Schwäb.Wb. IV,1668; Schw.Id. V,969.– DWB VI,2190.– S-30C3.

[Mischling]b. Brot aus mehreren Mehlsorten, OB, OP vereinz.: *Müschlingbråud* „z.B. aus Weizen-, Roggen- und Gerstenmehl" Beratzhsn PAR.

WBÖ III,1105.

†[**Mittel**]**b.** Mischbrot: „4 Loth vom *Mittelbrod* 1 kr." Tirschenrth 1817 VHO 22 (1864) 316.

Schw.Id.V,972.

[**Morgen**]**b.** Mahlzeit am Morgen od. (Brotzeit) am Vormittag, OB, NB, OP vereinz.: *Moangbrout füa d'Mahda* Mäherjause Hengersbg DEG; *Moagnbraoud, Moagnsubbm* Nabburg; *die von Shongo ... gaben ... ain guet Morgen-Prott* Peiting SOG 1435 LORI Lechrain II,136.

Schwäb.Wb. IV,1760, VI,2599; Schw.Id. V,970f.– DWB VI,2564f.– S-30D8[d].

[**Himmel-mutter**]**b.**: „*Himmelmutterbrot* ... sind die Schötchen vom Hirtentäschchen" Deggendf MARZELL Himmelsbrot 25.

WBÖ III,1106.

[**Weih-nachts**]**b. 1** für Weihnachten gebackenes Brot, OB, NB vereinz.: *Weihnachtsbrot* „aus weißem Mehl" Peiting SOG.– **2**: *Weihnachtsbrot* „Stollen" Neukchn VOH.

WBÖ III,1106; Schw.Id. V,972f.– DWB XIV,1,1,720.– S-30D2[a].

[**Neune(r)**]**b.** Brotzeit, Brotzeitpause um neun Uhr vormittags, °NB vielf., OB, OP, MF vereinz.: *s Nainöbråud bringa* Mittich GRI; *voan Nainabraoud* Kohlbg NEW; „frühe die *sauere Suppe*, dann das *Neunerbrod*" Zwiesel REG HAZZI Aufschl. IV,1,113; „Zum *Neuni-* und *Dreibrot* im Sommer für die Knechte einen Liter ... Bier" NIEDERMAIR Glonn 269.

SCHMELLER I,348.– WBÖ III,1106; Schwäb.Wb. IV,2014; Schw.Id.V,973.– DWB VII,681.

[**Nikolaus**]**b.** →[*Sankt-Klaus*]*b.*

[**Oster**]**b.** für Ostern (u. die österliche Speisenweihe) gebackenes Brot od. Hefegebäck, OB, NB, °OP, MF, SCH vereinz.: *Oastabråud* „geflochtener Wecken" Wdhf PAN; *a Schduck Oaschdrbroud* „aus feinerem Mehl" Friedbg; „mit drei Bröseln *Osterbrod*, drei geweihten Palmkätzel und geweihtem Ostersalz" LEOPRECHTING Lechrain 28; „mit bunten Eiern, *Osterbrot* und Süßigkeiten" Wdmünchn.Heimatbote 23 (1991) 19.

WBÖ III,1107; Schw.Id. V,957.– DWB VII,1373; LEXER HWb.II,176.– S-3E7[c],30D3.

[**Roggen**]**b.**, †[**Rögglein**]- **1** wie →[*Korn*]*b.*1, OB, NB, OP, SCH vereinz.: *Roggabrot* Hohenpeißenbg SOG; „Ueberhaupts wird das *Roggenbrod* nach dem *schweren* [Gewicht] ... bestimmt" HEINRICH Maaße 100; *Grobes Roggenbrot* HORN-EICHENSEER Opf. Kost 180; *sollen die Peckhen ... einem jeden an ... Rockhenbrodt seynen Pfenning vergelten* Luhe NEW 1551 HARTINGER Ordnungen II,690; *So muß ich ihm ... Entziehen noch das Rokenbrod* BUCHER Charfreytagsprocession 123.– **2** †Semmel mit Roggenmehl: „Wenn das Pfund *Semmelbrod* 17½ Pfenning kostet, so ... das Pfund *Röggelbrod* ... 14½ Pfenn." SCHMELLER II,78; *gut röcklein prot* Mchn 1443 WESTENRIEDER Beytr. VI,150.

SCHMELLER II,78f.– WBÖ III,1108; Schwäb.Wb. V,385.– DWB VIII,1112.– S-30C6.

[**Salz**]**b.** mit Salz bestreute Backware, °OB, NB vereinz.: °*s Roß schnobert* [schnüffelt] *in iura Fiurddadaschn* [Schürzentasche], *ob ned a Soizbrod drinsteckt* G'brannenburg RO.

WBÖ III,1108; Schwäb.Wb.V,553,VI,2873.– WMU 2599.

[**Zu-sammen**]**b.** wie →[*Mittel*]*b.*: *Zambråud* „halbweißes Bauernbrot, als Suppen- oder Vesperbrot verwendet" Iggensbach DEG.

[**Sau**]**b. 1**: *Saubroud* „altbackenes Brot als Schweinefutter ... auch ... aus dem ... zusammengekehrten Mehl gebackenes Brot zur Fütterung der Schweine" JUDENMANN Opf.Wb. 135.– **2** wie →[*Hunds*]*b.*2, OB, NB, OP vereinz.: *Saubroud* Pfarrkchn.– **3** Pfln., Frucht einer Pflanze.– **3a** wie →*B.*4aα: *Saubrot* Vohburg PAF MARZELL Pfln. III,44.– **3b** †Kartoffel: „*Erd-Apfel* oder *Sau-Brod*" SCHREGER Speiß-Meister 142.

WBÖ III,1108f.; Schwäb.Wb. V,604, VI,2887.– DWB VIII,1860.– S-30D8[f].

[**Sauer**]**b.** wie →[*Butscher*]*b.*: *Sauabroud* Sengkfn R.

SCHMELLER II,320.– WBÖ III,1109.– DWB VIII,1870; LEXER HWb.II,1325.

[**Schinder**]**b.** wie →[*Erd-apfel*]*b.*: *Schinderbrot* „dem Brotteig [wird] ein Teil geriebene gekochte Kartoffeln beigegeben" FRIEDL ndb.Kuchl 34.

[**Schlenkel**]**b.**, [**Schlänkel**]- Brotlaib für den aus dem Dienst scheidenden (→*schlenkeln*) bäuerlichen Dienstboten: *s Schlanklbråud* Mittich GRI; „Die Bäuerin ließ sie ziehen, nicht ohne ihnen zuvor noch *Schlenkelbrot* mitzugeben" Altb.Heimatp. 56 (2004) Nr.6,29.

[Schmalz]b. 1 wie →[*Butter*]*b.*1, °OB mehrf., °OP, °SCH vereinz.: °*„Buddabråut*, auch *Schmolzbråud*" Neualbenrth TIR; „Ein ... Bauer ... erzählte mir, daß *šmǫidsbrǫud* das Butterbrot war" Elbach MB nach Maier südmbair.Mda. 213.– **2** in flüssiger Butter getränktes Stück Brot: °*Schmalzbrot* „bei Auslassen der Butter in das heiße Schmalz gegeben" Bruckmühl AIB; *Das Schmalzbrôd* „Brodschnitten, in Butter gesotten" GAP, TÖL Schmeller I,348.

Schmeller I,348, II,551.– WBÖ III,1109; Schwäb.Wb. VI,2997; Schw.Id. V,983.– DWB IX,929.– S-30D8a, 69H30.

[Schmier]b. wie →[*Butter*]*b.*1, °OB, °NB vereinz.: °*Schmierbrot* Söldenau VOF.

[Schneider]b. nicht durchgebackenes Brot, °OB, °NB, °MF vereinz.: *dös is a Schneidabråud* NB.– Auch nicht durchgebackene Dampfnudel, °NB vereinz.: °*Schneidabrot* Reut PAN.

W-43/36.

[Schnuller]b. wie →[*Luller*]*b.*, °NB, °OP vereinz.: °*Schnullabroud* „in ein kleines Tüchlein gebunden, früher den kleinen Kindern in den Mund gesteckt" Cham; *Schnullerbrout* Bay. Wald HuV 13 (1935) 105.

[Schwälbelein]b. wie →[*Vogel*]*b.*2, OB vereinz.: *Schweiberlbrot* Zittergras Altomünster AIC.

[Schwarz]b. wie →[*Haus*]*b.*, °OB, NB mehrf., Restgeb. vereinz.: °*fimfazwånzg Loab Schwårzbroud håms åli Dåg gliefad* Ebersbg; *Schwoazbrout san Loab und Kipf* Floß NEW.– Ra.: *ea woas a gåur nöd, daß Schwoazbråur a fia Hunga get* „er kennt keine Armut" Mittich GRI.– *Der is vielleicht no amoi froh, wenn a gnua Schwarzbrod kriagt* „dem geht es zu gut" Mchn.– Reim.: *Schwoazbråut macht Wanga råut* Simbach PAN, ähnlich OB, OP vereinz.

WBÖ III,1110; Schwäb.Wb. V,1247; Schw.Id. V,984.– DWB IX,2324; Lexer HWb. II,1344.– S-30C2.

[Seelen]b. 1 für Allerseelen gebackenes an Arme verteiltes Brot: *Sêləbroud* Schmeller II,257; „der Bürgermeister verteilt das von Bauern und Bäckern geschenkte *Seelenbrot* ... an die Armen" Strobl Feiertäg 70.– **2** Hefegebäck als Patengeschenk an Allerseelen: *Sealabrot* Hohenpeißenbg SOG; „dass der Tauf- oder Firmgöd seinem Patenkind ... ein *Seelenbrot* schenkte" Altb.Heimatp. 58 (2006) Nr.44,6.

Schmeller II,257.– WBÖ III,1110; Schwäb.Wb. V,1343; Schw.Id. V,981.– DWB X,1,6.

Mehrfachkomp.: **[Aller-seelen]b. 1** wie →[*Seelen*]*b.*1, OB, OP vereinz.: *Oallaseelnbråud* „an arme Leute verteilt mit der Auflage, für die armen Seelen zu beten" Naabdemenrth NEW.– **2** wie →[*Seelen*]*b.*2: „Die kleinen *Spitzl* [Hefezöpfe] heißen auch *Allerseelenbrot* heute" Fähnrich M'rteich 119.

WBÖ II,1110.– S-30C4.

– **[Armen-seelen]b.** den Armen Seelen geopfertes (an Arme verteiltes) Brot: *„Armenseelenbrot* draußen auf dem Fenstersims" Chiemgau Hager-Heyn Drudenhax 62; *Koarfreyda ... Da Baua laßt Braod bach'n fir d'Bedlleitt, daz's fir d'arma Sel'n bed'n ... s'Armaseln-Braod* Bärnau TIR Schönwerth Leseb. 123.

WBÖ III,1110f.

[Semmel]b. Weißbrot, weißes Backwerk, OB, NB, OP vereinz.: *holts Semmlbrot!* „Semmeln" Mchn; *Semöbråud* „das weiße Bäckerbrot" Iggensbach DEG; „Die so genannten *Zöpfl*, ein *Semmelbrod*" Zwiesel REG Hazzi Aufschl. IV,1,106; *zu den Weichennåchten semelprot* Baumburg TS 1440 MHStA KL Baumburg 18,fol.8^{v}; *mit angemachtem/ geriebenen Semmel-Brod ... wohl angestreut* Hagger Kochb. III,1,50.

WBÖ III,1111; Schwäb.Wb. V,1359; Schw.Id. V,982.– DWB X,1,563; Lexer HWb. II,874.– S-30D8a.

[Spältlein]b.: *„'S Spáitelbroud îst eh går sper* [trocken] ... Brod mit ... getrockneten Äpfelschnitten" U'wössen TS Hartmann Volksl. 81.

WBÖ III,1111.

†**[Speis]b.** wie →[*Leute*]*b.*: *neben dem speisbrod von dem löblichen Kloster Etal* Schelle Bauernleben 30.

Schmeller II,687.– Schwäb.Wb. V,1506; Schw.Id. V,986.– DWB X,1,2101f.; Lexer HWb. II,1099.

[(Ge-)Spend]b. (Armen) gespendetes Brot, Brot einer Brotstiftung: *G'schpöndbrod* „am Kirchweihsamstag in der Kirche an Bedürftige verteilt" Weilhm; „Am Jahrtag [für einen Toten] das *Spendbrot* nicht vergessen" Chiemgau Ha-

GER-HEYN Liab 147; *St. Wolfgang, dao werd'n Spitzln bach'n ... und s'Spenddbraod* Bärnau TIR SCHÖNWERTH Leseb. 155; *Bartl peckh beclagt die Leubertingerischen vormund vmb genomen spentprot* 1558 Stadtarch. Rosenhm, Abt.B/C Nr.136, 18; *Spendbrot* Grafing EBE 1797 HAZZI Aufschl. III,467.

Schwäb.Wb. V,1512; Schw.Id. V,985.– DWB X,1,2146f.; Gl.Wb.573.

[**Stuck**]**b.** best. Allerseelengebäck: „*Stuckbrot*, ein süßes Schwarzbrot von der Größe einer Semmel, wobei jeweils ein halbes Dutzend ... vereinigt gebacken wurde" BGD Bayerld 70 (1968) Nr.11,61.

[**Suppen**]**b.** **1** Brot als Suppeneinlage, OB, NB vereinz.: *Suppmbrot* Mengkfn DGF.– **2** zur Suppe gegessenes Brot: *hast s Suppnbrout scha hinta aufn Tisch?* Innviertel.

Schw.Id. V,982.– DWB X,4,1234.

[**Unter(n)**]**b.**, [**Ünter**]- Brotzeit, Brotzeitpause, v.a. am Nachmittag, °NB (BOG, KÖZ, VIT) mehrf., °OB, OP vereinz.: °*Unternbrot* Inzell TS; *s Intabråud essn* Zandt KÖZ; „Vesperbrod ... *intə'brəud*" Dinzling CHA BM II,119; *intabrǫud* „Brotzeit, Imbiß zwischen zwei Mahlzeiten" KOLLMER II,161.– Zu → *Untern* 'dass.'.

WBÖ III,1112; Schwäb.Wb. VI,227.– DWB XI,3,1518; Gl.Wb. 79.– KOLLMER II,161.

[**Wächter**]**b.**: *'s Wächtabroud* „Weißbrot, von dem sich die Beter während einer Totenwache ein Stück abschneiden dürfen" Tann PAN.

[**Wecken**]**b.**, [**Wecklein**]- Backware in Weckenform, OB, NB vereinz.: *Wecklbrot* Partenkchn GAP; „Im Rottal läßt die Braut ... mehrere Körbe voll *Weckenbrot* backen und verteilt dieses unter die Armen" Altb.Heimatp. 6 (1954) Nr.6,4.

WBÖ III,1112f.; Schw.Id. V,987.– DWB XIII,2807.

[**Weih(e)**]**b.** **1** vom Priester gesegnetes Brot, Brotgebäck: „Im Volksglauben schützen *Weihebrote* vor Unbilden allerlei Art" Oberpfalz 82 (1994) 289.– Sachl. vgl. ebd.– **2** wie →[*Oster*]*b.*: *Weihbrot* Wasserburg; *Waihbroud, Waichbroud* „geweihtes Brot (Ostern)" Spr.Rupertiwinkel 93.

WBÖ III,1113.– DWB XIV,1,1,653.– Spr.Rupertiwinkel 93.

Mehrfachkomp.: [**Kirch-weih**]**b.** wie →[*Kirchtag*]*b.*1, OP vereinz.: *Kirwabråud* „aus Roggenmehl, etwas Weizenmehl und viel Brotgewürz" Naabdemenrth NEW.

WBÖ III,1113; Schwäb.Wb. IV,411; Schw.Id. V,987 (Chilch-).– S-30D5.

[**Weisat**]**b.** **1** Brot u.a. als Geschenk an eine Wöchnerin, NB, OP vereinz.: *Weisatbrot* Rdnburg.– **2** †Brotabgabe an best. Terminen: *dem probst ein weisodbrot vnd ein gans* Pfründe Geisenfd 426.– Zu → *Weisat* 'Geschenk, Abgabe'.

WBÖ III,1113; Schwäb.Wb. VI,641.– DWB XIV,1,1,1011; LEXER HWb. III,944; Gl.Wb. 742.

[**Weiß**]**b.** **1** Weißbrot, Brot aus Weizenmehl, OB mehrf., NB, OP, SCH vereinz.: *a Weißbrot is a bössars Brot aus a bössarn, schöanan Meahl* Hohenpeißenbg SOG; „ein Stück *Weißbrot*" Bayerld 26 (1914/1915) 419; „sowohl das *Rockhen-* als *Weiß-Brodt*" Beratzhsn PAR 1780 HARTINGER Ordnungen II,466.– **2** andere Backware aus Weizenmehl, v.a. Semmel, OB, OP vereinz.: *Weißbrout san Sämml und Kipfl* Floß NEW; „Brodknödel ... Zehn *Weißbrode* werden feinblätterig aufgeschnitten" SCHANDRI Rgbg. Kochb. 188.

SCHMELLER I,348.– WBÖ III,1113; Schwäb.Wb. VI,647; Schw.Id. V,988f.– DWB XIV,1,1,1203f.; LEXER HWb. III,957; WMU 2450.– S-30C3.

[**Weizen**]**b.** wie →[*Weiß*]*b.*1, OB, NB vereinz.: *Woaznbrot gibt nöt aus* Mchn; „das *Weizenbrod* [wird] nach dem *leichten* oder Silbergewicht bestimmt" HEINRICH Maaße 100; *keiner leie ander brôt, danne einvalt weizenbrôt* BERTHOLDvR II,87,22f.; *weiczen brot, das mit roßinenn ist gemacht* 2.H.15.Jh. ObG 5 (1961) 361; *Brosam von Waitzen-Brod in Rosen-Wasser ... geweichet* SCHREGER Speiß-Meister 121.

WBÖ III,1113; Schwäb.Wb. VI,663.– DWB XIV,1,1,1331; LEXER HWb. III,748.– S-30C7.

[**Wendelin(i)**]**b.** am Fest des hl. Wendelin (20. Oktober) gesegnetes Brotgebäck, OB, OP vereinz.: *Wendelinibrot* „für das Vieh" O'lauterbach PAF; *Wendelini-Brot* Hahnbach AM um 1860 FÄHNRICH Brauchtum Opf. 261; „*Wendelinibrote* werden dem Stallvieh gereicht gegen Krankheit und andere Drangsal" SIEBZEHNRIEBL Grenzwaldheimat 276.– Sachl. vgl. FÄHNRICH ebd. 261-264.

†[**Schar-werk**]**b.** (Brot zur) Beköstigung der Fronarbeiter: *claine Kinder … welche das Scharwerch Brodt … nit verdiennt* Sünching R 1742 HARTINGER Ordnungen III,136.

Rechtswb. XII,264f.

†[**Pfenn-wert**]**b.** Brot im Wert eines Pfennigs (→[*Pfenn*]*wert*): *soll inen* [den Bäckern] *dasselb klain und ungleich Pfenwertbrot genomen und hausarmen Leuten geben … werden* Hohenburg AM 1522 ebd. II,599.

[**Wetter**]**b.**: *'s Wödabroud* „an Ostern geweihtes Brot, gegen Blitzschlag und Hagel unter einem Dachbalken aufbewahrt" Pfarrkchn.

WBÖ III,1113.

†[**Wochen**]**b.** wohl wöchentlicher Lebensunterhalt: *ist ain prelat aus über achtag, so sol den knechten ir wochen prot geben werden* Indersdf DAH 1493 HuV 17 (1939) 214.

WBÖ III,1114; Schwäb.Wb. VI,914; Schw.Id. V,987.– DWB XIV,2,937.

Mehrfachkomp.: [**Sechs-wochen**]**b.** wie →[*Weisat*]*b.*1, OP vereinz.: *Sechswochabraoud (Zucka, Kaffeebahna, Seml)* Hessenrth KEM.

[**Baum-woll**]**b.** Tafel aneinandergereihter Rosinensemmeln: *Baumwollbrod* „flaumiges Gebäck mit Weinbeeren" Berchtesgaden; „Im Berchtesgadener Land … ist die Weihe des … *Baumwollbrotes* ein alter Josefibrauch" MM 21./22.12.2013, J1.

RASP Bgd.Mda. 21.

[**Zech**]**b.** zum Bier gegessene Backware: *Zöchbrod* „etwa Brezen, Spitzel" Reisbach DGF; „ein beliebtes *Zechbrot*" MZ 2./3.10.2010, 24.

Schwäb.Wb. VI,1069.– DWB XV,427.

[**Zehn**(**er**)]**b. 1** Brotzeit, Brotzeitpause um zehn Uhr vormittags, OP, SCH vereinz.: *Zeanabråud* M'ldf NEW.– **2**: *Zehnerbrot* „Brot im Preise von 10 Pfennig" Wasserburg.

WBÖ III,1114.

[**Hoch-zeit**(**s**)]**b.** für eine Hochzeit gebackenes Brot, OB, OP vereinz.: „mit gesalzenem *Håuzedbrod* werden am Hochzeitswagen die Pferde gefüttert" Tölz; „Für die Hochzeit ist … extra frisches Brot gebacken worden … das *Hochzeitsbrot*, am Land gerne *Kammerwagenbrot* genannt" FÄHNRICH M'rteich 274.– In fester Fügung †*das H. bachen* heiraten: „es hätte ihm *nit gebürth die magdt zuverlaitten das hochzeitsprodt zu bachen*" Auerbach ESB Mitte 17.Jh. HELM Konflikt 44.

WBÖ III,1114; Schwäb.Wb. III,1721; Schw.Id. V,990.– Rechtswb. V,1151; LEXER HWb. I,1319.

[**Zucker**]**b.** Zuckerbrot, Gebäck, OB, °NB vereinz.: °*Zuggabrod* Langdf REG; *Da schneibts vom Himmel … Das beste Zuckerbrod* STURM Lieder 99.– In fester Fügung: „aus der Umgangssprache … *mit Zucka(r)bråut uu Peitsch'n* … je nach Bedarf: mild oder streng" BRAUN Gr.Wb. 946.

WBÖ III,1115; Schwäb.Wb. VI,1294; Schw.Id. V,989.– DWB XVI,301.– BRAUN Gr.Wb. 946.

[**Zwölfe**]**b.**: „das *tſwẹ̈lvəbrọud* … eine warme Mahlzeit, die den Glasmachern um Mitternacht … gebracht wurde" DÜRRSCHMIDT Bröislboad 7.

J.D.

Brotel

(Genus?), Brotzeit, Brotzeitpause, °OB, °OP vereinz.: *Braotl* Ursulapoppenricht AM.

W-43/37. J.D.

broteln

Vb. **1** Brotzeit machen, °NB vielf., °OB mehrf., °OP vereinz.: °*toan ma a bißl broudln, bis s Hei wieda odrikat hot* Hagnbg MB; *er geht zum Broadln* Geiersthal VIT; „*brọ̈idln* und *broidln* … wird von der a[lten] G[eneration] … gesagt" Feilnbach AIB nach MAIER südmbair.Mda. 196.
2: *broudln* „ohne Zähne Brot essen" JUDENMANN Opf.Wb. 30.– Übertr.: *bråudln* „scherzhaft statt murmeln" Hfkchn VOF.
3: *brodln* füttern Scheyern PAF.

WBÖ III,1115.– DWB II,402f.– ANGRÜNER Abbach 19; KOLLMER II,74; Spr.Rupertiwinkel 16.

Komp.: [**drei**]**b.**: *draibrodln, nainöbrodln* „um 3 Uhr bzw. 9 Uhr Brotzeit halten" Reisbach DGF.

[**ver**]**b.** als, während der Brotzeit aufessen, verbrauchen: *Das letzte Rankerl Gselchts von der Mettnsau war längst verbrotelt* LETTL Brauch 35f. J.D.

broten, †-ö-

Vb. **1** Brotzeit machen: °*broudn* Blindau TS; *Brout'n* „Brot essen" SOJER Ruhpoldinger Mda. 7.

2 †Part.Prät., in Dienst u. Lebensunterhalt stehend: „heut zu Tage nur noch … *gebrödter* Diener … in rechtlichen Verhandlungen … welcher nebst … Lohn … Kost und Wohnung genießt" DELLING I,200; *dieselben Meister mögen … mit ihren gebrödten und gedingten Knechten … Holz schlagen* Mchn 1491 BLH IX,21; *Eine bei dem … Kloster gebrödete Dienerin* Ambg um 1750 VHO 64 (1912) 144.– In fester Fügung †*hofgebrotet* in (Dienst u.) Versorgung auf einem Bauernhof: *„hofgebrötete* Großbauernsöhne" SCHLICHT Bayer.Ld 104.

Etym.: Mhd. *brœten* 'Brot verschaffen', Abl. von →*Brot*; WBÖ III,1116.

DELLING I,200; SCHMELLER I,348; WESTENRIEDER Gloss. 185.– WBÖ III,1116; Schwäb.Wb. I,1445f.; Schw.Id. V, 990f.– DWB II,403; Mhd.Wb. I,1031. J.D.

Broter(er), Bröter

M. **1**: °*Broterer* „älterer Ausdruck für Brotausfahrer" Rotthalmünster GRI.
2 altes Messer, °NB, °OP vereinz.: °*des is so an nalta Broutara* Schnaittenbach AM.

Schwäb.Wb. I,1446.– DWB II,403.

Komp.: †[**Boten**]**b.** Überbringer einer Nachricht: *Da sprach der hertzog david zu dem botenbrotter* 1562 SCHMELLER I,308.

SCHMELLER I,308.– DWB II,274f. J.D.

brotern

Vb., Brotzeit machen: *broudan* Moosham WOR. J.D.

Protestant

M., Protestant, Evangelischer: *Brodesdant* Walkertshfn MAI; *Protéschtant* SCHWÄBL altbaier. Mda. 44.

Etym.: Zu lat. *protestans* 'Einspruch erhebend'; PFEIFER Et.Wb. 1051.

WBÖ III,1116; Schwäb.Wb. I,1446; Suddt.Wb. II,646.– DWB VII,2174f.– S-89A24. J.D.

brotig

Adj. **1** trocken wie Brot (vom Essen), °OB, °NB, °OP vereinz.: °*dös Fleisch is broudi* Cham.
2: °*a brotige Stellung kriagn* „einen gut bezahlten Posten" Hirschling MAL.

WBÖ III,1117; Schwäb.Wb. I,1447; Schw.Id. V,991.– Rechtswb. II,519. J.D.

†**Brotling**

M., im Dienst eines Herrn Stehender: *Brodling* Oberpfalz 21 (1927) 54.

Schwäb.Wb. I,1449, VI,1697; Suddt.Wb. II,649.– DWB II,404. J.D.

Protokoll

N., (schriftliches amtliches) Protokoll, °OB, NB, OP vereinz.: °*Protákö, Protakő* Erling STA; *Prádikoi* Furth CHA; *bal s' mi ins Protakoll eini schreib'n* THOMA Werke VI,393 (Wittiber); *formirt dem notari ein protokoll daraus* Rgbg 1483 Rgbg u.Ostb. 81.

Etym.: Aus mlat. *protocollum*, gr. Herkunft; KLUGE-SEEBOLD 728.

WBÖ III,1117.– Rechtswb. X,1387-1389.

Abl.: *protokollieren*. J.D.

protokollieren

Vb., protokollarisch aufzeichnen, OB mehrf., NB, SCH vereinz.: *sö san pradikoiliern gwen* Passau; *zum Brouddakolira fahra* „des Ehevertrags" Mering FDB; *An gleichn Tag han s' na no zun Notari gfahrn … und ham d' Übergab protakolliert* BREITENFELLNER Spinnstubengesch. 56.

Rechtswb. X,1390f.– SCHILLING Paargauer Wb. 100.

Komp.: [**zu-ruck**]**p.** Protokolliertes rückgängig machen: *mi soll'n zum Notari fahr'n, zum Z'ruckprotokollier'n* THOMA Werke III,250. J.D.

protschkern

Vb. **1**: *brotschkan* „plappern, den Mund nicht halten" SINGER Arzbg.Wb. 43.
2 murmeln, murren, °OP, °OF vereinz.: °*tou niat protschkern* „dagegen murren" Schönwd REH; *protschka(r)n* „vor sich hinmurmeln … schimpfen" BRAUN Gr.Wb. 473.

Etym.: Wohl Abl. von österr. *Protsch* '(trotziger) Mund'; WBÖ III,1118.

WBÖ III,1118.– BRAUN Gr.Wb. 473; SINGER Arzbg.Wb. 43.– W-43/40. J.D.

brotten, -u-, -ü-

Vb. **1** eggen, °südl.OB vielf.: *da Knecht roast gon* [zum] *Ackan außi, da Baur kimmt nacha boid noch gon Brottn* Valley MB; *brotn* NIEDERMAIR Glonn 273; *brotten, brütten ein Feld* „es vor dem Pflügen mit der Ege überfahren" Mchn SCHMELLER I,374.

2 mit der Egge einarbeiten, °OB vereinz.: °*da Hans is grod zon Broddn ausse* „er arbeitet Mist ein" G'holzhsn RO; *mīšbråtn* Todtenweis AIC nach SBS XII,142.

Etym.: Abl. zur Wz. von →*bretten*[2]; WBÖ III,1118.

SCHMELLER I,374.– WBÖ III,1118,1210.– Spr.Rupertiwinkel 16.– W-45/6.

Komp.: [**ab**]**b.** wie →*b.*1, °südl.OB. vereinz.: *åbruttn* „zum ersten Mal eggen" Erlstätt TS; *obrodn* „mit der Egge arbeiten, Feld einebnen" Spr.Rupertiwinkel 67.

Spr.Rupertiwinkel 67.

[**acker**]**b.** dass.: *ackerbråtn* Polling WM.

[**ein**]**b. 1** dass., °OB vereinz.: °*grod und zwercht eibrittn, eibrottn* Grafing EBE; *ẹ̄ibrotn* Götting AIB nach STÖR Region Mchn 939.– **2** wie →*b.*2, °OB vereinz.: °*eibrouttn* Bganger EBE.

[**für**]**b.**,[**vor**]- vor dem Säen eggen, °OB vereinz.: *vorbrotn* Deisenhfn M; *fiabrodn* Spr.Rupertiwinkel 67.

[**nach**]**b.** wie →*b.*2, °OB vereinz.: *nochbrotn* „nach der Aussaat eineggen" Deisenhfn M.

[**zu**]**b.** dass.: °*der håt schee zuabrott* „die Saat schön eingeeggt" U'föhring M.

[**zwerch**]**b.**: *zwerchbrottn* „quereggen, an der Schmalseite von Kleeäckern" Tittmoning LF.

J.D.

†Brötung

F., Brotversorgung: *24 Char* [Gefäße] *Korn zu Bröttung* Hohenbg REH 1624 SINGER Schacht 112.

WBÖ III,1118; Suddt.Wb. II,654.– DWB II,406. J.D.

Protz, -en

M. **1** Tier.– **1a** Lurch.– **1aα** Kröte, °OB vielf., °NB, °sö.OP, °SCH mehrf.: °*gib obacht, dertriet den Prooz net!* Uttenhfn PAF; *Protzn* O'gangkfn LA; *Do is a Broz … ghogd* Karlshuld ND BÖCK Sagen Neuburg-Schrobenhsn 89; „Der … sieht den *Brotzen*, und spießt ihn mit der … Zinke" T'nbach WÜM SCHÖNWERTH Opf. I,378; *da vor was ain vast aisliche* [von Geschwüren übersäter] *proczen* FÜETRER Lanzelot 43; *Statt Torten fürs Mäulerl Kriegns Brozn auf Tällerl* STURM Lieder 89.– In fester Fügung: °*Brozn hudschn* „ein Junge und ein Mädchen schaukeln gemeinsam, wobei das Mädchen dem Jungen zugewandt auf dessen Schoß sitzt" Neufraunhfn VIB.– In Vergleichen: *daliegen* / *-sitzen wie ein P.* u.ä. viel Platz beanspruchend, OB, °NB vereinz.: °*dea liegt da wie a prellta Protz* Grafenau; „Da hockte ein Weibsbild *wia a broada Prootz* auf 'ihrem' Sitz" Altb.Heimatp. 53 (2001) Nr.38,3.– *Der liegt do wiara gmaader Prootz!* „Der ist fix und fertig!" GÖTTLER Dachauerisch 78.– *Schauen wie ein geprellter P.* u.ä. verdutzt, °OB vereinz.: °*etz schaugt a wia a prellta Protz* Mchn; „man schaut wie ein *bröi:dâ Brooz* … überrascht, mit hervorquellenden Augen" CHRISTL Aichacher Wb. 212;– °*die Augn treibts ihr raus wie am Brotz* Muckenbach ROD, ähnlich FS.– *Sich aufblasen* / *-blähen* / *-spielen wie ein P.* u.ä. prahlen, großtun, °OB, NB, OP vereinz.: *dea is aufblasn wia a Brotz* O'alting STA;– *der kommt daher wie a Protz* eingebildet dahersteigen Osseltshsn MAI, ähnlich °OB vereinz.– *Der blaht si wiara Brotz* dem schwillt der Kamm Ohlstadt GAP.– Vers: *Beim Ueberreida an Gart'n, Doa sitz'n zwea Brotz'n; Doa kimmt dös schö Rösal Mit da Mopalvoz'n* [breiter Mund] Frontenhsn DGF Dt.Gaue 13 (1912) 118.– Ortsneckerei: „Perlach (München): *Protzen* … Dort war früher ein Weiher, woraus … viel Kröten … davonhüpften" BRONNER Schelmenb. 134.– Übertr. in fester Fügung *geprellter P.* betrogener Mensch: *da breidi Brods* Walpertskchn ED; *Prooz prellda* „Hereingelegter" SCHNEIDER Bair.gschimpft 40.– **1aβ** Frosch, °OB, °NB vereinz.: °*Brooz* Kötzting; *im Kanal is er dringelegen … hat … außig'schaut wie-r-a Protz* SCHOLL Dachauer Gesch. 22.– Im Vergleich: °*er glotzt wi a Broz* „schmollt" Ried FDB.– **1aγ** Kaulquappe, auch in der Fügung *junger P.*: *jung Protzn* Lederdorn KÖZ; *jung Protzn* Stephansposching DEG DWA V,21.– **1b**: °*Protz* „Braune Wegschnecke" Mchn.

2 von Menschen.– **2a** eingebildeter Mensch, Angeber, °OB, °NB, °OP, °SCH vielf., °MF mehrf.: °*dös isch a richtiga Brootz, dea buld si allerhand ei* Peiting SOG; *Protzerl* eingebildetes Weib Pattendf ROL; *so a Protz!* Furth CHA; *Früha ham se se an Brotz'n no irga aussahenga loss'n* BAUER gut bayer. 169; „ich hab' so manchem reichen *Protzen* den Hals verdreht" RUEDERER Wallfahrergesch. 244; *daß sie auch in ihrem Leben hoffärtige Brotzen gewesen seyn* I. ERTL, Amara dulcis. Das ist: Bitter-Süsses Buß-Kraut, Nürnberg 1712, 7.– Zungenbrecher: *Schauts 'n å, den Brotzn mit da Bretzn in da*

Bråtzn Rasp Bgdn.Mda. 34.– Ortsneckereien: „Mühldorf am Inn: *Protzen* ... Dorf mit wohlhabender, bürgerstolzer Bevölkerung" Bronner Schelmenb. 133.– „Oberempfenbach [MAI] die *Protzen*" Widmann Holledauer 123.– **2b** dikker, träger Mensch, °OP vereinz.: °*Protz* Scharmassing R; *Aa so aa Broz, a gwambbada* Binder Saggradi 33; *Brotz* „träger, dicker Mensch, der immerfort in Ruhe seyn will" Delling I,101; *A Broz* „Ein langsamer Mensch" Zaupser Nachl. 14.– **2c** auch †F., allg. abwertend od. Schimpfw., °OB, OP vereinz.: *an afbrochta Brotz* jähzorniger Mensch Dörfling ROD; *Protzerl* Schneider Schimpf-Kal. 1969 (20. April); *I wolt dö brotz dö leauß nix werth, läg schon zdüefftist in der Erdt* Landshut um 1650 Jb.Schmellerges. 2012, 34.

Etym.: Herkunft unklar; Kluge-Seebold 728.

Delling I,101; Prasch 16; Schmeller I,376; Westenrieder Gloss. 60; Zaupser 18, Nachl. 14.– WBÖ III,1118; Schwäb.Wb. I,1451; Schw.Id. V,1041; Suddt.Wb. II,654f.– DWB II,407, VII,2177.– Berthold Fürther Wb. 171; Braun Gr.Wb. 473; Göttler Dachauerisch 19,57; Heigenhauser Reiterwinkerisch 6; Kilgert Gloss.Ratisbonense 131; Koller östl.Jura 55; Kollmer II,74; Maas Nürnbg. Wb. 90; Poelt-Peuker Wb.Pöcking 10; Rasp Bgdn.Mda. 34, 122; Schilling Paargauer Wb. 62; Wölzmüller Lechrainer 99.– S-14C5, M-4/14.

Abl.: *Protze*[1], *-protzel*, *protzeln*[2], *protzen*[1], *Protzer(er)*, *Protz(er)ling*, *protzicht*, *Protzler*.

Komp.: [**Augen**]**p.**: °*Augnbrotz* „einer, der die Augen weit aufreißt" (Ef.) Winklsaß MAL.

[**Bauern**]**p.** eingebildeter, prahlerischer Bauer, OB, NB, OP vereinz.: *Bauanbrotz* Tittling PA; *dö gescheatn Bauanbrozn!* NB Obb.Heimatbl. 2 (1924) Nr.16[,2].

WBÖ III,1118f.

[**Frauen-dreißigerst**]**p.**: *da Fraundreisgaschtbroods* „im Frauendreißiger (zwischen 15. August und 13. September) getötete Kröte, die im Stall aufgehängt wird, um Krankheiten auf sich zu ziehen" Kochel TÖL.

[**Geld**]**p.** mit seinem Geld protzender Mensch, OB, NB, °OP, MF, SCH vereinz.: *dös is a Geldprotz* Haunzenbergersöll VIB; *mit solchene großkopfete Geldprotzen* Thoma Werke II,510.

Schwäb.Wb. III,276.– DWB IV,1,2,2909.

[**Knall**]**p.** wie →*P.*2a, OB, NB, °OP vereinz.: *Knåiprotz* Ingolstadt; *einer ... der als geschwollener Knallprotz herumsteigt* Ruederer Satiren 61.

[**Schupfen**]**p.**: „Quengler ... *åid*[a] *Schúbf*[a]*brooz!*" Baumgartner Wasserburg 73.

[**Ge-schwoll**]**p.** wie →*P.*2a: *Gschwollprotz* Mchn.

[**Wäg(e)lein**]**p.** jmd, der mit seinem Fuhrwerk angibt, OB, NB vereinz.: *a Waglbrooz* Aicha PA; „die Urväter mancher noblen Palastbesitzer und *Wagerlprotzen*" Christ Werke 626 (Rumplhanni).

[**Wasser**]**p.**: *Wasserprotz* „Unke" Penzbg WM.

[**Ge-weisch**]**p.**: *Gweischbrouz* „große Kröte, die sich auf dem Feld aufhält" Derching FDB.– Zu →[*Ge*]*weisch* 'Stoppeln'. M.S.

Protze[1]

F. **1** prahlende, angeberische Frau: *A sechane oatineare Brotzn!* nach Aman Schimpfwb. 40.
2: *Brotzn* „faule, plumpe Frau" Ramsau BGD Bergheimat 10 (1930) 39. M.S.

Protze[2], **-en**

F., M. (FFB, LF; R). **1** Protze, °OB, °NB, °OP, °SCH vereinz.: °*i bin auf da Protz obn gsessn* Pfarrkchn.
2 zweirädriger Karren, °OB, °NB, °OP, °MF vereinz.: °*Brotzn, Zwoaradlkoarn* Neunburg; *Proz* „Wagen, auf welchem man etwas sehr Schweres schleppt" Westenrieder Gloss. 447.
3 vorderer od. hinterer Teil des Wagens, °OB vereinz.: °*Brotz* vorderer Teil des eisenbereiften Ackerwagens Wildenroth FFB.– Ra.: °*der sitzt auf da Brotz* „dem geht es gut" Endlhsn WOR.

Etym.: Aus it. *biroccio* 'Wagen'; Kluge-Seebold 728.

Schmeller I,377; Westenrieder Gloss. 447.– WBÖ III,1119; Schwäb.Wb. I,1451.– DWB VII,2177; Frühnhd. Wb. IV,1221.– W-43/41.

Abl.: *protzen*[2].

Komp.: [**Deichsel**]**p.**: °*da Deichslprotz* „Vorderteil des Wagens" Aidenbach VOF. M.S.

Protzel, -ö-

M., minderwertiges Getränk, v.a. Kaffee: °*da Bruazl* Brand WUN; *d Bruazl* „schlechter Kaffee" Singer Arzbg.Wb. 43.

Schwäb.Wb. I,1451, VI,1698; Suddt.Wb. II,654.– Braun Gr.Wb. 67, 473; Singer Arzbg.Wb. 43. M.S.

-protzel
N., nur in: [**Ge**]**p.**: *kprǫt's'əl* „unausgesetztes, kleinliches Nörgeln“ Eichstätt WEBER Eichstätt 68. M.S.

protzeln[1]
Vb. **1** trommelnd, prasselnd aufschlagen, OP vereinz.: *brozln* Herabfallen der geschüttelten Äpfel Söllitz NAB.– Auch: *pruazln* „purzeln“ BAUERNFEIND Nordopf. 146.
2 ein knisterndes, prasselndes Geräusch machen, °OB, °NB vielf., °OP mehrf., °MF, °SCH vereinz.: °*wia des Schmoiz brozlt in da Pfanna!* Pörnbach PAF; *s Feija brozzld* Mengkfn DGF.
3 brutzeln, in Fett gar werden: °*ds Fleisch brotzlt* Gundelshm DON; *as Fleisch hat brotzelt und as Fett hat zischt* FRANZ Lustivogelbach 65; *schütt'st a bisserl die Brüah weg vom Brat'n, Na' brozelt er recht in der eigena Fetten* HENLE Guat is's 36f.
4 siedend aufwallen, °OB, °NB, °OP vereinz.: *s Wasser brotzelt* Etzenricht NEW; *im Kessel prozelte ein Nachtmahl* LEOPRECHTING Lechrain 119; *ein jedes Haferl lauft über, wann's lang genug protzelt hat* ROHRER Alt-Mchn 65.– In fester Fügung *p.d* →*voll* ganz voll.
5 hastig sein, °NB, °OP, °MF vereinz.: °*brozln* „überhudeln“ N'höcking LAN.

Etym.: Wohl Spielform von →*pratzeln*.

Schwäb.Wb. I,1451f.; Suddt.Wb. II,655; Schw.Id. V,1044.– DWB VII,2177.– BERTHOLD Fürther Wb. 30; MAAS Nürnbg.Wb. 90.– M-169/17.

Abl.: *Protzel*. M.S.

protzeln[2]
Vb. **1** auch refl., großtun, prahlen, °OB, °NB, °OP vereinz.: °*der brozlt si, weil a a neis Gwand åhat* Passau.
2 mürrisch, ungehalten sein.– **2a** murren, schimpfen, °MF mehrf., °OB, °OP vereinz.: °*da Vater protzld heut scho den ganzn Tag* „nörgelt“ Ursulapoppenricht AM; *brozeln* „murren, auch zanken“ OP SCHMELLER I,378; *Waar' nöt übel! protzelt der Anderl ... du meineidiger Lump* STEMPLINGER Obb.Märchen II,58; *Brozzeln* „verdrüßlich murmeln“ HÄSSLEIN Nürnbg.Id. 54.– **2b** refl., zornig sein: °*da Lies kosch as nimma guad doa, a so brauzld sa se* Dachau.– **2c** nachmaulen, OP, °MF vereinz.: *brozzln* Raigering AM.

HÄSSLEIN Nürnbg.Id. 54, 106; SCHMELLER I,378.– WBÖ III,1119; Schwäb.Wb. I,1451f.; Suddt.Wb. II,655.– DWB II,407.– BERTHOLD Fürther Wb. 30; BRAUN Gr.Wb. 67; MAAS Nürnbg.Wb. 90.

Komp.: [**auf**]**p.** auch refl., wie →*p.*1, °NB, °OP vereinz.: °*du brauchst di grad so aufbrozln* Neusorg KEM. M.S.

protzen[1]
Vb. **1** großtun, vorlaut sein.– **1a** auch refl., großtun, prahlen, °OB, °NB, °SCH vielf., °OP, °MF mehrf., OF vereinz.: °*a arma Teifl, aber protzt hatta* Weilhm; °*geh, protz de net gar a so!* Metten DEG; *Wia si der protzt mit sein Blatschare* [Orden] ILMBERGER Fibel 28; *sich brozen* „sich aufblähen, stolz thun“ SCHMELLER I,376.– **1b** vorlaut sein, °OB, NB vereinz.: °*der protzt* Reit i.W. TS.
2 ungehalten, ungebärdig, beleidigt sein.– **2a** schimpfen: *protzn* Aberzhsn HIP; *es hat deswegn d'Muada scho amal protzt* BERGMAIER Ruhpolding 256.– **2b** zornig sein, OB, °OP vereinz.: *dea brotzt* dem schwillt der Kamm Teising MÜ.– **2c** auch refl., schmollen, °OB, °OP, °OF vereinz.: °*öitz protzt a scho wieder* Haselbach BUL; *Protzen* „verdrüßlich seyn“ DELLING I, 101; *protzn* „den Beleidigten spielen“ SINGER Arzbg.Wb. 179.– **2d** widerspenstig, ungebärdig sein: °*dö Stutn protzt* „macht plötzlich Sprünge“ Schönbrunn LA; *protzn* „trotzig sein“ SINGER ebd.– **2e**: °*protzn* „nachmaulen“ Teisendf LF.
3: *brotzn* Quaken der Frösche Arrach KÖZ.
4 (die Augen, den Mund) aufreißen, °OB, °NB, °OP vereinz.: °*brotzn vor Freud* „mit großen Augen und offenem Mund“ Ingolstadt; °*då wirst deinö Augn brotzn, wennsd dös siegst* Straubing; „die Augen *brozen*“ SCHMELLER I,376.– In präp. Fügung *mit Maul und Augen p.* u.ä. dass., °OB, °OP, °SCH vereinz.: °*mit Maul und Augn hot a brotzt* Thanning WOR.– Auch (den Mund) verziehen: °*s Maul brotzn* „beleidigt sein“ Tirschenrth.

DELLING I,101; SCHMELLER I,376.– WBÖ III,1120; Schwäb.Wb. I,1451; Schw.Id. V,1041; Suddt.Wb. II,655.– DWB II,407, VII,2177.– ANGRÜNER Abbach 19; BERTHOLD Fürther Wb. 171; BRAUN Gr.Wb. 473; KOLLER östl.Jura 56; KOLLMER II,74; POELT-PEUKER Wb.Pöcking 10; SINGER Arzbg.Wb. 179; Spr.Rupertiwinkel 16.– W-43/42.

Komp.: [**auf**]**p. 1** eingebildet, vorlaut sein.– **1a** auch refl., wie →*p.*1a, °OB, NB, OP vereinz.: *afprotzn* aufgeblasen tun Donaustauf R.– **1b** wie →*p.*1b: °*der protzt auf* „ist vorlaut“ Reit i.W. TS.– **2** wie →*p.*4: °*brotz dei Augn af!* Neumarkt.

Schwäb.Wb. I,405; Schw.Id. V,1042.– DWB I,701. M.S.

protzen[2]
Vb., ein (Geschütz) in Feuerstellung bringen: °*Böller protzn* Pemfling CHA.

SCHMELLER I,377.– DWB VII,2177.– W-43/43.

Komp.: [**ab**]**p.** **1** vom Geschütz.– **1a** von der Protze lösen u./od. in Feuerstellung bringen, °OB, °NB, °OP, °MF vereinz.: °*Gschütz abprotzn* Gangkfn EG.– **1b** abfeuern, abschießen, °OB, °NB, °OP vereinz.: °*Bölla åbrotzn* Schwandf.– Auch: °*die Gschütze protzn o* „schießen" Parsbg MB.– Übertr. Notdurft verrichten, °OB, °NB, °OP, °OF, °MF vereinz.: °*mittn auf da Wiesn hob i obrozn müaßn* Grafing EBE; *o-protzn im Woold* SINGER Arzbg.Wb. 168.– **1c** wieder zur Abfahrt bereitmachen, °OB vereinz.: °*abprotzn* Prutting RO.– Übertr.: °*der hat aa scho oprotzt* „hat aufgegeben" Rosenhm.– **2**: °*abprotzn* „beim Holztransport mit Pferdeschlitten in steilem Gelände die Stahlschuhe von den nachschleifenden Stämmen entfernen, damit das Holz bremst" Reit i.W. TS.– **3** bremsen, eine Bremse lösen.– **3a** die Räder mit einer zw. die Speichen geschobenen Stange blockieren: °*abprotzn* Pemfling CHA.– **3b** die Wagenbremse aufdrehen: °*obrotzt* Anzing EBE; *abbrozen* M'nwd GAP SCHMELLER I,377.– **4** einen Wagen umbauen.– **4a**: °*aprotzn* „die Wagenräder gegen Kufen austauschen" Taching LF.– **4b**: °*d Wagn brauchan oprotzn* „einen Leiterwagen zum Dungwagen umbauen" Endlhsn WOR.– **5**: °*abbrotzn* „einen Anhänger vom Wagen abkoppeln" Ohlstadt GAP.– **6**: °*abbrotzn* „Frachtgut abladen" Breitenbg WEG.

SCHMELLER I,377.– WBÖ III,1120; Schw.Id. V,1042; Suddt. Wb. I,136.– [2]DWB I,652.– SINGER Arzbg.Wb. 168.– W-43/44.

[**auf**]**p.** **1** vom Geschütz.– **1a** wie →[*ab*]*p.*1a, °OB, °NB vereinz.: °*aufbrotzn* „die Kanone zum Schießen aufstellen" Prutting RO.– **1b** wie →[*ab*]*p.*1c, °NB, °OP vereinz.: °*aufprotzn* „Geschütz fertigmachen zum Weitermarsch" Eining KEH.– **2**: °*aufprotzn* „beim Holztransport mit Pferdeschlitten das nachschleifende Holz auf Stahlschuhe legen, damit es gut rutscht" Reit i.W. TS.– **3** wie →[*ab*]*p.*3b: °*aufbrotzn* „nach dem Bergabfahren" Wildenroth FFB.

Schwäb.Wb. I,405; Schw.Id. V,1042.– DWB I,701.

[**zu**]**p.** **1** zusätzlich an einen Wagen anhängen, °OB, °OP vereinz.: °*zubrotzn* „einen Anhänger an den Wagen koppeln" Ohlstadt GAP.– **2** die Wagenbremse zudrehen, °OB vereinz.: °*bergoo muaß ma zuabrotzn* Wildenroth FFB; *zuebrozen* M'nwd GAP SCHMELLER I,377.– **3**: °*zubrotzn* „Frachtgut aufladen" Breitenbg WEG.

SCHMELLER I,377.– W-43/44. M.S.

Protzer(er)
M. **1** Kröte: *Protzerer* Runding CHA.– Im Vergleich: *hockt in de Bänk drin wej d'Brozerer* [viel Platz beanspruchend] LAUERER Wos gibt's Neis? 59.
2 eingebildeter Mensch, Angeber, °Gesamtgeb. vereinz.: °*Protza* „Mann, der plump prahlt" Weiden; *Brotza* „aufgeblasener, dummer Neureicher" AMAN Schimpfwb. 40.

WBÖ III,1120; Schwäb.Wb. I,1451; Suddt.Wb. II,655.– KOLLMER II,74.– DWB II,407. M.S.

Protz(er)ling
M. **1** Kröte: *Protzling* Zwiesel REG DWA IV,27.
2 eingebildeter Mensch, Angeber, °OB, °NB vereinz.: °*Prozaling* Lindbg REG. M.S.

protzicht, -ig
Adj. **1** geschwollen, prall.– **1a** geschwollen, aufgedunsen, °OB, NB vereinz.: *prozatö Wang* Rottenburg; „Hand, die geschwollen ist ... *broze*" Garching AÖ Oettinger Ld 20 (2000) 355.– Auch: °*brozerte Augn* „hervorquellende Augen" Tegernhm R.– **1b** gut gediehen, prall, °OB, NB, °OP vereinz.: *a ganz a Protzige* „hübsches, gut gebautes Mädchen" Volkenschwand MAI.– In fester Fügung *p.* →*voll* ganz voll.
2 protzig, vorlaut.– **2a** angeberisch, eingebildet, °OB, °NB vielf., °OP, °SCH mehrf., OF, °MF vereinz.: *er hot se protzad aufgfihrt* Gartelsrd AIC; °*brozzad* „überheblich, aufgeblasen" Simbach PAN; *Jetz werd's glei dasiger* [kleinlauter] *sei, dös protzerte Viehch, dös protzert!* O.M. GRAF, Die Chron. von Flechting, München 1975, 110; *brotzig* „aufgebläht, pralerisch" SCHMELLER I,376.– **2b** vorlaut: *der is protzig* Mühlbach RID.– In fester Fügung *sich p. machen* vorlaut sein, OB, NB vereinz.: *der machd si protzö* Dfbach PA.– **2c** übertrieben aufwendig, pompös, °OB vereinz.: *a protzige Bauernhozet* Wasserburg; *Ins funkelt ... koa Diamant Als protzats Ringerl an der Hand* DINGLER Handwerksleut 25.
3 schlecht gelaunt, zornig, OB, OP vereinz.: *a protziga Ding* Lengenfd TIR.

SCHMELLER I,376.– WBÖ III,1120; Schwäb.Wb. I,1451; Schw.Id. V,1041; Suddt.Wb. II,655.– DWB II,407, VII,2177f.– BERTHOLD Fürther Wb. 171; BRAUN Gr.Wb. 473; CHRISTL Aichacher Wb. 214; KILGERT Gloss.Ratisbonense 131; KOLLMER II,74; RASP Bgdn.Mda. 122.– W-20/2.

Komp.: [**hoch**]**p.** wie →*p.*2a: *hochprozet* aufgeblasen Altomünster AIC. M.S.

Protzler

M., mürrischer, schlecht gelaunter Mensch, NB, OP, °MF vereinz.: *Brotzla* Arnschwang CHA; *Brotzler* „Nörgler, Meckerer" BERTHOLD Fürther Wb. 30.

WBÖ III,1120; Schwäb.Wb. I,1452.– BERTHOLD Fürther Wb. 30; BRAUN Gr.Wb. 67. M.S.

Proviant, Profant

F., N., Proviant: *Die Proviant* SCHMELLER I,473; *mit provant und allem zeug, zu stürmen die stat* AVENTIN V,293,27f. (Chron.); *wie er ... ainiges proviant von fuxmühl nacher Waldershof geführet* Poppenrth TIR 1759 Wir am Steinwald 7 (1999) 79 (Prot.).

Etym.: Aus it. *provianda*; KLUGE-SEEBOLD 728.

SCHMELLER I,473.– WBÖ III,1035; Schwäb.Wb. I,1452; Schw.Id. V,505f.– DWB VII,2159, 2178; Frühnhd.Wb. IV, 1222f.; LEXER HWb. II,300.– BRAUN Gr.Wb. 473. M.S.

providieren, -fis-, -fant-, -fent-

Vb., mit den Sterbesakramenten versehen, OB, NB, OP vereinz.: „der Sterbende wird *provantiert* oder *provitiert*" Hallertau; *brofediən* nach FUNK Irgertshm 51; *Koa'Wetta thuat den Herrn genier'n, Bal's hoaßt, an Krank'n providiern* ZIPPERER Ged. 5; *uf die kupfere kapps* [Behälter] *zum Prouidiern außgehen ain kupferes Creizl gemacht* N'aschau RO 1701 JAHN Handwerkskunst 299.

Etym.: Aus lat. *providere* 'vorhersehen, Vorkehrungen treffen'; Frühnhd.Wb. IV,1224.

SCHMELLER I,474.– Schwäb.Wb. I,1452; Schw.Id. V,506.– DWB VII,2179; Frühnhd.Wb. IV,1224.

Komp.: [**ver**]**p.** dass.: *als er den alten Kollervater ... zum letzten Gang verprofitierte* CHRIST Werke 520 (Rumplhanni). M.S.

†Provis(i)oner

M. **1** in Dienst Stehender: *und die Provisoner zu ... ermahnen, gemeiner Landschaft anhängig und nicht widerwärtig zu seyn* Landshut 1503 BLH XIV,53.

2 Person, die von der Gemeinde Unterhalt empfängt: *Profəsáne'* „Mensch, der von einer Gemeinde ernährt werden muß" SCHMELLER I, 474; *Ein Provisoner| der von gemeinen Stadt-Seckel erhalten wird* KROPF Amalthea 334.– Auch „Faulenzer, Taugenichts" SCHMELLER ebd.

Etym.: Abl. von *Provision*; vgl. WBÖ III,1035f.

SCHMELLER I,474; WESTENRIEDER Gloss. 447.– WBÖ III, 1035f.; Schwäb.Wb. I,1453.– DWB VII,2180; Frühnhd. Wb. IV,1227. M.S.

Provisor

M. **1** †Verwalter, Statthalter, Vertreter: „Die Verwaltung der Pfründe ... soll dem ... *Provisor* übertragen werden" G.F. DÖLLINGER, Repertorium der Staats-Verwaltung des Königreichs Baiern, Bd III, München 1814, 81.

2 †Gehilfe eines Schulmeisters, Hilfslehrer: „Ein ... *Provisor* hatte allein so gut wie jeder andere Lehrer für die ganze Schule ... zu sorgen" nach 1882 SCHWERTL Notizen 37.

3 in einer Apotheke angestellter Apotheker, °OB, NB, OP, MF vielf., Restgeb. vereinz.: °*a Wurmsåim brauchad i, håms oani, Hea Brovisa?* Ebersbg; *da Brofisa* Plattling DEG; „Der Herr *Brofiesa* ... wird gewiß etwas Wirksames ... dagegen haben" DINGLER Mda. 91.– Im Scherz etwas, um das man jmdn am 1. April schickt: *um an Groschn an gstessna Provisa* Passau.

Etym.: Aus lat. *provisor* 'Versorger'; Frühnhd.Wb. IV,1227.

WBÖ III,1036; Schwäb.Wb. I,1453f.; Schw.Id. V,506; Suddt.Wb. II,655.– DWB VII,2180f.; Frühnhd.Wb. IV,1227f.– BRAUN Gr.Wb. 473.– M-166/11.

Komp.: [**Apotheker**]**p.** wie →*P.*3, °OB, NB vereinz.: *da Awadeggabrofisa* Frauenau REG. M.S.

Prozeß[1]

M., Prozeß, Rechtsstreit, OB, NB vereinz.: *dea ko ohne Prozeß net lem* Tittling PA; *Der beste Proceß ist nichts nütz* Baier.Sprw. II,83; *Dee ham scho insane Altn oan Prozeß um den andern oghenkt* CHRIST Werke 845; *da gibts ein Proceßl* BUCHER Kinderlehre 27.– Ra. *kurzen P. machen* u.ä. ohne viel Umstände verfahren, °OB, NB, °OP vereinz.: °*der tout niat lang umma, der macht kurzn Prozeß* Weiden; *Mit dem mach' i kurzen Prozeß* Altb.Heimatp. 51 (1999) Nr.38,25.

Etym.: Mhd. *procëss*, lat. Herkunft; KLUGE-SEEBOLD 728f.

SCHMELLER I,474; WESTENRIEDER Gloss. 445.– WBÖ III, 1121; Schwäb.Wb. I,1454; Schw.Id. V,1042f.; Suddt.Wb. II, 655.– DWB VII,2155f.; Frühnhd.Wb. IV,1163f.; LEXER HWb. II,300.– BRAUN Gr.Wb. 473.

Abl.: *prozessieren*. J.D.

†Prozeß², Prozessie
F. **1** Prozession: *wenn man processen vmb die kirchen hat als … an Sontagen … an aller heiligentag* Nabburg 1448 Heimat Nabburg 3 (1982) 45.
2 feierlicher Zug mit einem Toten: *So balt man dz Särckhel aus d' Sacristeij gedragen, Jst die processie nach volgeter ordnung an gestölt worden* 1631 HAIDENBUCHER Geschichtb. 79.

Etym.: Mhd. *procëssje, procëss(e)*, lat. Herkunft; WBÖ III,1122.

SCHMELLER I,474; WESTENRIEDER Gloss. 445.– WBÖ III,1121f.; Schwäb.Wb. I,1454f.; Schw.Id. V,1043; Suddt. Wb. II,655.– DWB VII,2156f.; Frühnhd.Wb. IV,1165f.; LEXER HWb. II,300. J.D.

prozessieren
Vb. **1** einen Prozeß führen, OB, NB, OP vereinz.: *dea gawed oiwe wida wos auf, daßa ebs z prozessian hod* Erding; *zum Raufen gehören allemal zwei … Beim Prozessieren ist es geradeso* THOMA Werke III,244.– Im Vergleich: *dea broßessiad wöi a Baua* „immer wieder" Beilngries.
2 †(vor Gericht) verklagen: „die im Jahre 1804 *prozessirten* und abgeurtheilten Uebeltäter" VOGEL Moral 58.

WBÖ III,1122; Schwäb.Wb. I,1455; Schw.Id. V,1043; Suddt.Wb. II,656.– DWB VII,2157. J.D.

Prozession
F., Prozession, °OP mehrf., °OB, °NB, °MF vereinz.: *am Fromleichnamsda geaht fast alles mit der Procession* Hfhegnenbg FFB; °*am Kranzltag* [Fronleichnam] *war a große, an Sunta danach a kloane Prozession* Germannsdf WEG; *Prangen gehen* [festlich gekleidet mitgehen] *in der Prozession* HAGER-HEYN Drudenhax 218; *vom Greutz das vor der Procession tragen wirt* 1486 Frsg.Dom-Custos-Rechnungen I,559; *Um das Geld, was die Proceßion kostete* BUCHER Charfreytagsprocession [12].– In fester Fügung *die kleine P.* Prozession am Sonntag od. Donnerstag nach Fronleichnam, °OB vereinz.: *die kloa Prozession* „am Sonntag innerhalb des Dorfes" Grafrath FFB; „Sonntag die *kleine Prozession* (Bärnau [TIR] bis in die 1930er)" FÄHNRICH Brauchtum Opf. 188.– Übertr. sich fortbewegende Personengruppe: °*woißt du, wou döi Brozässion hi wüll?* Altenstadt NEW.

Etym.: Aus lat. *processio* 'Vorrücken'; KLUGE-SEEBOLD 729.

WBÖ III,1122f.; Schwäb.Wb. I,1455; Schw.Id. V,1043; Suddt.Wb. II,656.– DWB VII,2157; Frühnhd.Wb. IV, 1165f.; LEXER HWb. II,300.– S-43A35.

Komp.: [**Bitt**]**p.** Bittprozession, OB, OP vereinz.: *a Bittprozession* Wdsassen TIR; „eine *Bittprozession* zur Schönbrunnen-Kapelle" O'murach OVI FÄHNRICH Brauchtum Opf. 202.

WBÖ III,1123; Suddt.Wb. II,400.

†[**Kar-frei-tag(s)**]**p.** Prozession am Karfreitag: *Alle Herrgott, und Gaisler, und Kreutzzieher seynd abg'schaft in der Charfreytag-Proceßion* BUCHER Charfreytagsprocession [5].

WBÖ III,1123; Schwäb.Wb. IV,226.

[**Floriani**]**p.** Prozession am od. zum Fest des hl. Florian (4. Mai), NB, OP vereinz.: *Florianöprozession* „soll Feuersgefahr abwenden" Hengersbg DEG; „In Furth i. W. [CHA] schließt sich … [an den Gottesdienst der Feuerwehr] die *Floriani-Prozession* an" FÄHNRICH Brauchtum Opf. 140.

WBÖ III,1123.– S-5B15[a].

[**Kränzlein**]**p.** Fronleichnamsprozession, in fester Fügung: °*de kloa Granzlprozession* „bis ca. 1970 am Sonntag nach Fronleichnam, dem *Granzlpfinzta*" Kiefering AÖ.

[**Ant-laß**]**p.** dass., °OB, °NB vereinz.: °*Antlaßprozession* Sallach MAL; „weil für die *Antlesprozession* das ganze Gut Kaltenbrunn [MB] auf den Kopf gestellt wurde" SILBERNAGL Almsommer 38; „daß … er auf künftige *Antlas Procession* zu mir herauf kommen sollte" Bilanz 1782 39.– In festen Fügungen: °„an Fronleichnam *die große Antlaßprozession*, früher am Sonntag darauf auch *die kleine*" Maria Gern BGD.– Zu →[*Ant*]*laß* 'Fronleichnam'.

[**Fron-leichnams**]**p.** dass., °OB, °NB, °OP vereinz.: *Pfronlaichnamsprozession* Stadlern OVI; *Frieher da ist kein bezirgsambtman mit der Fronleuchnahmsbrozäson gangen* THOMA Werke V,327 (Filser).– In fester Fügung *die kleine F.* Prozession am Sonntag od. Donnerstag nach Fronleichnam, °OB, °OP vereinz.: °*die kloa Fronleichnamsprozession* Perach AÖ.

WBÖ III,1123.– S-5G4.

[**Markus**]**p.,** [**Markets**]- Prozession am od. zum Fest des hl. Markus (25. April), °OP mehrf., OB, NB vereinz.: *Markusprozession* „führt in die Nachbarpfarrei" Mittich GRI; „An einem Samstag um Markus … *Markusprozession* … dabei der erste Wettersegen" Püchersrth NEW FÄHNRICH Brauchtum Opf. 126.

WBÖ III,1123.– S-5B12a. J.D.

brr

I Interj. **1** Zuruf an Zugtiere, meist Pferde, zum Stehenbleiben, °Gesamtgeb. vielf.: °*brrr, Heidda elendiga, mågsd ned schdeebleim, ha!* Ebersbg; *brrr* „seit dem Krieg, vorher nur *öha*" Kchbg PAN; *Da führt a 's Roß hi ... und sagt „Brrr!", damit daß' staad hebt* BREITENFELLNER Spinnstubengesch. 62; „Beim Ziehen der Lastschiffe ... sein Halteruf ... *Brrrh*" Poikam KEH um 1875 WAGNER Kapfelbg u. Poikam 428.

2 Ausruf des Schauders: *Brr! ... Da laaft oan ja a Gänshaut über!* CHRIST Werke 538 (Rumplhanni).

II Subst., in Wiederholung: *des is a Brrbrr* vollkommen verrückt Regen.

Etym.: Onomat.; WBÖ III,687.

WBÖ III,687; Schw.Id. V,301; Suddt.Wb. II,656.– DWB II,281.– ANGRÜNER Abbach 19; BRAUN Gr.Wb. 60, 470; CHRISTL Aichacher Wb. 138; GÖTTLER Dachauerisch 41; KOLLER östl.Jura 15; KONRAD nördl.Opf. 55; LECHNER Rehling 167; SINGER Arzbg.Wb. 43.– S-76K70b, M-29/10, 261/11f. A.S.H.

Bruch[1]

M. **1** Zerbrechen, Entzweibrechen, OB, NB, °OP vereinz.: °*Bruch* Scharmassing R; *pruhhi* Rgbg 11.Jh. StSG. II,433,3f.; *Bruch* „ruptio ... scissura" SCHÖNSLEDER Prompt. I2v.– In festen Fügungen: *in d' Brüch gäih* „kaputt gehen" BRAUN Gr.Wb. 67.– *(In / zu) B. / (in die) Brüche gehen* nicht länger Bestand haben, (wirtschaftlich) mißlingen, °OP mehrf., °OB, °NB vereinz.: °*dös geht no z'Bruch* Reichersbeuern TÖL; °*dös Gschäft is bruch ganga* Blaibach KÖZ; °*dou gäits bal in Brich* Maxhütte BUL; *in d' Brüch gäih* „verloren gehen" BRAUN ebd.;– *B. stehen* vor dem (wirtschaftlichen) Mißerfolg stehen, °OB, °NB vereinz.: °*mit dem sein Gschäft steht's Bruch* Ismaning M.

2 Bruchstelle, Bruchfläche, OB, NB, OP vereinz.: *dös Glas hat an Bruch* Weiden; *va deen Bruuch sen deara Fraa iari Oaschbaggn àafgschlizd wuan* LODES Huuza güi 71; *Geraicht aber daz fewr ůber den pruch* 1365 Stadtr.Mchn (DIRR) 419,22f.; *Bruch oder riß* „scissus" SCHÖNSLEDER Prompt. I2v.

3 durch Brechen, Trennen Entstandenes.– **3a** Zerbrochenes allg., NB, °OP vereinz.: °*da Bruch is weggschmissn worn* Windischeschenbach NEW; „Erwachsene ... die die gebrochenen Eier, die *Brichln*, für je 5 Pfennig aufkauften" FÄHNRICH M'rteich 207; *so helffent im sein nachtpawren, den der pruch ze frum* [zugute] *ist chŏmen* 1365 Stadtr.Mchn (DIRR) 419,20f.– **3b** Getreideschrot, °OB, °NB, °OP vereinz.: °*d'Sau ham in dem Bruuch glei umananda-gnuascht* „herumgewühlt" Siglfing ED; *Bruhh* „die in der Mühle enthülseten, gebrochenen Getreidekörner" SCHMELLER I,341; „Als Futter bekamen sie Brei aus *Bruuch* und Magermilch" WÖLZMÜLLER Lechrainer 74.– **3c** körnige Topfenmasse: *Bruch* „Hüttenkäse" Berchtesgadener Heimatkalender 2013, 47.– **3d** abgebrochener Zweig, den sich der erfolgreiche Jäger an den Hut steckt, jägersprl.: *Bruch* Wasserburg; „Hut mit *Bruch*" Ottengrün TIR FÄHNRICH Brauchtum Opf. 370; *weil a' Hirsch g'schossn worn is, wo an' jeder Schütz an' sellan Bruch auf'n Huat steckt* KOBELL Schnadahüpfln 40.– In fester Fügung auch als Grabbeigabe der Jäger: „tritt nun jeder Jäger ans offene Grab ... legt in die Hutfalten den *letzten Bruch*, hält ihn über das offene Grab und gibt einen *Bruch* hinab" Ottengrün TIR FÄHNRICH ebd. 371.– **3e** übertr. Minderwertiges, Wertloses, °OB, °OP mehrf., °Restgeb. vereinz.: °*des Gschäft is Bruch* Pörnbach PAF; *dös Talmiringerl is ja doch bloß a Bruch* Passau.– Auch adj., adv., minderwertig, wertlos, °OB, °NB, °OP vereinz.: °*de bruchste Wirtschaft, wo's gibt* Mchn; °*de ham bruch gspielt* Rgbg.

4 Eingeweide-, Knochenbruch, Zahnwechsel.– **4a** Eingeweidebruch, °Gesamtgeb. vielf.: *si an Bruuch oprirn låssn* Kochel TÖL; *höb da fei koan Bruch!* Reisbach DGF; °*der hot an Bruch wie a Wassersok* Ried FDB; *A Brüchl is koan Kloanigkeit* MÜLLER Lieder 7; *Schwache Kinder ham sich ... oft a so ogstrengt, daß a Brücherl kriagt ham* Roider Jackl 219; *Wenn ... ein Mann einen Bruch hat, so gurte den Bruch hinein* SCHREGER Haus-Apotheke 78.– Ra.: *dea hod an Leibschon und nei*n *Brüch* „ist ausgemustert worden" Michelfd ESB.– *Då zoia mar an Bruch* „die Zahlung wird mir zu viel" Mengkfn DGF.– Ausruf der Verwunderung od. Verärgerung: *Bruch und Leibschaden* SCHLAPPINGER Bilder 13f.– Vkde: Als Heilmittel gegen *B.* soll man Ostereier samt der Schale essen (SR; OP WUTTKE Volksabergl. 73), ein Ei austrinken, bes. von einer schwarzen Henne (WEG), u. es dann „mit eigenem Urin gefüllt in den Rauchfang hängen" Wdsassen TIR, vgl. FRIEDL Hausmittel 82; man soll durch eine gespaltene Eiche kriechen, „wenn der Spalt wieder zusammenwächst, ist man geheilt" Wdsassen TIR.– Weitere Heilmittel u. Sprüche vgl. ERNST Opf.Heilzauber 227, 233.– **4b** Knochenbruch, OB, NB, OP vereinz.: *Bruch* Ingolstadt; *yber den bruech* *gelegt* HÖFLER Sindelsdf.Hausmittelb. 78; *See das in alle brüch, wo es brochen ist* Roßarzney (DEINHARDT) 33.– **4c** Zahnwechsel, v.a. bei Rind od. Pferd, °OB mehrf., °NB, °OP, °MF, °SCH vereinz.: °*des Stuck Viech is grod an Bruch* Autenzell SOB; °*er hat der Kalbin aufn Bruch gschaut* Schönbrunn LA.

5 Steinbruch, °OB, NB vereinz.: *ön Bru ge* „als Steinhauer arbeiten" Aicha PA; „weil meine Brüder alle in den *Bruch* gingen" Schlag 60.– Auch Bergwerk, bergmannssprl.: *brūch* „Berg- und Kohlenbruch" Penzbg WM HuV 16 (1938) 267.

6 Loch, Einsturz.– **6a** †: „*Bruch* ... das im Kies von der Forelle während der Laichzeit gemachte Loch" Landw.Bay. 788.– Auch Laichzeit: *die Ferchen* (= Forellen) ... *wenn sie aufm Bruch* ... *zu fahen verboten sein* 2.H.17.Jh. Chron.Kiefersfdn 168.– **6b** bergmannssprl.: *Bruch* „Einsturz im Bergwerk" Hohenpeißenbg SOG.

7 †Wasserrinne: *daß ob- und unter der Rinnen viell Wasser, ja mehr als durch den Bruch laufe* Wdkchn WOS 1782 HARTINGER Ordnungen III,151.

8 Neubruch, OB, °NB, °OP vereinz.: *Bruch* Todtenweis AIC; *Swas man auch fůrbas bawes uf gaertten, uf niw brugken oder uf alt hofstat macht* 1342 Stadtr.Mchn (DIRR) 157,23f.

9 Jungholz, Buschwerk: *da Bru* „Jungholz" Aicha PA; *Bruuch* „Unterholz" BRAUN Gr.Wb. 67.

10 Aufbruch, Eingeweide des Wildes, OB, NB, OP vereinz.: *Bruch* Staubing KEH.

11 Falte, scharfer Knick, °OB, °OP, °MF vereinz.: °*Bruch eibügln* Kaltenbrunn NEW; *Bruuch* „Bügelfalte" BRAUN ebd.

12 Nichteinhalten, Abbruch einer Verbindlichkeit.– **12a** Nichteinhalten einer Abmachung, Rechtsbruch, NB vereinz.: *da Bru* „Wortbruch" Aicha PA; *průche oder auflauff in der stat* 1353 Rgbg.Urk. II,36.– **12b** Abbruch einer Beziehung, Verbindung, OB, NB vereinz.: *zwischn eam und uns hods an Bruch gem* Haag WS.

13 Mangel, Schaden, Übelstand, °OB, °NB, °OP vielf., °MF, °SCH vereinz.: °*do hots an Bruch, de ganga auf d'Gand* Wildenroth FFB; °*do is da Bruch drin* Ruhstorf GRI; °*dem sei Gschäft hat an Bruch kröigt* Eslarn VOH; °*dös is scha Bruch* „ein Malheur" SINGER Arzbg.Wb. 43; *ob in* ... *an dem* ... *hof chain průch gescheh* Rothenfels NM 1314 Stadtr.Ambg III,2; *sol man/ alsbald ein bruch geschicht/ fleissig zusehen/ damit derselbig* [Weg] ... *wider gebessert* Landr.1616 751.– Auch in festen Fügungen: (*Firma*) *Bruch und Kompanie* u.ä. °OB, °NB vereinz.: °*bei dem is Bruch und Kompanie* Rosenhm;– °*da is Bruch und Ungeheuer* Wegscheid;– °*dou is Bech und Bruch* Cham.

14 Phase des Halbmondes, ä.Spr., in heutiger Mda. nur im Komp.: *Wann er* [Mond] *halb auf oder ab genomen hette und sach wie ein horn, so hiessen si es im bruch* AVENTIN I,368,4f. (Dt. Chron.).

15 Bruchzahl, OB, NB vereinz.: *Bruch* „z.B. ein Drittel" Mchn; *prūx* „Rechenformel" nach SCHWEIZER Dießner Wb. 156; *das sind pruche, daz ist dein tailer* Rgbg Mitte 15.Jh. Die Practica des Algorismus Ratisbonense, hg. u. erl. von K. VOGEL, München 1954, 136.

Etym.: Ahd. *bruh*, mhd. *bruch* stm., germ. Abl. zur Wz. von →*brechen*[1]; KLUGE-SEEBOLD 154.

Ltg: *brūx* u.ä., auch *brū* NB (dazu AÖ; RID), daneben *bruχ*.– Pl. *briχ*, auch *brī* (PA).

SCHMELLER I,341f.; WESTENRIEDER Gloss. 60, 447.– WBÖ III,1124-1126; Schwäb.Wb. I,1455f.; Schw.Id. V,367f.; Suddt.Wb. II,656f.– DWB II,407-410, 413; Frühnhd.Wb. IV,1228-1232; Mhd.Wb. I,1034-1036; WMU 297f.; Ahd. Wb. I,1429f.– BERTHOLD Fürther Wb. 30; BRAUN Gr.Wb. 65, 67; CHRISTL Aichacher Wb. 58; GÖTTLER Dachauerisch 19; LECHNER Rehling 167; SINGER Arzbg.Wb. 43.– S-20A7, 52L21[b], 58K121, 65D3[a], 77D60, 62, W-43/46f.

Abl.: *Bruchach*, *-brüchel*, *brüchen*[1], *-brüchen*, *brüchig*, *-brüchlich*.

Komp.: [**Ab**]**b. 1** Abbrechen, Abreißen, OB, NB, °OP vereinz.: *an Obruch machn* Naabdemenrth NEW.– In festen Fügungen: *auf* (*den*) *A.* zum Abrißwert, OB, NB, OP vereinz.: *auf Obruch vokaffa* Hohenpeißenbg SOG; *Ein Haus auf den Abbruch* ... *kaufen, verkaufen* SCHMELLER I,342.– *Desdweng houda in di Wiaddsheisa effda ràa vanan woama Oobruch* [Brandstiftung] *gredd* LODES Huuza güi 20.– **2**: *Obruch* „Stelle, wo etwas abgebrochen ist, aufhört" Mchn.– **3** abgebrochenes, abgetrenntes Stück, OB, NB vereinz.: *Obruch* Fallholz Ingolstadt; „die eingeschickten *Handstein* [Mustersteine] *oder Abbruch* ergaben ... nicht den geringsten Gold- oder Silbergehalt" 1595 BERGMAIER Ruhpolding 493.– **4** Abtrennen, Herausnehmen durch Teilung, °OB, °OP vereinz.: °*Obruch* Abtrennung eines kleineren Grundstücks von einem größeren Kallmünz BUL.– **5** unvermitteltes, vorzeitiges Beenden, OB, NB vereinz.: *Obruch* „von Verhandlungen" Mchn.– **6** wie →*B*.13: °*des dout Abbruch* „das schadet der Konkurrenz" Selb; *dees tout nan an gråuß'n Oobruuch* „damit verliert er viele Kunden; das schadet seinem Ansehen“ BRAUN Gr.Wb. 432; *etlich 1000. Pauren khnecht … welche dem Feindt sollden abbruch thuen* Mchn 1632 OA 100 (1975) 203.– **7** Enthaltsamkeit, °OB, NB, °OP vereinz.: *°Obruch doa* Tittmoning LF; *thue dir von einer gewissen Speiß einen Abbruch, und gibe es denen … Bettlern* SCHREGER Speiß-Meister 25.– **8** †Abzug, Abrechnung.– **8a** Abzug, Verringerung: *alsdann soll der Meister das Wochenlohn ohne Abbruch zu geben schuldig sein* Wunsiedel 1544 ZILS Handwerk 24; „Nach Ruperti [24. September] erfolgte der sogenannte *Abbruch*, indem lediglich jeden dritten Tag ein *Meistersalz*, das bloß aus 23 bis 26 Schiffen bestand, abgeschickt wurde“ Ende 18.Jh. NEWEKLOWSKY Schiffahrt I,470.– **8b** Abrechnung, Schlußrechnung: *mit Lienhard pildhauer abpruch gmacht von der … 6 pildstein wegen* Frsg 1483 Sammelbl.HV.Frsg 11 (1918) 22.

SCHMELLER I,342.– WBÖ III,1126; Schwäb.Wb. I,7, VI,1486; Schw.Id.V,368f.; Suddt.Wb. I,19.– ^{2}DWB I,88-91; Frühnhd.Wb. I,30-32; Mhd.Wb. I,10.– BRAUN Gr.Wb. 432.– S-52L21^b, 65H6.

[**Ader(n)**]**b.** Aufbrechen von Blutgefäßen, OB, NB, OP vereinz.: *Årabru* „bei Krampfadern“ Hiesenau PA.

WBÖ III,1126.– DWB I,179.– S-23H9^c.

[**Arm**]**b.** Armbruch, OB, NB, OP vereinz.: *dear hot an Armbruch* Hfhegnenbg FFB.

WBÖ III,1126.– ^{2}DWB III,272; Frühnhd.Wb. II,122.– S-33B18^a, 34C43.

[**Auf**]**b.** **1** wie →*B.*8: *Aufbruch* durch Rodung gewonnenes Ackerland Wdsassen TIR.– **2** wie →*B.*10, °OB, MF, SCH vielf., Restgeb. mehrf.: *heut gibts an Aufbruch zum Essn* Haag WS; *der Afbruch ghert an Schützn* Pfaffenbg MAL; *an Aufbruch … wo d' Leba alloa scho guate zwoa Pfund wiagt* Altb.Heimatp. 58 (2006) Nr.49,25; „*Aufbruch* … bestehet in Panzer und Wanst, dann Herz, Lunge und Leber“ CH.W. v.HEPPE, einheimisch- u. ausländischer Wohlredender Jäger, Regensburg 1763, 145.– **3** Aufbrechen, Fortgehen, OB, NB vereinz.: *Aufbruch* „zum Ausflug“ Mchn; *umb den vorgeschriben* [vorgenannten] *aufpr°uch und fr°avel pin ich under mein herren von dem rat hie gegangen* 1353 Rgbg.Urk. II,35; *Aufbruch* „Wenn man aufbricht zur Jagd“ v.HEPPE ebd. 42.– **4** †Aufruhr, Empörung: *zu straf … das er ein aufpruch im zug über meer gemacht het* AVENTIN V,356,26f. (Chron.).

WBÖ III,1126f.; Schwäb.Wb. I,368, VI,1537; Schw.Id. V,369-371; Suddt.Wb. I,498.– ^{2}DWB III,447f.; Frühnhd. Wb. II,361-363; LEXER HWb. II,1710.– S-58K77.

[**Aus**]**b.** **1** gewaltsames Ausbrechen, Flucht, OB, NB vereinz.: *n Ausbruch maucha* Mittich GRI.– **2**: *Ausbruch* „der aus einer Mauer herausgebrochene Schutt“ Mchn.– **3** †Hervorkommen, Herausströmen: *bis zum Ausbruch eines Schweißes eine Leibesbewegung vornehmen* SCHREGER Haus-Apotheke ^{3}1780, 163f.– **4** Abtrennen, abgetrenntes Grundstück.– **4a** wie →*[Ab]b.*4, °OB, °OP vereinz.: *°Ausbruch* „von Land“ Scharmassing R.– **4b** abgetrenntes, durch Teilung herausgenommenes Grundstück, °OB mehrf., °NB, °OP vereinz.: *°des is an Ausbruch vom Maier seiner Wiesn* Taching LF; *j tagwerch holzgrundt … so aus dess … Guett ein ausbruch* 1721 StA Mchn Pflegger. Neuötting B19,fol.282^v.– **5** wie →*B.*10, OB, NB, MF vereinz.: *Ausbruch* Mettenhm MÜ.– **6** plötzliches Beginnen, Einsetzen, OB vereinz.: *Ausbruch* „von einer Krankheit“ Haag WS.– Auch: *Ausbruch* „eines Vulkans“ Mchn.

WBÖ III,1127; Schwäb.Wb. I,459; Schw.Id.V,372.– ^{2}DWB III,987-989; Frühnhd.Wb. II,932-934; LEXER HWb. II, 2037.– S-52L21^b, 66D5, E21, W-43/50.

[**Bein**]**b.** **1** Knochenbruch, v.a. der Beine, OB, NB, OP mehrf., Restgeb. vereinz.: *an Boabruch richt da Pfuscha bessa ei ois wia da Dokta* Wasserburg; *an Boabruch muaß ma airichtn, bindn und spa^{n}ln* „schienen“ Haidmühle WOS; *Wie bein Bruch zu heilen* HÖFLER Sindelsdf.Hausmittelb. 78; *Hülf in den Bein-Brüchen* Gnadenblum 52.– Ra.: *Is doch koa Boabruch!* [nicht so schlimm] SCHEMM Neie Deas-Gsch. 15.– Übertr.: *a Boanbrüchl begeh* „Ehebruch“ Iggensbach DEG.– **2** †Beinbrech (Narthecium ossifragum): *Nim Ebischwurzel Pibernel beinbruch iedes ein lot* HÖFLER ebd. 83.

WBÖ III,1127f.; Schwäb.Wb. I,803; Suddt.Wb. II,180.– ^{2}DWB IV,787f.; Frühnhd.Wb. III,950; LEXER HWb. III, Nachtr. 54.– S-22E10^f, 78H24.

[**Ehe**]**b.** Ehebruch, OB mehrf., Restgeb. vereinz.: *dea håd an Ehbruch gmåcht* Kochel TÖL; *da Äibruch is a grouße Sünd* Wdsassen TIR; „die … lacht heute noch über diesen *Ehbruch*“ GRAF Dekameron 216; *dieselbe fleischlich erkannt und den Ehebruch mit ihr begangen* 1570/1571 BREIT Verbrechen u.Strafe 226.– Ra.: *a Äibrichl is bessa wöi a Boabrichl* Ambg, ähnlich OB, NB, OP, SCH vereinz.;– erweitert: *a Neebruch is bessa wia a Boabruch, dea tuat woi stod weh* Erding, ähnlich OB, NB, OP, SCH vereinz.;– °*a Boabruch is net so schlimm wia Ehbruch, dort schreit nur oana, beim Ehbruch schreit die ganz Gmoa* Wettstetten IN, ähnlich TÖL.

WBÖ III,1128f.; Schwäb.Wb. II,533; Schw.Id. V,372.– ²DWB VII,120f.; Mhd.Wb. I,1483.– S-11I10, 10ᵈ.

[**Ein**]**b.** **1** Eindringen, Hineinstürzen: *Eibruch* „von Wasser, von Wild in Felder" Mchn; *ein-Bruch* „irruptio" SCHÖNSLEDER Prompt. H5ʳ.– **2** Einbruch (vom Dieb), OB, NB, OP vereinz.: *an Eibruch is gschehng* Altötting; *Da Geistle follt schiea um, Weui ea den Eibruch gseng* SCHUEGRAF Wäldler 60; *der einpruch ist halt oft nütz* Gesta Rom. 149.

WBÖ III,1129; Schwäb.Wb. II,594f.; Schw.Id. V,371; Suddt.Wb. III,569.– ²DWB VII,544-546; LEXER HWb. I,1430.

[**Erd**]**b.** **1** wie →*B.*8, °OB, OP vereinz.: *Iabruch* Breitenrd WÜM; *ẽ̄brūx* Ü'see TS nach SOB V,180f.– **2** †wohl Erdrutsch: *xij pifl* [Bifänge] *pej den erdpruchen* 15.Jh. Jasbg WOR MHStA KL Tegernsee 9,94c.

WBÖ III,1129; Schwäb.Wb. II,776; Schw.Id. V,371f.– ²DWB VIII,1648; LEXER HWb. I,682.

†[**Fried**]**b.** Friedensbruch: *Wie man Fridbruch eines angelobten Fridens weisen vnd straffen soll* Landr.1616 391.

WBÖ III,1129; Schwäb.Wb. II,1764; Schw.Id. V,373f.– ²DWB IX,1066f.; LEXER HWb. III,509.

[**Frisch**]**b.** wie →*B.*8: °*a Friischbruch* „der Weizen wurde dadurch besonders schön" Gossersdf BOG.

[**Gersten**]**b.** Gerstenschrot, OB, NB vereinz.: *da Geaschnbruch fuarat d'Sau* Mittich GRI; „einen ... Ochsen ... gefüttert mit Treber, Grummet und *Gerstenbruch*" Königlich-Baier. Intelligenzbl. für den Regenkreis 9 (1823) 1288; *geašnbrūx* Dietershm FS nach SOB V,249.

SCHMELLER I,341.– Schwäb.Wb. III,426.

[**Haber(n)**]**b.** Haferschrot, °OB, °NB vereinz.: *Howanbruch* Mengkfn DGF; „ein kleiner Grand ... für den *håwən* und den *håwəbrū*" nach EID Bauernhaus 29; „eine ... Schweinsmutter ... gefüttert mit Milch, *Haberbruch*" Königlich-Bayer. Intelligenz-Bl. für den Unterdonau-Kreis 1827, 478; *Haber-Gritz, oder Haber-Bruch* Mauth- u. Accis-Ordnung fol. Aa1ᵛ.

SCHMELLER I,341.

[**Heu**]**b.** wie →*B.*8: °*Haibrūch* Machtlfing STA; *haibrūx* Beuerbg WOR nach SOB V,181.

DWB IV,2,1277.

[**Hoden**]**b.** Hodenbruch, °OB, NB vereinz.: °*Hodnbruch* Pipinsrd DAH.

WBÖ III,1129f.– DWB IV,2,1654; LEXER HWb. III, Nachtr. 244.– S-77D60.

†[**Huchen**]**b.**: „Der Huchen ... welcher ... an tiefen Stellen unter Brücken oder Wehren – solche Stellen heißt man ... *Huchenbruch* – steht" Fischerei Opf. 110.

[**Käse**]**b.** wie →*B.*3c: *Kaasbruhch* Staudach (Achental) TS.

WBÖ III,1130.

†[**Kirch(en)**]**b.** Kirchenraub: *da solicher chirch průch an kam den pischoff und die chorherren* HARTLIEB Dial. 284,27.

Schwäb.Wb. IV,396.– DWB V,790, 798; Frühnhd.Wb. VIII,943; LEXER HWb. I,1581.

[**Knochen**]**b.**, [**Knocken**]- wie →*B.*4b, OB, NB, OP vereinz.: *an Knockabruch koh ma schnäi hobm, wenn ma wu obafoit* Kötzting.

WBÖ III,1130.– DWB V,1458.– S-22D5.

†[**Leib**]**b.** wie →*B.*4a: *Vlrich Webers von Zell Haussfraw/ hat einen grossn Leibbruch gehabt* RID Sanct Saluator Zu Bettbrunn in Bayrn, Ingolstadt 1584, 158.

Schw.Id. V,374.– Rechtswb. VIII,1054.

[**Leisten**]**b.**, [**Leistlein**]- Leistenbruch, Gesamtgeb. vielf.: *Loastnbruch* Truchtlaching TS; *Leistlbrüchl* Pullenrd OVI.

WBÖ III,1130; Schwäb.Wb. IV,1165, VI,2460; Schw.Id. V,374.– DWB VI,726; Frühnhd.Wb. IX,1,928.– S-77D60, M-163/5.

[**Monds**]**b.** wie →*B.*14: *heit oder morgn is Mondsbruch, da weads schlecht Wöda* Kreuth MB; „Man gibt acht auf den dritten und vierten Tag der *Mondsbrüche*" QUERI Kal. 30.

Schwäb.Wb. IV,1741; Schw.Id. V,374.– DWB VI,2504; LEXER HWb. I,2023.

[**Nabel**]**b.**, [**Abel**]- Nabelbruch, °Gesamtgeb. vielf.: *Obbebruch* Pfrombach FS; °*dea hod an Nowebruch* Zeitlarn VOF; *ein kleines Töchterlein ... mit einem Nabel-Bruch ... behafftet* Gnadenblum 146.– Vkde: Gegen den *N. duasd* *d'Händ an d'Ohrwaschl hi und da Ma^n backt di vo hintarucks bei dö Eibong und hebt dö, nahad krachts* O'hausbach EG, ähnlich NB mehrf., OB vereinz., od. man drückt in den Rücken des Betroffenen, bis es knackt NB, OP vereinz. Ferner wird auf den Nabel ein Geldstück mit brennendem Kerzenstummel gelegt, darüber ein Glas gestülpt, so daß die Kerze erlischt, das Glas angesaugt u. der ausgetretene Nabel wieder nach innen gedrückt wird OB, NB, OP vereinz.

WBÖ III,1130; Schwäb.Wb. VI,2630.– DWB VII,6.– S-77D60, M-163/6.

[**Netz**]**b.** wie →*B*.4a, NB vereinz.: *an Nötzbruh ham* Mittich GRI.

WBÖ III,1130; Schwäb.Wb. VI,2677.– DWB VII,640.– S-77D60.

[**Neu**]**b. 1** wie →*B*.8, °OB, °SCH vielf., °NB mehrf., °Restgeb. vereinz.: °*der Bauer tuat Neubruch ackan* „eine Wiese umpflügen" Hohenschäftlarn WOR; °*des is a Neibruch, erscht hergricht worn* Schnaittenbach AM; *Nei:bruch* Christl Aichacher Wb. 136; *Neubruch* „ein vor Kurzem ausgerottetes und zu Feld oder Wiesen gemachtes Gehölz" Delling II,89; *das der Zehent von den rechten Newpruchen ... die ersten drey Jar ainem Pfarrer ... zůgestanden ist* Landesord.1553,fol.116^v.– Als Fln. °OB vereinz.– **2** Brachfeld: *Nuibruch* „das Brachliegende" Kochel TÖL; „neueingesäte Wiese ... *nībrūx*" Prittriching LL nach SBS XII,58-62.– **3** erstmaliges Pflügen nach dem Roden od. der Brache, °OB mehrf., °NB, °OP, °MF vereinz.: °*Nuibru* Neukchn KÖZ; *Neibruch* „Wiese umpflügen" Sojer Ruhpoldinger Mda. 30.

Delling II,89; Hässlein Nürnbg.Id. 54; Zaupser 54.– WBÖ III,1130; Schwäb.Wb. IV,2009, VI,2678; Schw.Id. V,375.– DWB VII,658; Lexer HWb. III,Nachtr. 331.– Christl Aichacher Wb. 136; Lechner Rehling 250; Sojer Ruhpoldinger Mda. 30.– S-15E6.

[**Röller**]**b.** scherzh. Schrot von Getreidespreu (→*Röller*): °„am 3. Mai werden Kinder in die Mühle *um an Rellabruch gschickt*" Pöcking STA.

[**Rot**]**b.**: *Rotbruch* „spröde Stelle von rotfaulen Baumstämmen" Altfalter NAB.

WBÖ III,1130.– DWB VIII,1301.

[**Schnee**]**b.** durch Schnee abgebrochenes Holz, OB, OP vereinz.: *Schnöibruch* Winklarn OVI.

WBÖ III,1131; Schwäb.Wb. V,1044; Schw.Id. V,376.– DWB IX,1230; Lexer HWb. II,1027.

[**Stein**(**e**)]**b.** wie →*B*.5, °OB, °NB, °OP, SCH vereinz.: °*liawa geh i zum Stoaklopfa in Stoabruch, bevoa i a unredlichs Gschäft onimm* Erlau PA; *Stoibruch* Stadlern OVI; *d'Kinda ... lafan ... üban Stoabruch zon Schlag* NB Dt. Musenalmanach 5 (1855) 317; *häarintàn Schdoabru schdängànd 's Läahàrl- und 's Hàcklheisl* Heimat Sonnen 113; *wir haben geben auf den Stainpruch gein pach lx dn* 1408 Stadtarch. Rgbg Cam. 7,fol.58^r; *Disen windter ist in den stainbrichen nichts gearbait ... worden* 1631 Fried-Haushofer Dießen 79.

WBÖ III,1131; Schwäb.Wb. V,1712, VI,3194; Schw.Id. V,376.– DWB X,2,2055-2057; Frühnhd.Wb. XI,301f.; Lexer HWb. II,1164.– Braun Gr.Wb. 618.– S-65L1.

[**Um**]**b.**, [**Üm**]- **1** wie →*B*.8, °OB, °NB, °OP vereinz.: *Umbruch* „ein frisch gereutetes Grundstück" Peiting SOG; *umbruχ* Ehekchn ND nach SBS XII,62.– **2** wie →[*Neu*]*b*.3, °OB, °NB, °OP vereinz.: °*Umbruch* Ackern nach dem Brachliegen Schönau VIT.– **3** um einen Schacht herumgeführte Strecke, bergmannssprl.: *Umbruch* „Verbindung der östlichen und westlichen Seite vom Schacht" Ascholding WOR; *umbrūch* „Umgehung eines Schachtes oder einer gefährlichen Stelle" Penzbg WM HuV 16 (1938) 270.

WBÖ III,1131; Schwäb.Wb. VI,3284; Schw.Id. V,371.– DWB XI,2,834.

Mehrfachkomp.: [**Heu-um**]**b.** wie →*B*.8: °*Haiumbrūch* Farchach WOR; *haiumbrūx* Sauerlach WOR nach SOB V,181.

–[**Wiesen-um**]**b. 1** dass.: °*Wiesnumbruh* Fdkchn SR; *wīsnumbrūx* Schiltbg AIC nach SBS XII,62.– **2** erstmaliges Pflügen einer Wiese, °OB, °NB, °OP vereinz.: °*a Wiesnumbruch* Glonn EBE.

†[**Unter**]**b. 1** Unterbrechung: *Interruptio vnt̄pruch* Tegernsee MB 11.Jh. StSG. I,607,45; *an* [ohne] *vnderbruch/ der Jar* Pielenhfn R 1292 Corp.Urk. II,713,36f.; *wann es dienstbarkeiten sein/ die keinen vnderbruch haben* Landr.1616 317.– **2** wie →[*Hoden*]*b*.: *doch daß eß nit seÿ ain Vntterpruch* Benediktbeuern TÖL 16.Jh. Clm 5036,fol.132^r.

Schmeller I,342.– WBÖ III,1131; Schwäb.Wb. VI,227f.– DWB XI,3,1518f.; Lexer HWb. II,1782; WMU 1880; Gl. Wb. 674.

[**Wasser**]**b. 1** Eingeweidebruch mit Wasseransammlung, OB, NB vereinz.: *kimmt zuan Leischon d'Wossasucht dazua, hoaßt ma's an Wossa-*

bruch Staudach (Achental) TS; *fürn Wassabruch … woaß d' Schalknbäuerin des rechte gwieß* DINGLER bair. Herz 107.– **2** wohl Wasserbruch: *daß ihr kleines Söhnlein Michael mit einem wasßer brüchlein behafftet gewesßen* 1761 Mirakelb. Aunkfn 215.– **3** †wie →*B.*7: *Hat es mit den Wasser Brüchen eben solche Beschafenheit* Wdkchn WOS 1782 HARTINGER Ordnungen III,151.

WBÖ III,1131; Schwäb.Wb. VI,481; Schw.Id. V,377.– DWB XIII,2375; LEXER HWb. III,709.– S-106A2.

†[**Weid**]**b.** wie →*B.*4a: *ein sechsjähriges Knäblein … mit einem Weydprüchlein von GOtt haimgesucht* HUEBER Granat-apfel 362.

SCHMELLER II,856.– WBÖ III,1131; Schwäb.Wb. VI,573.– DWB XIV,1,1,540.

[**Wind**]**b.** durch Wind abgebrochenes Holz, °OB, °OP, °MF mehrf., °Restgeb. vereinz.: *da Windbruh håd gråußn Schåudn gmåucht* Mittich GRI; *Letzas Gåu(h)a håuts aff'm Schlooch* [Fln.] *… a schäi(n's påa(r Windbrüch gee(b'm* BRAUN Gr.Wb. 853; *Windbruch u. Ueberholz* Dießenstein GRA HAZZI Aufschl. IV,1,62; *wo in unsern Wälden und Hölzern … dürr Holz und Windbrüch liegen* OP 1694 LORI Bergr. 573.

SCHMELLER II,950.– WBÖ III,1131; Schwäb.Wb. VI,839, 3421; Schw.Id. V,377.– DWB XIV,2,272f.; LEXER HWb. III,915.– BRAUN Gr.Wb. 853.– S-60E1,6.

[**Wolken**]**b.** Wolkenbruch, °OB, SCH mehrf., °Restgeb. vereinz.: *a Woikerbruch is niedaganga* Haag WS; *is oa Woiknbruch vobei, na regnet's in Schnürl* Altb. Heimatp. 62 (2010) Nr.47,30; *Jst auch in disem wötter ein solcher wolche bruckh geschen* 1636 HAIDENBUCHER Geschichtb. 119.– Ra.: °*paß aaf Gurgl, öitz kummt a Wolknbruch!* „sagt man vor einem kräftigen Schluck Bier" Windischeschenbach NEW, ähnlich °SOB, Altb. Heimatp. 62 (2010) Nr.18,24.

WBÖ III,1131; Schwäb.Wb. VI,938; Schw.Id. V,377.– DWB XIV,2,1296-1299; LEXER HWb. III,970.– BRAUN Gr.Wb. 871; CHRISTL Aichacher Wb. 131.– S-83B37.

[**Zahn**]**b.**, [**Zähne**]- wie →*B.*4c, °OB, °NB, °SCH vereinz.: °*de Kiah håm an Zentbruch, brauchsd as ned fuadan, de fressn eh ned* Dachau.

DWB XV,153.

[**Zu**]**b.** Imbiß, °OB, °NB vereinz.: °*sitz di hear und nim an kloan Zuabruch* Ohlstadt GAP; „eine große Schüssel voll Aepfel und Nüsse … Dem *Zubruch* (Dargebotenen) wurde fleißig zugesprochen" Altb. Heimatp. 6 (1954) Nr.3,4.

W-43/51. A.S.H.

Bruch[2]

M., †N.(?), Bruch, Sumpfland, °OB, °NB mehrf., °OP vereinz.: °*heit gema in Bruch* O'viechtach; *Der Bruech* „Moor, Sumpf" SCHMELLER I,342; *Palus … brv̊ch* Aldersbach VOF 12.Jh. StSG. III,117,55; *sol man sich hütten … vor den vischen dy in den prühen gevangen werdent* Indersdf DAH 15.Jh. Clm 7744,fol.24v; „giebt es … in dem Landgericht Weyden, grosse Flecke an sogenannten *Brüchen*" 1765 Forschungen zur Gesch. Bayerns 7 (1899) 304.

Etym.: Ahd. *bruoh*, mhd. *bruoch* stn./m., westgerm. Wort unklarer Herkunft; PFEIFER Et.Wb. 174.

SCHMELLER I,342.– WBÖ III,1133; Schwäb.Wb. I,1456; Schw.Id. V,341.– DWB II,410; Frühnhd.Wb. IV,1232f.; Mhd.Wb. I,1055; WMU 302; Ahd.Wb. I,1452.– W-43/45.

Abl.: *bruchig*.

Komp.: [**Naß**]**b.**: *Nooßbruch* sumpfige Stelle im Wald Naabdemenrth NEW. A.S.H.

Bruch[3], **-e**

F. **1** Hose, Teil davon.– **1a** Hose, hosenartiges Kleidungsstück, °OB, °NB vereinz.: °*Bruach* Kolbermoor AIB; *Bracis pruochun* Tegernsee MB 10./11.Jh. StSG. I,660,37; *siben elne ze hemede unt ze bruoch* Kaiserchr. 349,14799; *Weil du … Die Schuech Gebutzt mit einer Bruech* Seeon TS 1646 Cgm 3637,1024.– **1b** Hosenträger, °OB vereinz.: *Bruach* Kiefersfdn RO.– **1c**: °*Bruach* „Fallklappe an der Vorderseite der Lederhose" Frasdf RO.

2 Riemen(werk) des Zugtiergeschirrs, Gurt.– **2a** v.a. hinteres Riemenwerk, °OB (v.a. SO) vielf., °NB, °MF vereinz.: °*de Bruach legt ma bei de Roß übern Rückn* Halfing RO; *Die Bruəch* „Riemenwerk über dem Hintertheil eines Zugpferdes" SCHMELLER I,344; „*de Bruach* … Damit konnte das Pferd mit dem ganzen Körper bremsen" SILBERNAGL Almsommer 156; *dem riemer von den pruechel vnd zämen einzustechen i lb. den.* Landshut 1476 MHStA Fürstensachen 1343,fol.45v.– S. Abb. 8.– Auch Decke darunter: °*Bruach* „um das Scheuern der Stränge zu vermeiden" Kreuth MB.– **2b** Brustriemen, °OB vereinz.: °*Bruach* „daran sind die Zugstränge befestigt" Hirnsbg RO.– **2c** Zugstrang, °OB vereinz.: °*Bruach* „armdick" Bganger ED.– **2d** Gurt zum Lastenziehen, °OB vereinz.: °*Bruach* Marquartstein TS; *Bruach* „Gurt zum Schlittenziehen" SOJER Ruhpoldinger Mda. 7.– **2e** Gurt gegen Scheidenvorfall der Kuh: °*de Bruach* Riedering RO; *Brúa* „nach

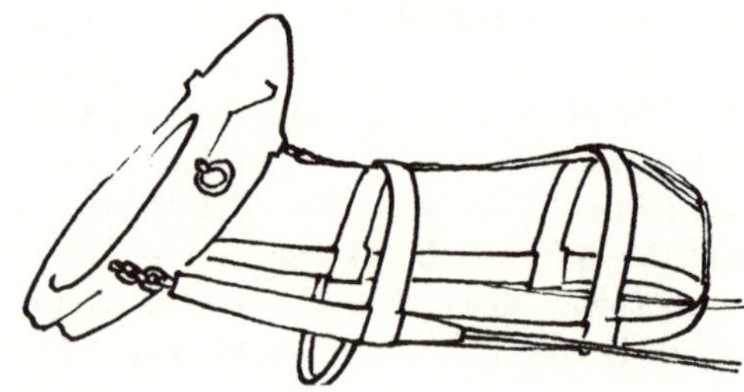

Abb. 8: (links) einfache *Bruch*, (rechts) *Ganzbruch* zum Bergabfahren im Winter (Bergen TS).

dem Kälbern ... um die Hinterhand und zwischen die Hinterbeine geschnallt" HELM Mda. Bgdn. Ld 44.

3 Stierschmuck beim Almabtrieb: °*Brua* Ramsau BGD; „*Die Brua* besteht aus einem Gewinde von langen dünnen Lärchenästchen, welche zu einem etwa 15 m langen Strang geflochten sind, der den Leib des Tieres vom Kopf bis zum Schwanz überzieht" KRISS Sitte 176.– Sachl., Abb. vgl. ANDRÉE-EYSN Volkskdl. 196f.

4 Seil(schlinge).– **4a** Schlinge od. Ring aus einem Seil, °OB, °NB vereinz.: °*ziag de Brucha fescht o, sonst fällts Holz raus* „zum Hochziehen von Balken" Perchting STA.– **4b** Seil mit Schlingen an den Enden: °*gib ma de Bruacha her* Schongau.

5 bügelförmige Halterung.– **5a** im Hängewerk: °*Bruach* „Flacheisenbügel zur Aufhängung des Binderbalkens an der Hängesäule" Mchn; *Die ... Bruəchng ... das ... Brüəchel* SCHMELLER I,344; *Dem Schmidt umb prüech und khlampern ... umb 12 prüechl, schleuder etc.* Landshut 1614 ebd.– **5b** †: *Bruəchng* „bey einem Flaschenzug, das eiserne Gehäuse, zwischen dessen beiden Schenkeln die Rollen laufen" ebd.

6 M.: °*der Bruch* „seitliche Stütze der Heuleitern" Pemfling CHA.

Etym.: Ahd. *bruoh*, mhd. *bruoch* stf., germ. Abl. zur Wz. von →*brechen*[1]; Et.Wb.Ahd. II,390-394.

KRANZMAYER Kennwörter 42f.– SCHMELLER I,342-344.– WBÖ III,1132; Schwäb.Wb. I,1456f.; Schw.Id. V,382-385.– DWB II,410f.; Frühnhd.Wb. IV,1233f.; Mhd.Wb. I,1055; Ahd.Wb. I,1451f.– HEIGENHAUSER Reiterwinkerisch 6; RASP Bgdn.Mda. 34f.; SOJER Ruhpoldinger Mda. 7.– S-41C1[a], M-45/34, 171/15, W-3/14, 43/48.

Abl.: *Brüche, brücheln, bruchen, brüchen*[2], *Brücher, Brüchler, Brüchlerin, Brüchner*.

Komp.: [**Voll**]**b.** wie →*B.*2a: °*Voibruach* „Zug- und Rückhalteriemen ums ganze Pferd" Schleching TS.

[**Ganz**]**b.** dass., °OB vereinz.: °„im Sommer *Halbbruach* [Riemen um den Rücken], im Winter *Ganzbruach* um Rücken und Hinterteil" Bernau RO.

[**Kühe**]**b.** wie →*B.*2e: *Kiahbrua* „Bandage ... um beim Ausstoßen der Nachgeburt einen Scheidenvorfall ... zu verhindern" RASP Bgdn. Mda. 88.

RASP Bgdn.Mda. 88.

[**Stier**]**b.** wie →*B.*3: „Viele Hunderte von Rosetten ... sind ... an der ... *Stierbrua* ... befestigt" BGD ANDREE-EYSN Volkskdl. 196.

[**Zieh**]**b.** wie →*B.*2d: °*Ziehbruach* „für Menschen, der einen Schlitten zieht" Marquartstein TS. A.S.H.

Bruchach

N.: °*Bruucha* „Getreideschrot" Seebach DEG. A.S.H.

Brüche

F.(?): °*Briech* „Vorrichtung aus Prügel und Kette, mit der die Heuleitern an den Kipf gespannt werden" Pöttmes AIC.

Schwäb.Wb. I,1457. A.S.H.

†-brüchel

M., nur in Komp.: †[**Aus**]**b.** wohl best. Maß: *1 centen federn, 1 auspruhel federn* Passau 1400-1401 VHN 44 (1908) 53.– Ahd. *-bruhhil*, mhd. *brüchel* stm., Abl. von →*Bruch*[1].

Rechtswb. I,1000.

†[**Bein**]**b.** best. Vogel: *Ossifragus ... bainbrúchel* Fürstenfd FFB 1.H.15.Jh. E. BREMER, Vocabularius optimus, Tübingen 1990, I,487.

WBÖ III,1133; Schwäb.Wb. I,803; Schw.Id. V,378.– Frühnhd.Wb. III,950; Ahd.Wb. I,848f.

†[**Kirch(en)**]**b.** Kirchenräuber: *daz sint die dieb, die brennære und die chirchbrüchel* O'altaicher Pred. 41,14f.; *dise gesellen ... haist das gaistlich recht die ergisten kirchenprüechel, kelchdieb und ketzer* AVENTIN I,189,39-190,2 (Türkenkrieg).

WBÖ III,1133; Schwäb.Wb. IV,396; Schw.Id. V,378.– DWB V,798; Frühnhd.Wb. VIII,943; LEXER HWb. I,1581.

A.S.H.

brücheln

Vb.: °*brüachön* „Heuleitern am Wagen befestigen" Schönbrunn LA. A.S.H.

bruchen, -ü-

Adj., von einfacher Art (von Hosen): °*a brüachane Hosn* „Arbeitshose, aus Rohleinen" Schönbrunn LA.– Auch subst.: °*a Bruachene* „Hose, meist aus Leder" Ainring LF. A.S.H.

brüchen[1]**, -brüchten**

Vb., Getreide schroten: °*bricha* Prittriching LL; *brīxə* Dünzelbach FFB nach SBS XII,451.

WBÖ III,1133 (bruchen); Schw.Id. V,378.

Komp.: [**neu**]**b.** Neubruch machen, °OB vereinz.: *noibrüchtn* „einen Wald zu einem Feld umarbeiten" Berchtesgaden. A.S.H.

brüchen[2]

Vb., reiteln, °NB, °OP, °SCH vereinz.: °*hast da an Wagn scho briacht* „in der Mitte eine Kette herumgespannt" Ergolding LA; *brêichng* „die Heuleitern auf einem Wagen mittels Stricken und Ketten befestigen" OP SCHMELLER I,344; *briəha* Kröning VIB nach SNiB VI,226.

SCHMELLER I,344.– Schwäb.Wb. I,1457; Schw.Id. V,386; Suddt.Wb. II,657.– W-43/49.

Komp.: [**auf**]**b.** dass., °OP, °SCH vereinz.: °*Michl, dua n Heuwogn aufbröicha* „die Heuleitern mit Kette und Holzstab befestigen" Wiefelsdf BUL.

Schwäb.Wb. I,368; Schw.Id. V,386. A.S.H.

-brüchen

Adj., nur im Komp.: [**sattel**]**b.**: *sodlbrüchen* „mit stark eingebogenem Rücken, von Pferden und Rindern" Altfalter NAB.– Auch: *a sodlbrüchene Nosn* „stark eingebogene Nase" ebd. A.S.H.

Brücher

M. **1** seitliche Stütze der Heuleitern: °*Briacha* Autenzell SOB.
2 Reitel: °*gib in Bricher her* Gundelshm DON.

WBÖ III,1133 (Průcher). A.S.H.

bruchig, -ü-

Adj., sumpfig, °OB, °OP vereinz.: °*do deafst net hifahrn, do is a bruachige Stell, da fallst durch* Thanning WOR.

Etym.: Mhd. *bruocheht*, Abl. von →*Bruch*[2]; Frühnhd. Wb. IV,1235.

Frühnhd.Wb. IV,1235; Mhd.Wb. I,1056.– W-43/52. A.S.H.

brüchig

Adj. **1** brüchig, leicht brechend, °OB mehrf., NB, OP vereinz.: *döi Stoi han brüchö* Stadlern OVI; *brüche'* nach SCHWÄBL altbayer.Mda. 10.– Übertr.: *brüchi* „von einer Freundschaft" Passau.
2 an einem Eingeweidebruch leidend, °OB, NB, OP vereinz.: °*a brichegs Fagg* (Ferkel) Siglfing ED; *Sich brüchig heben, schreyen* SCHMELLER I,342; „Die *brüchigen* Kinder zog sie durch einen Holzspalt" SCHMIDT Sagen Isarwinkel 85; *hab sich ... besichtigen lassen, sei Prichig, mießs sich schneiden lassen* 1598 Stadtarch. Rosenhm, Abt. B/C Nr. 140, 241.
3 in schlechter körperlicher Verfassung: *brüchig* „gebrechlich" Weiden; *pruchiges ... Vieh* Pöttmes AIC 1514 Dt.Gaue 10 (1909) 45f.
4 †eines Rechts-, Treubruchs schuldig: *nach dem sig war der künig prüchig an got, die gözen ... êret er* AVENTIN IV,248,16f. (Chron.); *die belaidigte Manns- oder Weibsperson/ an dero ihr Ehegemächt also brüchig erfunden* Landr. 1616 706.
5 †strittig: *Ob In die vorgenantten zwen hoff ... bruchig ... wurde* Bayerdilling ND 1360 MB XVI,425.
6 mit unfruchtbaren, trockenen Stellen, °OB mehrf., °NB, °OP vereinz.: °*a brüchigar Acka* Dingolfing; „durch mehrere unfruchtbare Stellen unterbrochen ... *ə˜ brüchi's Land*" südl.OB SCHMELLER I,342.– Ä.Spr. mit Mängeln behaftet: *scholt auch derselb herr, dez mᵉunzz prᵘchig funden wurd ... chain munzz mer slahen* 1395 Runtingerb. I,772.

Etym.: Mhd. *brüchic*, Abl. von →*Bruch*[1]; KLUGE-SEEBOLD 154.

SCHMELLER I,342.– WBÖ III,1133f.; Schwäb.Wb. I,1457f.; Schw.Id. V,378-380; Suddt.Wb. II,657.– DWB II,412; Frühnhd.Wb. IV,1235f.; Mhd.Wb. 1037; WMU 298.– BRAUN Gr.Wb. 65,67.– S-6H1,22E4,37C7,52L21c.

Komp.: †[**ab**]**b.** nachteilig, schädlich, hinderlich: *den Piltschnitzlern ... ganntz beschwerlich vnnd abprichig* Ettal GAP 1563 K. GRÖBER, Alte Oberammergauer Hauskunst, Rosenheim ²1980, 11; *daß ihnen hierbey ... ein ... Schaden begegnen und an ... höheren Interessen abbrüchig seyn können* AnmCJB 58.

SCHMELLER I,342.– WBÖ III,1134; Schwäb.Wb. I,7; Schw. Id.V,380; Suddt.Wb.I,19.– ²DWB I,91; Frühnhd.Wb.I,32f.

[**bein**]**b.** durch Knochenbruch verletzt, OB, NB, OF vereinz.: *boabriche* Arzbg WUN; „um den *Beinbrüchigen* ... in den Wagen ... zu bringen" SCHMELLER Tageb. II,541; *Was wolfbissig* [vom Wolf gerissen] *und beynbrüchig, soll ... nit hingewogen ... werden* Luhe NEW 1551 HARTINGER Ordnungen II,691.

WBÖ III,1134; Schwäb.Wb. VI,1610; Schw.Id. V,381.– ²DWB IV,788; Frühnhd.Wb. III,950f.– S-22E10g.

†[**treu**]**b.** treubrüchig, untreu: *ein Ehemann, dessen Weib gleichwohl an ihm treubrüchig worden* 1608/1609 BREIT Verbrechen u.Strafe 240.

WBÖ III,1134; Schwäb.Wb. VI,1774; Schw.Id. V,381.– DWB XI,1,2,279-281.

†[**durch**]**b. 1** mit durchgebrochenen Öffnungen: *daß der Damm ... verwüstet und durchbrüchig ... werde* HOHBERG Georgica II,560.– **2** an Durchfall leidend: *Da er nun zulest durchprüchig ... war* AVENTIN IV,833,20f. (Chron.).

WBÖ III,1134; Schwäb.Wb. II,482, VI,1789; Schw.Id. V,381.– ²DWB VI,1579f.; Mhd.Wb. I,1407.

†[**ehe**]**b.** ehebrecherisch: *zu verbringung leichtferttiger und eheprüchiger handl* Pfarrkchn 1600 HELM Obrigkeit 113.

Schwäb.Wb. II,533; Schw.Id.V,380.– ²DWB VII,121.

†[**fried**]**b.** den Frieden verletzend: *der soll ... nach gestaltsam/ vnd vmbständ der Fridbrüchigen That/ vnnachläßlich gestrafft werden* Landr.1616 392.

Schwäb.Wb. II,1764; Schw.Id. V,380f.– ²DWB IX,1067f.; LEXER HWb. III,510.

†[**für**]**b.**, [**vor**]- **1** plötzlich hervortretend, hervorbrechend: *daß durch vndertruckung der Disciplin/ die vngestraffte Boßheit fürbrüchig vnd wüttig wird* J. GRETSER, Disciplinb., Ingolstadt 1606, 234.– **2** durchgehend, wild davoneilend: *ihme gähling die Roß fürbrüchig vnnd lauffend worden* AIB CH. SCHEICHENSTUHL, Denckwürdige Miracula vnnd Wunderzaichen ... vnser Lieben Frawen Gottshauß vnd Pfarrkirchen zu Tundenhausen ..., Continuation, München 1681, 172.– **3** voreilig, unüberlegt: *nicht vorbrüchig im Essen und Trinken sein* Bayer.Barockpr. 25 (Georg Stengel).

DWB XII,2,938.

[**gicht**]**b. 1** gichtkrank, OB, NB, OP, SCH vereinz.: *gichdbrichi* Derching FDB; *gichtbrüchig* SCHMELLER I,342.– **2** †gliederlahm: *er sey gantz gichtbrüchig gewesen/ hab ... sich noch rühren noch biegen können* SELHAMER Tuba Rustica I, 221.

SCHMELLER I,342, 870.– WBÖ III,1134; Schwäb.Wb. III,649.– DWB IV,1,4,7291-7293; Frühnhd.Wb.VI,2111f.– S-32A36.

[**neu**]**b.** gerodet, erstmals umgepflügt, °OB, °NB vereinz.: °*a neibrichigs Feld* Autenzell SOB.

[**rot**]**b. 1** rot, rötlich im Gesicht, °OB, °NB, °OP, °SCH vereinz.: *hot de råudbrichige Båcka* Zuchering IN; *rôtbrüchig* „finnig im Gesichte" SCHMELLER II,184.– Auch rothaarig, °OB, °OP vereinz.: °*is a a Routbrichiga* Trausnitz NAB.– **2** von Rotfäule befallen, °OB, °NB, °MF vereinz.: °*s ganze Bloch is rotbrüchig* Breitenbg WEG; *rôtbrüchig* SCHMELLER ebd.

SCHMELLER II,184.– WBÖ III,1134f.– DWB VIII,1301.

[**wind**]**b. 1** †durch Windbruch geschädigt: *Windbrüchig Holz* Bärnstein GRA HAZZI Aufschl. IV,1,16; *weder windbrüchig oder abgeflogenes* [dürres] *noch frisches Gehülz* Ambg 1739 LORI Bergr. 609.– **2** wie →*b.*2: „Die Kindswäsche darf man ... nicht im Freien waschen ... damit ... das Kind später nicht *windbrüchig* wird" KRISS Sitte 115.

DWB XIV,2,273.

[**wort**]**b.** wortbrüchig, OB, NB vereinz.: *dös is a so a wortbrüchiga Tropf* Hohenpeißenbg SOG.

WBÖ III,1135.– DWB XIV,2,1551f. A.S.H.

†Brüchler

M., Kleinhändler v.a. von Leinwand u. Garn: *Der Brüechler* SCHMELLER I,343; *Priechler 3* Mchn 1633 PELKHOVEN Gewerbe 217.

DELLING I,96; SCHMELLER I,343f.; ZAUPSER 18, 60.– Schwäb.Wb. I,1458.– DWB II,413; Frühnhd.Wb. IV, 1236.– S-109/605. A.S.H.

†Brüchlerin
F., Kleinhändlerin v.a. von Leinwand u. Garn: *Elspet ... dew pruechlerin* Mchn 1392 nach SCHMELLER I,343; *Kirchpäurin/ Maria Catharina/ Prüchlerin* Einer Liebs-Congregation Vor die Arme ..., Freising 1716,27.

SCHMELLER I,343. A.S.H.

†-brüchlich
Adj., nur in Komp.: [**unter**]**b.** mit Unterbrechungen: *in dem Artikel Gejaid halben ... steht unterbrüchlich weiter davon zu reden* Landshut 1501 BLH XIII,249.

SCHMELLER I,342.– DWB XI,3,1519.

[**un-zer**]**b.** dauerhaft, unverbrüchlich: *dz Er dem Vergleich nachkom̃en vnnd vnzerbrüchlich halten solle* StA Mchn Hofmark Amerang Pr.18 (6.9.1754).

Schwäb.Wb.VI,283 (unzerbrochen).– DWB XI,3,2287. A.S.H.

†Brüchner
M., wohl Kleinhändler v.a. von Leinwand u. Garn: *ein totslach umb Chůntzlein den prichner* 1340 Rgbg.Urkb. I,746.

Spätma.Wortsch. 59f. A.S.H.

Brüchsen, Brachse, → *Brächse*[1].

†-brucht
F., nur im Komp.: †[**Wolken**]**b.** Platzregen: *Von ainer wolcken prwcht, die ... vil leẃtt ertrenckt* HARTLIEB Dial. 296,20f.– Ahd. *-bruht*, mhd. *bruht(e)* stf., Abl. zur Wz. von → *brechen*[1]; vgl. Et.Wb.Ahd. IV,220 (gibruht).

Abl.: *brüchtig.* A.S.H.

[**neu**]**brüchten**, Neubruch machen, → *-brüchen.*

†brüchtig
Adj., an einem Eingeweidebruch leidend: *ain armes prichtiges Dienstmensch* Passau 1680 Stadtarch. Passau IV 21/1680,fol.31[v].

Etym.: Ahd. *bruhtîgo*, mhd. *brühtic*, Abl. von → *-brucht.*

DWB II,414; LEXER HWb. I,365, III,Nachtr. 107; Ahd. Wb. I,1434f.

Komp.: †[**gicht**]**b.** gliederlahm: *Was immer für preßhaffte Leuth zu dem HErrn kommen ... Aussätzige/ Gichtbrüchtig/ Monsichtig* Teising LF J. WEINBERGER, Teisingerisches Erstes Marianisches Jubel-Jahr, Landshut 1727, 168.

Frühnhd.Wb. VI,2112.

†[**wider**]**b.** sich widersetzend: *Ceruicatus vuiderpruhtiger* Tegernsee MB 10./11.Jh. StSG. I,571,26; *unser ... herschaft ... in chainen sachen nicht widerprůchtig* Tegernhm R 1407 Runtingerb. III,58.

LEXER HWb. III,831; Gl.Wb. 723. A.S.H.

Brucke, -ü-
F. **1** Übergang.– **1a** Brücke, Steg, °Gesamtgeb. vielf.: *da Daucha is va da Bruck åwögsprunga* Mittich GRI; *af da Rengsburga Bruckn* Rgbg; *Da is aaf da Bruck eahm a Mandl aafs Rooß affigschbrunga* Rötz WÜM BÖCK Sitzweil 30f.; *Bal epa koa Bruck übers Wassa geht, Hupf i aso übern Grabm* GUMPPENBERG Bergamseln 114; *prucca* Tegernsee MB 10.Jh. StSG. II,371,27; *si fluhen wider uber di brucke* Kaiserchr. 347, 14680; *seye selbs mit- und yber solichs prickhel gangen* Baumgarten VOF 1654 HELM Obrigkeit 73.– In fester Fügung †*fliegende B.* Fähre: *die Errichtung einer fliegenden Brüke ... befohlen* Laufen 1800 Salzfaß 35 (2001) 21.– Ra.: *oan a Bruckn schlogn* „Gelegenheit geben, etwas zu erreichen“ Mchn, ähnlich NB, OP, OF vereinz.;– *a guidarane Bruck baun* Mittich GRI;– *a Bruck schlogng* „einen Vergleich zwischen Gegnern anbahnen“ Naabdemenrth NEW.– Spiel, bei dem zwei mit den Armen eine Brücke bilden, unter der andere durchgehen: *über / durch die (gläserne) B. fahren* u.ä. OB, NB vereinz.: *iwa de glesane Bruckn fårn* Kochel TÖL; *Durchs Brückl fahren* Ebnath KEM SCHÖNWERTH Leseb. 247;– Sachl. vgl. ebd. 247f.– Übertr.: *Du bist die starcke Brucken* Gesangb. 110.– Häufig in ON u. Örtlichkeitsnamen.– **1b** Knüppeldamm, °OB, °NB, °OP, °MF vereinz.: °*a Bruk aus Brügl* „durch sumpfiges Gelände“ Ruhstorf GRI.– **1c** Auffahrt zum Raum über der Tenne, OB, NB vereinz.: *Bruckn* Zolling FS.– Auch: °*Bruggn* „hölzerner Aufgang zur Stalltür für Tiere“ Weildf LF.
2 Holzboden, Holzfläche.– **2a** Holzboden, Fußboden, °OB, °NB, °OP mehrf., °Restgeb. vereinz.: °*d'Bruckn ausmistn* Taching LF; °*in mein Roßstoll hob i a neue Bruck eigmacht* Ambg; „die Brauereipferde donnerten ... über die hölzernen *Brucken*“ AIBLINGER bayer.Leben 137; „*Brucken*, ein Belag aus etwa 7 cm starken gefälzten Bohlen auf Lagerhölzern“ Reinwarzhfn

HIP 1830 BJV 1954,25.– Auch: °*Bruck* „schräger Holzboden, auf den man eine Kuh mit Vorfall stellt" Walleshsn LL.– **2b** (erhöhte) Unterlage, °Gesamtgeb. vereinz.: °*in Keller hot mei Vata a Bruck gmacht und mit Bretter eigfaßt, do san nacha Erdäpfi neigschütt worn* Schrobenhsn; °„zum Beschlagen stehen die Tiere *auf da Bruck*" Wiesau TIR; „Abfallbretter und Rundhölzer bilden die Unterlage, die *Bruck*, des Meilers" Furth CHA Altb.Heimatp. 53 (2001) Nr.31,4.– **2c** Raum im Stadel: °*a da Brugg åm* „in der Tenne" Neufraunhfn VIB; „Raum unter der Tenne ... *brūkx*" LECHNER Übergangsgeb. 62.– **2d** Hausvorplatz, °OB, NB vereinz.: °*Bruckn* Schleching TS; *Bruck* „der gepflasterte Gang zwischen Wohnhaus und Dungstätte" BRAUN Gr.Wb. 67.– **2e** Arbeitsbühne, Arbeitstisch, °OB, °NB, °OP mehrf., °SCH vereinz.: °*da Schousta sitzt af da Bruck* Wilting CHA; „daß sie *die Bruck* zu verlassen hätten" HALLER Glasmacherbrauch 103.– **2f** Podium, °OB, °NB, °OP, °MF, °SCH vereinz.: *im Wirtsgartn hamms a Bruckn gmacht für d'Musi* Passau; „Die Musikanten rückten auf die *Brucken*, einem schmalen Podium" Inn-Salzach-Ld 1 (1949) Nr.5[,2].– **2g** Tanzbühne: °*Bruckn* Tuntenhsn AIB; „eine *Bruck* zum Tanzen hatte man aufgebaut" Erbendf NEW Wir am Steinwald 7 (1999) 141.– **2h** Bank an Ofen od. Wand, °OB, °NB, °OP, °SCH vereinz.: °*Bruck* „mit aufklappbarer Truhe darunter" Dietkchn NM; „der Raum unter der *Bruck* ist gewöhnlich dem Hühnervolk angewiesen" südl.OB Bavaria I,282; „Die *brukh* ... neben dem Ofen: eine lange Bank mit einem Strohsack" BRÜNNER Samerbg 113; *Da ... meins herrn auf der prugkh warteten* Mchn 1397 Chron.dt.St. XV,469,18; „durch Zerschlagen der *bruckh, stüell: und tisch ... einen grossen tumult* verursachte" Kemnath 1760 Heimat TIR 14 (2002) 166.– **2i**: *Brückl üba d'Gruam* „Abdeckung der Jauchegrube" Hengersbg DEG.

3 Ladefläche eines Fahrzeugs, °Gesamtgeb. vielf.: °*Bruckn* „das mittlere Hauptbrett" Appersdf FS; °*Bruck auf dem Bruckwogn* Wiesenfdn BOG; °*döi Bruck is voll glodn* Schwandf; „beim Schlitten ... *bruk*" O'schondf LL nach SBS XIII,379.

4 Deckaufbau des Schiffs: „Im *Gransel* [Spitze] des Schiffes befinden sich ... *Brücken*" NEWEKLOWSKY Schiffahrt I,238; *vier Pruggater* [Arbeiter auf dem Schiffsdeck], *welche hinden und vorn auf den Pruggen stehen* Salzburg 1581 LORI Bergr. 322 (Schiffordnung zu Laufen).

5 Holzgestell zum Aufhängen des geschlachteten Schweins, °OB, °OP, °MF, °SCH vereinz.: *Bruck* Lintach AM.

6 Steg der Brille: *d'Stangl, Glösa, Bruck und d'Schraifal* Mittich GRI.

7 Stirnjoch: *Brugn* Todtenweis AIC.

8 Kruste, harte Außenschicht, NB vereinz.: °*er hat den Ochsn so gschlagn, daß er a ganze Bruck dran hat* Malching GRI.

9 †: *Brucke* „Getreidmaß, welches 4 Metzen hält" Bodenwöhr NEN SCHMELLER I,347.

Etym.: Ahd. *brugga*, mhd. *brucke*, *-ü-* st/swf., germ. Bildung idg. Herkunft; PFEIFER Et.Wb. 174.

Ltg, Formen: *bruk* u.ä., daneben *bruky* u.ä., auch *-ə* (FFB, LL, WM; DON), *-α* (EG; BUL; EIH), vgl. Lg. § 38a8, mit Uml. *briky* u.ä. MF (dazu M; ESB).– Pl. gleichl. *bruk* u.ä. OP, OF (dazu WS; HEB, HIP), *bruky* u.ä. OB, SCH (dazu KEH; ESB, NEW; GUN, N, SC, WUG), *briky* u.ä. MF (dazu M; ESB), ferner Sg. *bruk*, Pl. *bruky* u.ä., daneben *-ə* (LL, SOG; FDB), *-an* OB, NB (dazu OVI, R, RID, ROD), *-nα*, *-ŋα* (MÜ, RO, WM, WS; EG, LA, SR), *-αχ* (LL), sowie Sg. *bruky*, Pl. *-an* OB (dazu LA, PA), *-nα*, *-ŋα* OB (dazu ND), *-αχ* (FFB), Pl. mit Uml. *briky*, daneben *brik* OP (dazu KÖZ; WUN; WUG), *-an* NB (dazu ED), *-nα*, *-ŋα* (LF; LA), *-α* (EG).– Dim. *brik(α)l(α)*, *-ke*, *-ai* u.ä., daneben ohne Uml. *brukal(α)* (TS; ESB, R, NEW).

SCHMELLER I,347.– WBÖ III,1135-1138; Schwäb.Wb. I,1459f., VI,1698; Schw.Id. V,537-545; Suddt.Wb. II,658.– DWB II,414-416; Frühnhd.Wb. IV,1239-1241; Mhd.Wb. I,1038-1040; WMU 298f.; Ahd.Wb. I,1428f.– BERTHOLD Fürther Wb. 30; BRAUN Gr.Wb. 67; CHRISTL Aichacher Wb. 167; DENZ Windisch-Eschenbach 117; KILGERT Gloss. Ratisbonense 49; KOLLER östl.Jura 15; POELT-PEUKER Wb.Pöcking 10; RASP Bgdn.Mda. 35; SCHILLING Paargauer Wb. 12; Spr.Rupertiwinkel 16.– S-36B4, 66C45, 80E2, 92A29, F4, 19, 93G5, I14, 106E1, 3, M-17/3, W-43/54-56, 59.

Abl.: *brucken*, *Brucker(er)*, *Brucket*.

Komp.: [**Bach**]**b.** Brücke, Steg über einen Bach, NB vereinz.: *Båbruck håds wökgrissn* Mittich GRI; *baχbruky* nach SCHWEIZER Dießner Wb. 156.

[**Ballen**]**b.**: °*Boinbrugg* „erhöhte Unterlage zum Dörren der Flachsballen" Neurandsbg BOG.

[**Prügel**]**b.** wie →*B.*1b, °OB, °NB, °OP vereinz.: °*Prüglbruk* „durch sumpfigen Wald" Wiesenfdn BOG; *Die Prügelbruck* SCHMELLER I,469.

SCHMELLER I,469.– WBÖ III,1139; Schwäb.Wb. I,1466; Schw.Id. V,546.– DWB VII,2190.

[**Dächs**]**b.** Knüppeldamm aus Nadelbaumästen (→*Dächse*): °*Daxbruck* Bayersoien SOG.

[**Tenn(en)**]**b.**, [**Tenns**]- **1** wie →*B.*1c, °OB mehrf., °NB, SCH vereinz.: °*Tennabruckn* Huglfing

WM; *Dänsbruggn* HELM Mda.Bgdn.Ld 49; „die *Tennenbruck* ... gemauerte Auffahrt an der Außenseite des Stadels zu dem Stadelthore des Heubodens" PEETZ Kiemseekl. 117.– **2** Holzboden der Tenne, °OB, °NB vereinz.: °*Tentbruck* „Bodenbelag" Schaufling DEG; *wia ers niedergfworfn hat auf da Tennabruck* Irschenbg MB 1841 QUERI Bauernerotik 113; *Deenbruggn* „eicherne Tennen-/Scheunendurchfahrt" Spr. Rupertiwinkel 20; *Georg Stibl zu Oberratting ... auf dessen Thenn-Brückhl beim Tröschen* 1766 StA Mchn Hofmark Amerang Pr.19 (14.11. 1766).

SCHMELLER I,608.– WBÖ III,1139; Schw.Id. V,547.– DWB XI,1,1,255.– RASP Bgdn.Mda. 43; Spr.Rupertiwinkel 20.– S-93G12.

[**Tremelein**]**b.** wie →*B.*1b: °*Tremmerlbruck* „Fichtenstämme, nebeneinander quergelegt als Fahrbahn" Innernzell GRA.

†[**Fleisch**]**b.** Stelle, wo geschlachtet wird: *den fleischhackern verkundt ... daz keiner keinen hunt auf der fleischprucken ... ledig haben sůllen* 1442 Stadtr.Ambg I,274.

WBÖ III,1140.– LEXER HWb. III,395.– MAAS Nürnbg.Wb. 115.

[**Fuß**]**b.** Fußboden: °*im Neubau hams d'Fuaßbruck scho in der Stum* Wildenranna WEG.

WBÖ III,1140; Suddt.Wb. IV,529.

[**Hänge**]**b. 1** Hängebrücke: *Hängbruggn* Staudach (Achental) TS.– **2**: *d'Högbruck* „an Ketten hängendes Brett unterhalb des Wagens" Hohenpeißenbg SOG.

DWB IV,2,438.– S-106E2.

†[**Hei**]**b.** Brücke, die geschützt u. bewacht wird: *haybrucken/ an allen fliessenden vnnd schieffreichen wassern* 1402 Freyhaiten 1568 70.– Zu →*heien* 'hegen, pflegen'.

LEXER HWb. I,1207.

[**Hennen**]**b. 1** Verschlag, Platz für Hühner, früher oft unter einer Bank in der Wohnung, °OB mehrf., °NB, °OP, °MF, °SCH vereinz.: °*Hennabruckn* Pipinsrd DAH; °*am Omd gengan d'Henna über d'Hennaloata auf d'Hennabruck* Eging VOF; „die Mehrzahl drängte sich ... auf der *Hennenbruck* zusammen" Altb.Heimatp. 5 (1953) Nr.23,6; *Hennenbruck* SCHMELLER I,347.– Übertr. Sitzbrett dieser Bank, °OB, °OP vereinz.: °*i ha mi a wengl auf d'Hennabruck higlegt* Garching AÖ.– Auch: *hennaprug* „Hühnersteig, Stange, auf der die Hühner sitzen" nach MOSER Staudengeb. 81.– **2** Hühnerleiter am Hühnerstall, °OB, °NB vereinz.: °*d'Hennerbruck* Kchbg REG.– **3** Brett zum Auffangen des Hühnerkots, °OB, °NB, °SCH vereinz.: °*d'Hennabruckn* Taching LF.

SCHMELLER I,347.– WBÖ III,1140; Schwäb.Wb. III,1430.– S-92E8, W-43/57.

[**Himmel**]**b.**: *Himöbrugg* „Regenbogen" Aicha PA.

WBÖ III,1140; Suddt.Wb. V,377.– DWB IV,2,1351.

[**Hoch**]**b.**: °*Houhbrugg* „Hochtenne" Neufraunhfn VIB.

WBÖ III,1140.

[**Hof**]**b. 1** Brücke zu einem Hof od. Herrschaftssitz: *soll es mit clag und pot* [Benachrichtigung] *auf die hofpruggen Mildorf ... komen sein* Mühldf 1588 GRIMM Weisth. VI,173.– Als Örtlichkeitsname TÖL.– **2**: *Hofbruck* „Prügelweg um die Hofgebäude herum oder am Bauernhaus entlang" Aicha PA.

WBÖ III,1140.– Rechtswb. V,1192.

[**Holz(en)**]**b. 1** Übergang aus Holz.– **1a** Holzbrücke, OB, NB, SCH vereinz.: *a Hoizbruggn* Mengkfn DGF; *de Bruck vom Schwarzn Groom ... Des war a Hoizbruck* Klingsmoos ND BÖCK Sagen Neuburg-Schrobenhsn 95.– **1b** wie →*B.*1b: °*Hulzbruck* Kemnath.– **2** Holzboden, Bank.– **2a** wie →*B.*2a, °OB, °NB, °OP vereinz.: °*de Hoitsnbruckn måcha* „den Stallboden mit Holzladen auslegen" Parsbg MB; „Der ... *Tennt* war mit Holzbohlen ausgelegt, hatte eine *Holzbruck*" HÄRING Gäuboden 5.– **2b** wie →*B.*2h: *Hoizbrugg* Wörth ED.

WBÖ III,1140.– S-106E2.

[**Keller**]**b.** hölzerne Unterlage im Keller, °OB, °NB, °OP mehrf., °Restgeb. vereinz.: °*auf da Kellerbruck* Edelshsn SOB; *d'Kåiabruck* „zum Aufstellen der Milch" Mengkfn DGF.

W-43/58.

[**Kuh**]**b.**, [**Kühe**]- **1** †Knüppeldamm für Kühe: *Dise wochen hat man auf dem Khiemoß die Khüeprüggen ... gemacht* 1602 Stadtarch. Rosenhm, Abt. B/A 23 Nr.36,66.– **2** Holzboden im Kuhstall: °*Kuahbruckn* „Rinderstand" Thanning WOR; „unter der *Küihbruck* (Bodenbalken) im Rinderstall" REGLER Opf.Dorf 53.

DWB V,2552.

[Laus]b.: *Lausbruckn* „letzte längere Haare, die sich ein Kahlköpfiger quer über den Kopf legt" Tittmoning LF.

[Mist]b. 1 Knüppelweg am Misthaufen: °*Mistbrugg über de Mistlacha* „Jauche" Dachau.– **2** Holzboden für Mist.– **2a** Holzboden im Stall, °OB, NB vereinz.: °*Mistbruck* „mit Brettern oder Prügeln belegter Stallboden" Eschenlohe GAP; *mīšdbruk* Kaufering LL nach SBS VIII,56.– **2b** Holzboden unter dem Misthaufen, OB, NB vereinz.: *a Mistbruck und d'Seitenwänd aus Bruchschtoi* Hengersbg DEG.

WBÖ III,1141; Schw.Id.V,546.

[Musikanten]b. Podium für die Musikanten, °OB, °NB, °OP, SCH vereinz.: °*Musikantnbrug* „im Tanzsaal" Cham; *hockt auf der Musikantenbrucken im hintersten Eckerl ein … Bübl* Inntal HuV 14 (1936) 319.

[Ofen]b. 1 Bank am Ofen, °OB, °OP vereinz.: °*Ofabruck* Litzlohe NM; „*Ofenbruck* … zum Lager für Kranke zur Winterszeit und für Gäste geringern Ranges" südl.OB Bavaria I,282; „Auf der … *Ofenbruck* … wärmt sich der Bauer … auf" Hager-Heyn Dorf 47.– **2**: *Ofabruck* „Pflaster des Backofens" Hengersbg DEG.– **3** fachsprl.: °*a Ofabruck* „Podium aus Holz rund um den Schmelzofen für die Glasmacher" Frauenau REG.

Schmeller I,347.– WBÖ III,1141; Schwäb.Wb.V,42; Schw. Id.V,545.– DWB VII,1159.

[Ried]b. wie →*B.*1b: °*die Riadbruck* Seifriedswörth VIB.

[Riedel]b. 1 Brücke aus Rundhölzern (→*Riedel*): °*Riadlbruck* „über einen Bach" Ruderting PA.– **2** wie →*B.*1b, °OB, °NB vereinz.: *Ridlbrukch* Kochel TÖL; *ri'l-pruk* „geriegelte Waldstrasse … durch aufgelegte Stangen befestigt" Schweizer Dießner Wb. 162.

W-43/59.

[Riegel]b. 1 Übergang aus Rundhölzern.– **1a** wie →*[Riedel]b.*1, °OP vereinz.: °*Riglbruck* Neualbenrth TIR.– **1b** wie →*B.*1b, °OB, °NB, °OP, °SCH vereinz.: °*Rieglbruck* „mit Holzriegeln ausgelegte Stellen von sumpfigen Wiesen" O'nrd CHA; „Wegstellen, die … schlammig oder sumpfig waren, befestigten die Benutzer mit *Rieglbrugga*" Wölzmüller Lechrainer 135.– **2** Holzboden aus Rundhölzern, °OB, °OP vereinz.: °*heint mouß i a Rieglbruck macha* „im Schweinestall" Wettstetten IN.

Wölzmüller Lechrainer 135.

[Roß]b. 1 Holzboden im Pferdestall, °OB, °NB, °OP vereinz.: °*Roßbruck* „Balkenboden im Pferdestall" Langquaid ROL.– **2** Holzfläche in der Schmiede, wo Pferde beschlagen werden, °OB, °OP vereinz.: °*da Zimmermo macht heut a Rossbruckn* Reichersbeuern TÖL.

[Sau]b., [Säue]- 1 Holzboden im Schweinestall, °OB, °NB, °OP, °SCH vereinz.: *d'Seibruck* „durchlässiger Boden, unter dem sich der Schweinemist sammelt" Wildenrth NEW.– **2**: °*d'Saubruck* „Bank, auf der die Sau rasiert wird" Brunnen SOB.– **3** wie →*B.*5, °OB, °NB vereinz.: °*d'Saubruck* Mittich GRI.

WBÖ III,1141.

[Schlag]b. 1 †Zugbrücke: *Es sein … fünff Thor/ in der Stad/ mit doppelten Thoren/ Schlagbrükken* M. Schweiger, Chronica od. kurtze Beschreibung der Churfürstlichen Stad Amberg, Witteberg 1564, Cij^{v}.– **2** wie →*[Roß]b.*2, °OP mehrf., °OB, °NB, °MF vereinz.: *Schlochbruck* Katzdf BUL.

Schmeller II,518.– WBÖ III,1141f.; Schwäb.Wb. V,873.– DWB IX,337; Lexer HWb. II,957.– S-52L23^{b}.

[Be-schlag]b. wie →*[Roß]b.*2, °Gesamtgeb. vereinz.: °*Bschlogbruck* Breitenbg WEG; „Schmidwerkstätte … mit *Beschlagbruck* von Holz" Endham GRI Königlich Bayer. Intelligenz-Bl. von Niederbayern 1850, Nr.40, Beil., 183; *Bschlogbruggn* Spr.Rupertiwinkel 16.

WBÖ III,1142; Suddt.Wb. II,228.– Spr.Rupertiwinkel 16.

[Schlitten]b. Ladefläche des Schlittens: „Hinter dem Schlittensitz stand auf der *Schlittenbruck* eine größere Kiste" Tremmel Bruckschlitten 75.

[Schmiede]b. wie →*[Roß]b.*2, °NB vielf., °MF mehrf., °OB, °OP vereinz.: °*d'Schmiedbruck* „in der Schmiede, wo die zu beschlagenden Pferde stehen" Kchdf KEH; *af da Schmibruk* Floß NEW; *šmībruky* nach Gebhardt Nürnbg 45.

WBÖ III,1142; Schw.Id.V,546 (Schmitte^{n}-).

[Schneider(s)]b. Arbeitsbühne, Arbeitstisch des Schneiders, °Gesamtgeb. vereinz.: *Schneindasbruck* Sulzbach-Rosenbg.

WBÖ III,1142.

[Schoß]b. Holzstufe am Fuße des Wehrs, über die das Wasser abfließt: *Wua, unten d'Schoßbruck* Ebing MÜ.

[Schuß]b. dass.: *Schußbruck* „an ihrem Ende ist ein Schwimmfloß angebracht" Prem SOG.

DWB IX,2097.

[Schuster(s)]b. Arbeitsbühne, Arbeitstisch des Schusters, °Gesamtgeb. vielf.: *d'Schuastabruck is broha, loßt mas wieda måha* Neuötting AÖ; °*da Schousta sitzt af da Schoustabruck* Pertolzhfn OVI; *Die Schuesterbruck* SCHMELLER I,347; *die Kuchl mit der Schusterbruck im Eck* TREMMEL Ziagwagl 91.

SCHMELLER I,347.– WBÖ III,1142.– BERTHOLD Fürther Wb. 208; KOLLMER II,264.

†**[Schweins]b.** wohl wie →*B.*5: *II sweinzprukk* PIENDL Hab und Gut 212.

Spätma.Wortsch. 300.

[Spiel]b. wie →*[Musikanten]b.*, °NB, °OP vereinz.: °*d'Musikantn sizn af da Spilbruck* Cham; „Die Musikanten hocken *auf der Spielbruck*, auf einem ... durch Geländer geschützten Podium" SIEBZEHNRIEBL Grenzwaldheimat 239.

[Stadel]b. 1 wie →*B.*1c, OB, NB, SCH vereinz.: *d'Stolbruck* „Einfahrt" Mengkfn DGF; „die tenne ... an beiden enden mit auffahrten ... *sdad·lbrugg·n* ... versehen" BzAnthr. 9 (1891) 46; *meine Nachbarin ist mit'm Auto an d'Stadlbruckn hingfahrn* HALTMAIR Da schau her 14.– **2** wie →*B.*2c, OB, NB vereinz.: *Stadlbruck* Weng FS.

WBÖ III,1142.

[Stall]b. wie →*[Mist]b.*2a, °OB, °NB mehrf., °OP, °OF vereinz.: °„im Spätherbst wurde die *Stallbruck* geleert, der Hohlraum darunter ausgeodelt" Engelsbg MÜ; *Ståibruck nailöng* Mittich GRI; „Die *Stoolbruck* bilden die auf den Stallboden gelegten Bruckhölzer" SINGER Arzbg. Wb. 43.

WBÖ III,1142.– BRAUN Gr.Wb. 621; SINGER Arzbg.Wb. 228; Spr.Rupertiwinkel 16.

[Stand]b. gepflasterer Stallboden: °*Standbruck* Entraching LL; „*štambrukh* Ziegelstein auf Sand" Lengenfd LL nach SBS VIII,57.

DWB X,2,732.

Mehrfachkomp.: **[Not-stands]b.** wie →*[Roß]b.*2: °*Noutschtandsbruck* „beim Schmied zum Beschlagen der Pferde" Kemnath.– Zu →*[Not]-stand* 'dass.'.

[Stein]b., †**[Steine]- 1** Steinbrücke, OB, SCH vereinz.: *a Schtoabrukn* Ascholding WOR; *haben ihnen ... verlihen ... Weg, Steg und Stainprügg* Mchn 1499 LORI Bergr. 130.– **2**: *Stoabrugg* als Unterlage dienendes Podium beim Abheben des Mühlsteins Derching FDB.

WBÖ III,1142f.; Schwäb.Wb. V,1712; Schw.Id. V,547.– DWB X,2,2057; Frühnhd.Wb. XI,302f.; WMU 1657.– S-106E2, F38.

[Stöcklein]b. Pflaster aus Kanthölzern, °NB, °OP vereinz.: °*Stöcklbruck* „aus Kanthölzern, die senkrecht in den Boden eingelassen sind" Gunzendf ESB.– Abb. s. *[Stöck(e)lein]pflaster*.

[Stuben]b. 1 Fußboden der Stube, °NB, OF vereinz.: *Schdåumbrugg* Kreuzbg WOS; *Stummbruck* MILLER Wegscheid 19.– **2**: *štum-bruk* „erhöhter Bretterboden in der Stube, um darauf Milchtöpfe zu stellen oder ... zu arbeiten" KOLLMER II,278.

WBÖ III,1143.– DWB X,4,169.– BRAUN Gr.Wb. 623, 632; KOLLMER II,278, 362.

[Wag(en)]b. Ladefläche des Wagens, °OB, °NB, °OP vereinz.: °*Wongbruck* „Aufladefläche des Wagens" Fischbachau MB.

WBÖ III,1143; Schw.Id. V,547.– DWB XIII,444f.– S-80B91.

[Wäsche]b. Waschsteg in den Bach: „Damit [Bleuel] schlug sie (auf einer flachen Unterlage = *Wäschbruck*) ... den Schmutz aus dem Wäschestück" Wir am Steinwald 13 (2005) 79.

WBÖ III,1143; Schwäb.Wb. VI,461.– DWB XIII,2216.

A.S.H.

brucken, -nen

Vb. **1** eine Brücke bauen, belegen.– **1a** eine Brücke, einen Steg bauen, °OB, °OP vereinz.: °*bruckn* Schwandf; *Mit schiffn man uber Tonaw prucket, Darauff das heer hin nüber rucket* SACHS Werke II,427,23f.– **1b** eine Brücke mit Querhölzern belegen, in heutiger Mda. nur im Komp.: *brucken* SCHMELLER I,347; *Der zolner sol fůrbas nicht prugken* um 1300 Stadtr.Mchn (DIRR) 237,13.

2 mit einem Knüppeldamm befestigen, °OB, °OP, °MF, °SCH vereinz.: *da Wech is brukd* Floß NEW; *brucken* „einen Weg durch Sumpfgrün-

de“ Schmeller ebd.; *daselbst soll die rechte Mißstatt seyn ... mit grossen Bäumen gebrucknet* Hohberg Georgica II,287.– Auch †mit Brettern belegen: *„man ... bruknete die Stadt ...* wenn Kirchgänge und Proceßionen gehalten wurden“ 1348 Gemeiner Chron. II,54.
3 mit einem Holzboden versehen, (Holzboden) legen.– **3a** mit einem Boden versehen, belegen, °OB, °NB, °OP, OF, °MF vereinz.: °*den Saustall mous ma bruckn* Nabburg; *brucken* „belegen den Boden eines Stalles“ Schmeller ebd.; *als die Sacristey gebrucket worden* Schirnding WUN 1666 Singer Schacht 112.– **3b** (Boden) legen, °NB vereinz.: °*dö zwoa Tennbrücki müaßn nei bruckt wern* Reut PAN.
4: °*d'Sau hout bruckt* „den Riegelboden im Stall aufgerissen“ Ursulapoppenricht AM.

Etym.: Ahd. *bruggôn*, mhd. *brucken, -ü-*, Abl. von →*Brucke*; WBÖ III,1144.

Schmeller I,347.– WBÖ III,1143f.; Schwäb.Wb. I,1460; Schw.Id. V,547-549; Suddt.Wb. II,658.– DWB II,416f.; Frühnhd.Wb. IV,1241; Mhd.Wb. I,1040; WMU 299; Ahd. Wb. I,1429.– S-106E3, W-43/60.

Komp.: [**auf**]**b.** wie →*b*.2: °*afbrugga* Gungolding EIH.

DWB I,630.

[**aus**]**b. 1** dass., °OB, °NB, °OP vereinz.: °*d'Fouha* (Fahrwege) *wern asbruckt* Kchnthumbach ESB.– **2** wie →*b*.3a, °OB, °NB, °OP vereinz.: °*da Bodn im Sauschtoi is z'noß, den miaß ma ausbrucka* Geisenfd PAF.

[**ausher**]**b. 1** wie →*b*.2: °*mia miassn an Weg aussabrucka* Töging AÖ.– **2** wie →*b*.3a: °*mia miaßn an Stall außabrucka* ebd.– Auch: *mit Zement wiad da Sauståi außabruckt wegn da Råtzn* „mit einem Zementboden versehen“ Mittich GRI.

[**ein**]**b. 1** wie →*b*.1b: °*eibrucka* „Brücke mit Prügeln belegen“ Ruderting PA.– **2** wie →*b*.3a, °OB, °NB vereinz.: °*der Stall braucht nei eibruckn* Lenggries TÖL.– Auch: °*der hat sein Stall nei eibruckt* „gepflastert“ Passau.

WBÖ III,1144.

[**über**]**b. 1** mit einer Brücke, einem Steg überbauen, °NB, OP vereinz.: *n Boch iwabrukn* Floß NEW.– **2** wie →*b*.2, °OB, °NB vereinz.: °*dös naße Stuck müßma mit Riegel überbruckn* Schrobenhsn.– **3** wie →*b*.3a: °„Pflaster mit Holzladen *überbrucka*“ Mallersdf.

DWB XI,2,151; Lexer HWb. II,1610.– S-106E4. A.S.H.

†**Brucker**(**er**)

M. **1**: „Im Mittelalter ... religiöse Vereine, die man *Bruckerer* nannte, weil sie sich die Ueberbrückung von Flüssen ... zur Aufgabe gestellt haben“ VHO 24 (1866) 184.
2 best. Getreidemaß: *3 pruckher 2 Metzen* Bruck ROD 1596 VHO 5 (1839) 322; *Getraidmaaß (welches in ... Viertl, Prucker ... bestehet)* Ambg 1761 Slg der Kurpfalz-Baier. ... Landes-Verordnungen, hg. von G.K. Meyr, München 1784, II,1330.

Etym.: Mhd. *brucker*, Abl. von →*Brucke*; WMU 300.

Rechtswb. II,537; Lexer HWb. I,363; WMU 299f. A.S.H.

Brucket

N. **1** Knüppeldamm, °OB vereinz.: °*s Bruggat* Kohlgrub GAP.
2: °*Bruggat* Querhölzer einer Holzbrücke Garmisch. A.S.H.

brudeln →*brodeln*.

Bruder

M. **1** Bruder, Verwandter, °Gesamtgeb. vielf.: *a Bruada von unsera Großmuatta lebt a no* Haag WS; *dea draut san leiblönga Bruadan nöt* Gottsdf WEG; °*mei Brouda mächt aufs Joa sei Abs* „Abitur“ Neukchn BUL; *de bein Mo sein Bruadern nogheiret hat* Bauer Oldinger Jahr 135; *O mei'armer Bua, mei'Brüadei, was is denn dös!* Meier Werke I,478 (Natternkrone); *daz tâten zwên bruoder rîche* Kaiserchr. 80,51; *Chrihstein seins pruder tohter* 1325 Rgbg.Urkb. I,273; *daß ... ein Ritter ... seinen Brudern ermordet* A.G. Ertl, Chur-Bayer. Atlas, Nürnberg 1687-1690, [I,]72f.– In festen Fügungen: „die drei Personen [der Dreifaltigkeit] nennt man hier ... *die drei Brüder*“ Grafenau Stemplinger Altbayern 167.– *Unter Brüdern* ohne Übervorteilung: °*sagn ma drei Tausend, unta Brüada* U'föhring M; *dees iis unta Bröidan gout sei(n' 1000 Gül(d'n wert!* Braun Gr.Wb. 66.– *Brüderl auf allen Seiten* „Heuchler“ M'rteich TIR.– Ra.: *im (Ge-)Spiel / da gibt es / kennt man keinen B.* u.ä. keine Rücksicht, °OB, °NB, °OP vielf., °Restgeb. vereinz.: °*da gibt's koan Bruada und koa Schwesta* „besonders beim Geld“ Brunnen SOB; °*da kenn i koan Bruada net!* Schönbrunn LA; °*im Schpül ken i koin Brouder* Weiden; *Nicks Bruədər i˜'n Gspịl!* Schmeller I,349; *dös laßt bleib'n; da gibts koan Bruader im G'spiel* Stemplinger Obb.Märchen I,72;– °*da warn mia* *alle Bruada im Gschpü* „haben alle zusammengehalten und mitgemacht“ Breitenbg WEG.– °*Bist du vielleicht an fadn Oifons sei Bruada?* „zu einem, der recht grantig ist“ Mchn.– Gstanzl: °*uns sanda drei Brüda, vier sollt'n uns sei, nacha fant ma an Teifi und spirat ma'n ei* Lalling DEG;– *Mir san unser vier Brüada, aber no viere soit ma sei, na spannert ma an Deifi in an Ochsnkarrn ei!* MM 15./16.6.1996, 6.

2 Mitmensch, Freund, OB, NB vereinz.: *Bruada nimmas nöt übel, wanni di ins Wassa stich* Laufen; *Wànn 's wåhr ist, àll Brüădă … nimmt fein ăn îădă Was mit für das Kind* Wildenwart RO HARTMANN Volksl. 40; *sinemu kanoz enti sinemu proder* 9.Jh. SKD 44,56f. (Freisinger Paternoster A); *Jr seyt all brueeder* BERTHOLDvCh Theologey 334; *der … ein guter Bruder ist, und krumme Ding grad seyn laßt* W.X.A. v.KREITTMAYR, Anm. über den Codicem Maximilianeum Bavaricum Civilem, München 1765, 1398.– Spruch: *ja, Herr Bruada – åba nöd geistlö* „scherzhaft“ Reisbach DGF.

3 †Glaubensbruder: *Mina liebistun brudera, nu fernemet dei gotes kebot* Wessobrunn WM 1.H.11.Jh. SKD 161,14f. (Predigtslg A); *Zum dritten seinn cristenlich brueder all getaufft mennschen* BERTHOLDvCh Theologey 334.

4 Ordensbruder, °OB vereinz.: *a Bruada* O'audf TS; *Bruádâ* „nicht geweihter Mönch“ POELT-PEUKER Wb.Pöcking 10; *Dara nah ruofo ih umbi alla unsri bruodra* Rgbg 11.Jh. SKD 187,67f. (Otloh); *bruͦder Hainrich · der schustær · vn̄ anderr bruͤder vn̄ laien genuͦch* Seligenporten NM 1285 Corp.Urk. II,107,42; *herzog Thessel muest sich wider seinen willen bescheren lassen … und brueder werden* AVENTIN V,114,20f. (Chron.).– In festen Fügungen: †*minderer B.* Minderbruder: *den minnern pruͤdern ze Muͤnichen* 1318 Urk.Heiliggeistsp.Mchn 68.– *weisse Brüder* „die Cisterzienser“ WESTENRIEDER Gloss. 662.– *Barmherziger B.* Angehöriger eines best. Krankenpflegeordens: *dö barmherzinga Brüada* Hohenpeißenbg SOG;– übertr. jmd, der sich um andere kümmert: *weil's d'ma du gar so guat g'fallst als barmherziga Bruada* THOMA Werke VI,424 (Wittiber).– *B. Langsam*, langsamer od. langweiliger Mensch, OB, OP, MF vereinz.: *Bruada Langsam* Donaustauf R.– *B. Liederlich* liederlicher, leichtfertiger Mensch: *Bruada Liedalich* BINDER Saggradi 34; *Brouda Liadali! Warum saffst di so voll?* AM J.G. RADLOF, Mustersaal aller teutschen Mund-arten, Bd I, Bonn 1821, 327.– *B.* →*Straubinger* Landstreicher.– *B. Piro* (→*Pirol*) Pirol.

5 †Landsknecht: *brüeder (so hies man damals das fuesvolk, wie ietzo landsknecht)* AVENTIN V,599,1f. (Chron.).

6 †Zunftgenosse, Vereinsgenosse: „Unterbrechen ihn die Mitgesellen, mit einem: *Bruder laß gut sein*“ LENTNER Bavaria Almen 144; *nicht eingekaufter Bruder* [einer Schützenbruderschaft] Tölz 1664 ebd. 41.– Auch Handwerksgeselle: *den 13.April hat Maister Sathler zu Regen mit seinem bruedern alhie gearbeith 4 tag* 1698 POSCHINGER Glashüttengut Frauenau 46.

7 abwertend von männlichen Personen, °OB, NB, OP, MF, SCH vereinz.: °*des wean da so Briada sei, den gånzn Dååg siagsdas Brodzeid måcha* Ebersbg; *Wart', Brüderl! Wir zwoa wachsen z'samm mitanand'!* ALLERS-GANGHOFER Jägerb. 36; *den kenn i doch, den Bruadern!* VALENTIN Werke III,112.– In festen Fügungen: *staubiger B.* Gauner, Herumtreiber, °OB, °OP, MF, SCH vereinz.: °*stawe Bröidan* Kchnthumbach ESB; *Du bist mir fei a ganz a staubiger Bruader!* Altb.Heimatp. 58 (2006) Nr.6,10.– *Feuchter / nasser B.* Säufer: *a nåssa Bruada* Kochel TÖL; *beim Altn Wirt an dem Tisch, wo de feichtn Brüada allwei z'sammkemma* Altb.Heimatp. 5 (1953) Nr.49,3; *Was nasse Brüder seyn/ und nur immerzu Becher … wechslen wollen* SELHAMER Tuba Tragica II,68;– „Trunkenheit … *Er ist ein durstiger Bruder*“ Bair.Sprw. II, 145.– *Warmer / lauwarmer B.* Homosexueller, °OB, °NB vereinz.: *des is a ganz a lauwarma Bruada* Traunstein.

8 Penis, in fester Fügung *kleiner B.*: °*mei kloana Bruada* MB; „das *kloa Brüaderl* scherzhaft“ QUERI Kraftbayr. 62; *Də‘ klaə˜ Bruədə‘* „im obsc. Scherz“ SCHMELLER I,349.

9 gleiche Punktzahl aller Mitspieler im Kartenspiel: °*a Bruada* „der Gewinn wird dann nicht ausbezahlt, sondern verbleibt im Stock“ Dachau.– Auch: °*ejz sam ma Bruader* „haben alle gleich viele Augen“ Eining KEH.

10 Ausruf der Bekräftigung, Verwunderung, OB, NB, °OP vereinz.: °*Brouder, dou hods gracht!* Rottendf NAB; *Brüaderl, die is beianand!* DINGLER bair.Herz 100; *ja Brueda!* „Ausdruck der Beteuerung“ HOHENEICHER Werdenfels 20; *O Brüderl, da wassern ein Zähn!* STURM Lieder 94.

Etym.: Ahd., mhd. *bruoder* stm., germ. Wort idg. Herkunft; KLUGE-SEEBOLD 155.

Ltg, Formen: *bruada* u.ä. OB, NB, südl.OP, SCH (dazu EIH, GUN), *brouda* OP, OF, MF (dazu IN; KEH).– Dat./Akk.Sg. auch mit Endg des swm. *-n* NB, OP (dazu AIC, ED, M, SOG, WM; HIP).– Pl. *briada* u.ä. OB, NB, südl.OP, SCH (dazu EIH, GUN), *breida* OP, OF, MF (dazu IN; KEH), auch mit Endg des swm. *breidan*

OP (dazu EIH, ER, HEB).– Dim. *briadal(a)* OB (dazu DEG, GRI, PA; FDB), *-ai* (PA, WEG, WOS), *briadl* (PA), *breidal* (BUL, NEW).

DSA K.12f.– SCHMELLER I,349.– WBÖ III,1144-1146; Schwäb.Wb. I,1461f.; Schw.Id. V,413-417; Suddt.Wb. II,659f.– DWB II,417-421; Frühnhd.Wb. IV,1242-1247; Mhd.Wb. I,1056f.; WMU 302f., 2564; Ahd.Wb. I,1444-1448.– BERTHOLD Fürther Wb. 30; BRAUN Gr.Wb. 66f.; CHRISTL Aichacher Wb. 45; KOLLER östl.Jura 15; LECHNER Rehling 167; POELT-PEUKER Wb.Pöcking 10; RASP Bgdn. Mda. 35; Spr.Rupertiwinkel 16.– S-20A8[b], 87C12, 99F3, M-6/7, FM-84, W-44/11.

Abl.: *-brüder, brüderlich, brüdern, Bruderschaft.*

Komp.: [**Pelz**]**b.** **1** Faulpelz, Drückeberger, °OB mehrf., °NB vereinz.: *°so a Peuzbruada* Garching AÖ; *I bin a Pöizbruader ...!* MM 6./7. 12.1997, J5.– **2**: *°Bejzbruder* „Zechpreller" Stephanskchn RO.

[**Bet**]**b.** Betbruder, °OB mehrf., °Restgeb. vereinz.: *gråd betn und dabei so bös sei, is des a Betbruada!* Wasserburg; *aber zum Betbruader wern, hab i d'Deandeln viel z'gern* LUTZ Bayr. 190; *so war ... Cintius ein lauterer Bet-Bruder/ steckete weit mehr in Kirchen/ als zu Haus* SELHAMER Tuba Tragica II,258.

WBÖ III,1146; Schwäb.Wb. I,946; Suddt.Wb. II,243.– DWB I,1696.– BRAUN Gr.Wb. 46.– S-89A16.

[**Bettel**]**b.** **1** Bettler, °OB, °OP vereinz.: *a Bedlbrouda* Haselbach BUL.– **2** Bettelmönch: *°Bädlbruada* Tittmoning LF; *Bedlbruada* JUDENMANN Opf.Wb. 23.

WBÖ III,1146; Suddt.Wb. II,255.– DWB I,1727; Frühnhd.Wb. III,2162.

[**Bollen**]**b.** ängstlicher Mensch, °OB mehrf.: *°schaugdsn no oh, den Boinbruada, den schdaubinga!* Ebersbg; *Ës sats filläicht sechane Boinbriada!* AMAN Schimpfwb. 38.

GÖTTLER Dachauerisch 85; HEIGENHAUSER Reiterwinkerisch 5.

[**Tippel**]**b.** Landstreicher, °OB, °NB, °MF mehrf., °OP vereinz.: *°Tippebruada* Trostbg TS; *°Dibblbrouda* Rohr SC; *Tippelbruder* „herumziehender Bettler" [4]ZEHETNER Bair.Dt. 347.

WBÖ III,1146f.; Suddt.Wb. III,214.– BERTHOLD Fürther Wb. 231.

[**Trenz**]**b.**: *°Trensbruder* zum Weinen oder Jammern neigender Mensch Stamsrd ROD.– Zu →*trenzen* 'weinen'.

†[**Duchetz**]**b.** Duzfreund: *Duchəz-Bruədə' ... vo~ miər* SCHMELLER I,479.– Zu einer Nebenf. von →*dugetzen* 'duzen'.

SCHMELLER I,479.– WBÖ III,1146.

[**Dusel**]**b.** Glückspilz: *°Duslbruara* Birnbach GRI; *Duusl:bruadâ* „Person, die Glück hat" CHRISTL Aichacher Wb. 248.

†[**Duz**]**b.** wie →[*Duchetz*]*b.*: *Mit dem Teuffel hat er so genaue Kundschafft getroffen/ daß er gar sein Tutz-Bruder worden* SELHAMER Tuba Tragica I,294.

Schwäb.Wb. II,121 (Dauz-); Suddt.Wb. III,520.– [2]DWB VI,1827.

[**Vater(s)**]**b.** Onkel väterlicherseits, OB vereinz.: *Vatasbruada* Mchn; *Bei mei'm Vaterbruader hab i's amal g'sehng* F. MÜLLER, Der Sepp im Krieg, Hagen i.W. 1918, 125.

WBÖ III,1147.– DWB XII,1,23; LEXER HWb. III,33.– S-87D1.

[**Fatz**]**b.** Spaßmacher, °OB, °NB vereinz.: *°geh zua, du bist a rechta Faatzbruada* „Aufschneider" Taching LF; *Der ... Fatzbrueder* „Possenreißer" SCHMELLER I,780.– Zu →*fatzen* 'possenhaft reden, handeln'.

SCHMELLER I,780.– DWB III,1363.– W-44/12.

[**Faxen**]**b.** dass., °OB, °NB vereinz.: *°Faxnbruader* Fischbachau MB.

[**Fecht**]**b.** **1** Fechtbruder, °OB vielf., °NB, °OP mehrf., °MF, °SCH vereinz.: *°Fechbrüada und Bedlmanna* Marktl AÖ; *Fächdbrouda* Pelchenhfn NM; *A Fechd:bruadâ hodd gleidd!* CHRISTL Aichacher Wb. 270.– **2** wie →[*Bettel*]*b.2*: *Fechtbrouda* „Bettelmönch" KOLLER östl.Jura 23.

WBÖ III,1147; Schwäb.Wb. II,998; Schw.Id. V,417; Suddt. Wb. IV,63.– [2]DWB IX,224.– CHRISTL Aichacher Wb. 270; KOLLER östl.Jura 23; KONRAD nördl.Opf. 74; SOJER Ruhpoldinger Mda. 14.

[**Feckel**]**b.**: *Föklbruada* „einer, der geflickte Kleider trägt" O'birnbach GRI.– Zu →*feckeln* 'schneiden'.

[**Fez**]**b.** wie →[*Fatz*]*b.*, °NB, °OP vereinz.: *°Fetzbruader* Pleinting VOF.

†[**Gart**]**b.** herumziehender, bettelnder Landsknecht: *Zum neundten soll niemand ... Gartbrüder oder andere verdächtige Bettler ... be-*

herbergen Fichtenhf AM 1692 HARTINGER Ordnungen II,538.– Zu →*garten* 'streunen'.

SCHMELLER I,939.– Schwäb.Wb. III,72.– DWB IV,1,1,1385; Frühnhd.Wb. VI,127.

[**Gelt-es-gott**]**b.** schmarotzerischer Mensch, °OB, °NB vereinz.: °*an Geltsgottbruada mecht alls umsonst* Marktl AÖ.

[**Halb**]**b.** Halbbruder: *Hoöbbruada* Aicha PA; *Halbbruder* „Stiefbruder" CHRISTL Aichacher Wb. 45.

WBÖ III,1147; Schwäb.Wb. VI,2094.– DWB IV,2,195; Frühnhd.Wb. VII,907.

†[**Haus**]**b.** Insasse eines Spitals: *Carl Wallner Lepros ... Hausbruder allda* Mchn 1691 Entwurf des Bürgerlichen Lazareths od. sog. LeprosenHauses am Gasteige, hg. von F.K. v. BARTH, F.A. PILGRAM, München 1773, 29.

Schwäb.Wb. III,1273, VI,2122; Schw.Id. V,418.– Rechtswb. V,386; Frühnhd.Wb. VII,1324.

Mehrfachkomp.: [**Wirts-haus**]**b.** jmd, der oft im Wirtshaus sitzt, °OP vereinz.: *a Wirtshausbruada* Wenzenbach R; *Siem Wirtshausbröida ... senn am Wirt saa Kläiwaacherl aaffeklettert* SCHMIDT Säimal 53.

WBÖ III,1147; Schwäb.Wb. VI,882.

[**Herz**]**b.** Herzensfreund, OB vereinz.: *Heazbruada* Mchn; *dös vergeß i'dia nia, Herzbruada!* H. STIEGLITZ, Das Nibelungenlied. Altbayer. erzählt, München 1919, 76.– Auch: *Hau Headsbruada!* „Begrüssungs- auch Beteuerungsformel, heute schon recht selten" HELM Mda. Bgdn.Ld 44.

Schwäb.Wb. III,1528.– DWB IV,2,1227.– S-77B37.

[**Judas**]**b.** falscher, hinterhältiger Mensch: °*des is a so a Judasbruada* Fraunbg ED; *Er ist ein Judasbruder* Bair.Sprw. I,109; *hout ehm fei˜ schelmisch am Kopf g'schlagen hart, Ă recht Judasbrudă* Rgbg 1723 HARTMANN Hist.Volksl. II,233.

[**Kegel**]**b.** Kegelbruder: *Net amal zünftige Keglbrüada san do!* Altb.Heimatp. 62 (2010) Nr.30,25.

†[**Klag**]**b.** best. Teilnehmer eines Opfergangs für einen Verstorbenen: *2 klagprüder ... mit brennenden Stablichtern* 1509 HÜBNER Mchn II,594.

[**Klöpfel**]**b.** wie →[*Tippel*]*b.*: *Klöpfebruada* Kiefersfdn RO.

[**Kloster**]**b.** wie →*B.*4, °OB, °NB, °OP vereinz.: *dö Kloustabrüada ham d'Hoor umadum kurz gschnidn* Kötzting; *Mei Bruada ... is a Klosterbruada* QUERI Bauernerotik 45; *Ich kenn ... einen Kloster-Bruder* SELHAMER Tuba Tragica II,466.– Im Vergleich: „der sieht aus *wia a Kloschdabruada*, glattrasiert" Wielenbach WM.

WBÖ III,1147; Schwäb.Wb. IV,501.– DWB V,1236; Frühnhd.Wb. VIII,1142; LEXER HWb. I,1631.– BRAUN Gr.Wb. 317.– S-89I33.

[**Krampf**]**b.** **1** Sprücheklopfer, Schwätzer, °OB vereinz.: °*a so a Gråmpfbruada* Ebersbg; *Dees is ja ein Krampfbruada, der tuat nur so, als ob er a Kriminaler wär!* E. BICKEL, Schwabinger Rhapsodie, München 1947, 113.– **2** wie →[*Fatz*]*b.*, °OB, °SCH vereinz.: *Krampfbruada* Kienbg TS.

WBÖ III,1147.

[**Kutten**]**b.** abwertend wie →*B.*4: °*Kchuttabruadr* Bernbeuren SOG; *Du muaßt doch deim Kuttenbruada haufaweis obkauft hobn von dem heilign Glump!* GRAF Werke XIII,208.

Schwäb.Wb. IV,880.– Frühnhd.Wb. VIII,1918.

[**Laien**]**b.**, †[**Lai**]- Laienbruder, OB, NB vereinz.: *a Leienbruada* Hohenpeißenbg SOG; *brv̊der Hainrich æin laibrv̊der* Kühbach AIC 1293 Corp.Urk. III,66,40; *dye lay brüeder in den klostern sand Benedicten* wohl Weihenstephan FS Mitte 15.Jh. Cgm 2927,fol.22r; *Leyen:Brüder müsten draust die Bauren Arbeit ... verrichten* SELHAMER Tuba Rustica I,73.

WESTENRIEDER Gloss. 328.– WBÖ III,1148; Schwäb.Wb. IV,931; Schw.Id. V,419.– DWB VI,78; Frühnhd.Wb. IX, 862; LEXER HWb. I,1867; WMU 1117f.– S-89I34.

[**Zimmer-manns**]**b.** nur in Ra.: *de tanzt mit'n Zimmermoasbrouda* Mädchen, das keinen Tänzer findet Neualbenrth TIR.

[**Marode**]**b.** kränklicher Mensch: *Marodebruada* Kammerbg FS; *Marode:brua:dâ* [Ef.] CHRISTL Aichacher Wb. 253.

SCHMELLER I,1637.– WBÖ III,1148; Schwäb.Wb. IV,1493, VI,2530.– DWB VI,1670.– CHRISTL Aichacher Wb. 253.

[**Maroni**]**b.** abwertend Italiener: *Den Maronibruada möchst ferchten!* CHRIST Werke 573 (Rumplhanni).

[Massel]b. wie →*[Dusel]b.*: °*Maßlbruada* Piding BGD; *Másslbruadá* „Glückspilz" HEIGENHAUSER Reiterwinkerisch 28.

HEIGENHAUSER Reiterwinkerisch 28.

[Meß]b. jmd, an den man sich mit dem gegenseitigen Versprechen, nach dem Tod des anderen eine Messe lesen zu lassen, gebunden hat, OB, °NB vereinz.: °*da Meßbruada* „geht bei der Leich direkt hinter den Verwandten" Wimm PAN.

[Milch]b. **1** Milchbruder, OB vereinz.: *Milchbruder* Mchn.– **2**: *Millibruada* „einer, der gerne Milch trinkt" Staudach (Achental) TS.

WBÖ III,1148; Schwäb.Wb. VI,2569.– DWB VI,2190f.; Frühhnd.Wb. IX,2456.– S-64K2.

[Radau]b. Radaumacher, °OB, °NB, °OP vereinz.: °*der Radaubruada håd dös ganzö Föst vadohm!* Wimm PAN; *Es seids doch de gräßtn ... Radaubriada, die ummanandalaffan* BINDER Saggradi 166.

[Salm]b. wie →*[Krampf]b.*1: *Wenn aa ned aa so aa oida ... Soimbruada war* BINDER Saggradi 220.– Zu *Salm* (→*Psalm*) 'unsinniges Gerede'.

[Sauf]b. **1** Säufer, Saufkumpan.– **1a** Säufer, °OB, °NB mehrf., °OP, SCH vereinz.: *des is a Saufbruader, a versoffener* Wasserburg; *Sāfbruada* AMAN Schimpfwb. 116; *Wenn is Geld thät versauffn ... Hoaßets glei der Saufbruder* MAYER Raindinger Hs. 79; *sagt man von denen ... Fraß- und Saufbrüdern, der Mensch hat einen Gansmagen* Bayer.Barockpr. 68 (Archangelus a Sancto Georgio).– **1b** Saufkumpan, °OB, NB vereinz.: °*hoggans wieda beinånda die Saufbriada* Ebersbg; *Saffbrouda* „Zechkumpan" BRAUN Gr.Wb. 512; *Zwey Sauff-Brüder, die mit dem Glaß Bier einen Bund gemacht* SCHREGER Speiß-Meister 46.– **2** Mensch mit Kupferrose: *Saufbrüadal* „Mensch mit Wimmerln, besonders an der Nase, angeblich durch Trunksucht" Tölz; *Saufbrüderl* BzAnthr. 8 (1889) 177.

WBÖ III,1148; Schwäb.Wb. V,610.– DWB VIII,1876.– BRAUN Gr.Wb. 512; KOLLER östl.Jura 59.– S-26P33, 87C13, 97C16.

[Mond-schein]b. Nachtschwärmer, Herumtreiber, °OB vereinz.: °*dös san so Moscheibrüada* Peiting SOG; *Mo'scheibriada* „Spätheimkehrer aus dem Wirtshaus" JUDENMANN Opf.Wb. 111.

WBÖ III,1148.

[Schiß]b. wie →*[Bollen]b.*, °OB mehrf., °NB, OP, SCH vereinz.: °*dös ischt so a Schießbruader* U'ammergau GAP; „Soldaten, die ... sich beim Einsatz wiederholt drückten ... *Schißbruder*" OB B. ZIEMANN, Front u. Heimat, Essen 1997, I,113.

Schwäb.Wb. VI,2962.

[Schmalz]b. **1** Schmeichler: *Schmalzbruader ... Scheinheiligs Vaterbüaberl* EHBAUER Weltgschicht I 54.– **2** gefühlsseliger Mann: *Den Schmoizbruada dabagg i ned* BINDER Saggradi 209.– **3** Schwächling: *so a Schmalzbruder* Pasing M.

WBÖ III,1148.– S-69H30.

[Schmälzler]b., **[Schmäl]-** Schnupfer: °*Schmeizlabruader* Ebersbg; „Am Nebentisch sitzt ein alter verschmierter *Schmaibruder*" Bay.Wald HuV 13 (1935) 233.

[Schnaps]b. Schnapsbruder, °OB, NB, °OP, SCH vereinz.: *a råudi Nosn van an Schnapsbrouda* Wildenrth NEW; *du weitfotzerter* [großmäuliger] *Schnapsbruada* PESTENHOFER Drahtverhau 150.

WBÖ III,1148; Schwäb.Wb. V,1032; Schw.Id. V,421.– DWB IX,1176.– S-87C13.

[Schwärtlings]b.: °*Schwartlingsbruada* „Schifahrer" (Ef.) Ebersbg.– Zu →*Schwärtling* 'Ski'.

[Spiel]b. jmd, der oft Karten spielt: *Spuibruada* Staudach (Achental) TS.

WBÖ III,1148; Schwäb.Wb. VI,3150.– DWB X,1,2323.

[Spinat]b. Homosexueller: *Spinatbruder* Mchn.

†**[Spital]b.** Mönch in einem Spital: *beede Eremiten und Spitalbrüder allda* Kemnath 1793 Heimat TIR 15 (2003) 152.

WBÖ III,1148; Schwäb.Wb. V,1549; Schw.Id. V,421.– LEXER HWb. II,1101; WMU 1626.

[Steh]b.: „seitliche Stützen, Kipfen beim Leiterwagen ... *Stehbrüder*" Windf VOF SNiB VI, 110.

†**[Stein]b.** Dim. **1**: *Staə̃brüədeˡl* „(scherzh.) vertrauter Freund" SCHMELLER II,763.– **2** wie →*[Sauf]b.*1b: „viele ... die unter *Steinbrüderln* sich baß zuvor gerühmt" LEOPRECHTING Lechrain 126.

SCHMELLER I,349, II,763.– WBÖ III,1148; Schwäb.Wb. V,1712.– DWB X,2,2035.

[Stief]b. Stiefbruder, OB, NB, OP, SCH vereinz.: *Schtuifbruada* Peiting SOG; *Stöifbrouda* Cham; *der Onkel vom Noichl sein' Stiefbruada* E. Bikkel, Schwabinger Rhapsodie, München 1947, 84; *Priuignus stivfbrůder* Rgbg 11./12.Jh. StSG. III,427,7; *Ich schaff auch meinem Steüfpruder ... czway pfunt Regenspurger pfennig* 1422 H. Lukas, Sprachl. Analyse mittelalterlicher Bürgertestamente aus Regensburg, Ex. masch. Regensburg 1997, 14; *unsere Stieff:Brüder die Lutheraner* Selhamer Tuba Rustica I,436.

WBÖ III,1148; Schwäb.Wb.V,1756; Schw.Id.V,422.– DWB X,2,2770f.; Frühnhd.Wb. XI,435f.; Lexer HWb. II,1189; Gl.Wb.594.– S-87C13.

[Stoß]b. wie →*[Dusel]b.*: °*Schdoußbruara* „Glückspilz" Birnbach GRI.

[Walz]b. 1 Handwerksbursche auf der Walz, °Gesamtgeb. vielf.: °*dös war in seine junga Johr a richtiga Woizbruada* Wettstetten IN; °*dou howe an schäin Walzbrouda ghatt, dös war a Stromer* Selb; *Walzbrouda* „früher wandernder Handwerksgeselle" Konrad nördl.Opf. 86.– **2** wie →*[Tippel]b.*, °OB, °NB, °OP, °OF, °MF vereinz.: °*da Hannes is a alta Walzbruada, der kummt scho zwanzg Johr* Wiefelsdf BUL; *Walzbrouda* „heute Bettelmann" Konrad ebd.– **3**: °*dös is a oita Walzbruada* „einer, der dauernd unterwegs ist" Hohenpeißenbg SOG.

WBÖ III,1148f.– DWB XIII,1403.– Braun Gr.Wb. 801; Konrad nördl.Opf. 86.– W-44/13.

[Weih]b.: *Weichbruada* „Klosterbruder, der für seinen Dienst geweiht wird" Judenmann Opf. Wb. 170.

[Wichs]b. 1: *Wixbruada* „Onanist" Aman Schimpfwb. 143.– **2**: *Wixbruada* „junger, unreifer, nicht ernst genommener Bursche" ebd.

WBÖ III,1149; Schwäb.Wb. VI,749.

[Zech]b. 1 Säufer, Saufkumpan.– **1a** wie →*[Sauf]b.*1a, OB, NB, OP, SCH vereinz.: *des is an älter Zechbruada* „Trinker" Wasserburg; *meide die nasse Brüder/ die Bacchus-Brüder/ die Zech-Brüder* Selhamer Tuba Tragica I, 142.– **1b** wie →*[Sauf]b.*1b: *Zöchbruader* „Zechkumpan" Passau; *Zechbrouda* Braun Gr.Wb. 904; *Ein ieder günnt seinem zechbruder* Sachs Werke XVII,385,5.– **2**: °*Zechbruder* „einer, der jeden Tag woanders einen Freitisch hat" Neumarkt.– **3** †wie →*B.*6: *Der Zechbruder* „Vereinsgenosse, Zunftbruder" Schmeller II,1078.

Schmeller II,1078.– WBÖ III,1149; Schwäb.Wb. VI, 1069f.– DWB XV,427f.; Lexer HWb. III,1037.– Braun Gr. Wb. 904.– S-97F55. A.S.H.

-brüder, †-u-

M.Pl., nur in: **[Ge]b. 1** Gebrüder, Geschwister: *Die beiden sind Gebrüder* „Brüder" Delling I,200; *Die gebruoder zesamen giengen* Kaiserchr. 135,2957; *chvnrat vnd perhtold zwen gebrvder von pv̊hel* Geiselhöring MAL 1281 Corp. Urk. I,395,12f.; *Wilhelm und Ludwig, Gebrueder, Herzogen in Obern- und Niedernbayern* 1535 Breit Verbrechen u.Strafe 37.– **2** †Konvent, Mitglieder eines Klosters: *die gebruder gemainleichen sand Francissen ordens ... des conuents zu Munchen* 1414 Urk.Heiliggeistsp.Mchn 341.

Etym.: Ahd. *gibruoder* stm., mhd. *gebruoder*, *-brüeder* Pl., Abl. von →*Bruder*; Pfeifer Et.Wb. 175.

Delling I,200.– WBÖ III,1147; Schwäb.Wb. III,137; Schw.Id. V,426.– DWB IV,1,1,1875f.; Frühnhd.Wb. VI, 315f.; Lexer HWb. I,762; WMU 570; Ahd.Wb. I,1449.

A.S.H.

brüderlich, †-u-

Adj. **1** brüderlich, °OB, NB vereinz.: °*briadale hamma ned* Parsbg MB; *Da gibt's koa bessers Pflasta drauf als wia-r-an Spezi ... damit ma d'Zwidernis brüaderli toalt* Breitenfellner Spinnstubengesch. 26; *bruderlicha* Windbg BOG 12.Jh. StSG. I,461,4f.; *sein wille ist daz wir brůderlich mit ein ander leben* O'altaicher Pred. 133,10; *als from cristen ... aneinander cristlich brüederlich vnd freuntlich ... weysen* OP 1534 Wüst Policey 603.
2 †nach Art, im Geiste von Zunftgenossen: *dem ... soll ... brüderliche Hilfe mitgeteilt werden* Wunsiedel 1544 Zils Handwerk 25.

Etym.: Ahd. *bruoderlîh*, mhd. *bruoder-*, *brüederlich*, Abl. von →*Bruder*; Pfeifer Et.Wb. 175.

WBÖ III,1149; Schwäb.Wb. I,1463; Schw.Id. V,426.– DWB II,421; Frühnhd.Wb. IV,1248f.; Mhd.Wb. I,1057f.; WMU 304; Ahd.Wb. I,1449. A.S.H.

†brüdern

Vb., Part.Prät., als Brüder, Geschwister verbunden: *Beede herrn gebrüederten Schurffen* [FN] 1650 Haidenbucher Geschichtb. 169.

Etym.: Mhd. *bruodern*, Abl. von →*Bruder*; vgl. Pfeifer Et.Wb. 175.

WBÖ III,1149; Schw.Id. V,423f.– DWB II,421; Frühnhd. Wb. IV,1249f.; Mhd.Wb. I,1058; WMU 2564. A.S.H.

Bruderschaft, -ü-

F. **1** †Verwandtschaft als Brüder: *Plos leibliche brueederschaft ist … zuo poesem genaigt* BERTHOLDvCh Theologey 334.

2 Freundschaft.– **2a** Verbundenheit, Gemeinschaft unter Mitmenschen, °OB, °OP vereinz.: *°beim Gejd, da hört si d'Bruadaschaft auf* Halfing RO; *wer hot denn gstift Dee guate Bruadaschaft* PANGKOFER Ged.hd.u.altb.Mda. 146; *geistliche brueederschaft vnder allen menschen* BERTHOLDv ChTheologey 334.– **2b** Duzfreundschaft, OB, NB vereinz.: *ea hat mir d'Bruderschaft atragn* Haag WS; *Girgl, aufd Bruadaschaft!* F.X. KROETZ, Stücke, Frankfurt a.Main 1989, II,39; *daß sie … under einander solche Bruderschaft mit dem Worth „Du" machen* Mchn 1589 Dt.Hofordnungen II,215.– In fester Fügung *B. (zu)trinken* Brüderschaft trinken, NB, OP vereinz.: *d'Bröidaschaft zoutrinkn* Naabdemenrth NEW; *Da hab' i neuli mit an Untersuchungsrichter Bruaderschaft trunka* Mchn A. SCHWIND, Bayern u. Rheinländer, München u.a. 1958, 122.

3 Glaubensgemeinschaft: *Deszhalb sollen die Christen miteinander in cristenlicher bruoederschaft leben* BERTHOLDvCh Theologey 335.

4 religiöse Gemeinschaft.– **4a** †Ordensgemeinschaft: *umba alla die toton, die hîa bruderscaft habant* 11.Jh. SKD 187,70 (Otloh); *das wir … ze chaufen haben geben … der brůderschaft in dem spital ze Můnichen vnsern hof ze Hainrichshouen* Heinrichshfn LL 1350 Urk.Heiliggeistsp.Mchn 124.– **4b** Gebetsbruderschaft, religiöse Vereinigung, OB, NB vereinz.: *Bruadaschaftn* O'audf RO; „In Lengris [TÖL] sind allein ein Duzend *Brüderschaften*" HAZZI Aufschl. II,1,32; *ich hân mich doch in ir brüederschaft und in ir gebet gekoufet* BERTHOLDvR I,137,9f.; *Jn disem Jar … haben vnß die herrn Caputciner … Jn Jr pruederschafft aufgenomen* 1611 HAIDENBUCHER Geschichtb. 24.– †Auch: Mitgliedschaft darin: *sol des hende, der die brvderschaft bitet, legen avf ain messebv°ch* Eichstätt um 1250 Sammelbl.des Hist.Vereins Eichstätt 64 (1971) 34.– Kerze ders.: *so seczt man die par mitten in die kirchen, vnd zint die 2 bruederschaft an* 1600 MHStA KL Frauenchiemsee 98,fol.58ʳ.

5 Zunft, Gilde, Körperschaft, NB, OP vereinz.: *Bruaderschaft* Passau; *Die Bruederschaft* „die gesammten Gastwirthe eines Ortes" SCHMELLER I,350; *zunft, zech, bruderschaft* AVENTIN I, 391,11f. (Gramm.).

Etym.: Ahd. *bruoderscaf(t)*, mhd. *bruoderschaft*, Abl. von →*Bruder*; PFEIFER Et.Wb. 175.

SCHMELLER I,350; WESTENRIEDER Gloss. 61.– WBÖ III,1149f.; Schwäb.Wb. I,1463; Schw.Id. V,424f.; Suddt.Wb. II,661.– DWB II,422; Frühnhd.Wb. IV,1250-1252; Mhd. Wb. I,1058-1060; WMU 304; Ahd.Wb. I,1449f.– BRAUN Gr.Wb. 67.– S-5B15ᵉ, 87C14.

Komp.: †[**Buben**]**b.** religiöser Junggesellenverein: *sein' Sarg … wie 'n d' Bubenbruderschaft zum Grab g'leit't* M. SCHMIDT, Der Bubenrichter von Mittenwald, Regensburg 1927, 173.

SCHMELLER I,191.

[**Flori(ani)**]**b.** Bruderschaft zur Verehrung des Hl. Florian, OB, NB, OP vereinz.: *Floröanöbruadaschaft* „zur Verehrung des Schutzpatrons gegen Feuersgefahr" Schwaibach PAN.

WBÖ III,1150.

†[**Simonlein**]**b.**: „Der 28. Oktober … ist der Tag … der *Simannlbruderschaft*, d. h. der Ehemänner, die unter dem Pantoffel ihrer Weiber stehen … *Sie Mann* und *Er Weib*" OB Bavaria I,383.

WBÖ III,1150. A.S.H.

Prüfe

F., schriftliche od. mündliche Prüfung, NB, MF vereinz.: *Briefa* Bodenmais REG.

DWB VII,2181f.; Frühnhd.Wb. IV,1253f. A.S.H.

brufeln, murmeln, →*brumfeln*.

prüfen

Vb. **1** schriftlich od. mündlich prüfen, °OB, °NB, SCH vereinz.: *briafa* Derching FDB; *praeifa* NM VHO 19 (1860) 120.

2 (etwas) auf Eignung testen: *Wenn a neiö Sengst* [Sense] *kaaft is woan, na is dö zeast genau prüaft woan* KERSCHER Waldlerleben 124.

3 †wahrnehmen, erkennen, beobachten: *Der mittelpunct ist ain untaillich mark, daz ma ze mittelst in den himeln prüft* KONRADvM Sphaera 17,14f.; *nachdem man in im … die höchsten weishait und frümkait geprüeft hat* AVENTIN IV,834,31f. (Chron.).

Etym.: Mhd. *prüeven, b-, pruoven*, aus afrz. *prover*, lat. Herkunft; KLUGE-SEEBOLD 729.

SCHMELLER I,351, 468.– WBÖ III,1156; Schwäb.Wb. I, 1465f.; Schw.Id. V,509; Suddt.Wb. II,661.– DWB VII,2182-2185; Frühnhd.Wb. IV,1254-1256; LEXER HWb. II,302f.– S-91E20, 101C75.

Abl.: *Prüfe, Prüfung.* A.S.H.

Bruft →*Brunft.*

Prüfung

F. **1** schriftliche od. mündliche Prüfung, °Gesamtgeb. vielf.: *Briafung* Haidmühle WOS; °*der mecht heia sa Prüfing* Schönwd REH; *Heunt acht Tog is enker Prüfung* GRAF Werke XIII,76.
2 schicksalhafte Belastung: *a Prifung vom Herrgott gschickt* Prackenbach VIT.

Etym.: Mhd. *prüevunge*, Abl. von →*prüfen*; PFEIFER Et.Wb. 1055.

WBÖ III,1156f.; Schw.Id. V,509; Suddt.Wb. II,661.– DWB VII,2186f.; Frühnhd.Wb. IV,1257; LEXER HWb. II,303.– S-91E21, M-133/1.

Komp.: [**Bäcker**]**p.** Prüfung im Bäckerhandwerk, in Ra.: „Von einem, der den ganzen Tag zum Fenster hinaussah ... *Er macht die Bäckerprüfung* (weil der Bäcker ... zur nachtschlafenden Zeit arbeitete und tagsüber ausruhen konnte)“ Altb.Heimatp. 51 (1999) Nr.27,21.

[**Schul**]**p.** Schulprüfung, OB, NB, OP, MF vereinz.: *Schoulbröifing* Solnhfn WUG.

WBÖ III,1157.– DWB IX,1964. A.S.H.

Prügel

M. **1** Prügel, Stamm, Rundholz.– **1a** Prügel, längliches Holzstück, °OB, °NB, °OP mehrf., °MF, SCH vereinz.: °*ums Haus uma hod a a Hoiz afgricht, a feidas* (fichtenes) *und a boa buchanä Brigl hand å dabei* Bierhütte WOS; *wenn's recht springa, na hengt ma ean an Brigl a* „dem Weidevieh“ Pemfling CHA; *i ... hab Prügl ghackt* HALTMAIR G'rad mit Fleiß 55; *Prügel richten* „ordentlich aufschichten“ SCHMELLER I,468; *Wer ein messer, stein, prügl oder anders über den andern freventlich zuckt* Raitenbuch WUG 15.Jh. GRIMM Weisth. III, 630; *sollen ... Underthonen ... so aigene Hundt haben ... Prigel anhengen* Hohenburg AM vor 1703 HARTINGER Ordnungen II,609.– In fester Fügung: °*an dickn Prügl durchsägn* „laut schnarchen“ Weiherhammer NEW.– Ra.: *jmdm P. zwischen die Füße / in den Weg werfen* u.ä. Schwierigkeiten bereiten, °OB, NB vereinz.: °*oan Prigl in Weg schmaißn* Fürstenfeldbruck; *wenn'ds mir ös in oan furt Prügl zwisch'n d' Haxen werfts* O.M. GRAF, Die Chron. von Flechting, München 1975, 186; „Er weiß ... wenn es Zeit ist, *ein Aug zuzudrücken*, oder *mit Prügeln darein zu werfen*“ S. ROTTMANNER, Anm. über das bayer. Mandat ... in Betref der Wildschützen u. Landcultur ... 1778, o.O. 1778, A2^{v};– °*dem häng i a Prügerl a* „bereite ich ein Hindernis“ Weiden;– °*dou doud ine da Herrgott scho a Briecherl fier* Rottendf NAB.– *Oan guate Prügl unter d'Füaß werfa* beweihräuchern Kraiburg MÜ.– *Den muaß ma mit an Prügl aufn Kopf aufhaun* „der ist geistig schwerfällig“ Zwiesel REG.– *a Brigä nochz'legn* [weitere Streiche zu spielen] SILBERNAGL Almsommer 159.– Ortsneckereien: *In Pressath* [KEM] *und Lueg kriegt man Prügel grad gnueg* BRONNER Schelmenb. 212;– „Gmund [MB] ... *Prügel*“ ebd. 130.– Auch †grob geschmiedete Eisenstange: „der ... reine Eisentheil ... in unförmliche Stangen oder *Brügel* ... gestrecket“ M. v.FLURL, Beschreibung der Gebirge von Baiern u. der oberen Pfalz, München 1792, 138.– **1b** Baumstamm, °südl.OB vereinz.: °*Prügl* „Waldbäume, die zu Tal gebracht werden“ Sachrang RO; *Der Prügel* „(zwischen Inn und Salzach) ein abgehauener, entasteter, wol auch abgeschälter Baumstamm ... in Form von Flößen herabgeführt“ SCHMELLER I,468; *Prigl-mehn* „Holzschleifen mit dem Pferd“ SOJER Ruhpoldinger Mda. 32.– In fester Fügung: °*Prügl fahrn* schnarchen Reit i.W. TS.– **1c** Rundholz, (dünner) Stammabschnitt, °OB, °NB, °OP vereinz.: °*buachane Prügl* „armdicke Stämme“ Frauenau REG; *Der Prügel* „rundes Drittel-, Viertel- etc. Stück eines solchen Baumstammes, das auf Flüßen fortgeschwemmt ... wird“ sw.OB SCHMELLER I,468; *Briegl* „meterlanges Rundholz“ Wb.Krün 40; „Die Triftgebirge, von welchen das Holz jährlich in *Prügeln* ... in die Isar gebracht“ TÖL WESTENRIEDER Beytr. V,267.– In fester Fügung *Tölzer P.* Triftholz: *Tölzer-Prügel* SCHMELLER I,468; „Triftholz, meist zwei Meter lange *Prügel ... Tölzer Prügel* genannt“ Zwiebelturm 16 (1961) 126; *Hiesl fahrt auf einem Tölzerbrügl ... daher* BUCHER Charfreytagsprocession 194;– (*Tölzer*) *P.* Ortsneckerei für die Einwohner von Tölz, °OB vereinz.: *Tölzer Brügl* Marschall MB; *Prügel* BRONNER Schelmenb. 136.
2 best. hölzernes Trinkgefäß, in fester Fügung *Tölzer P.*: °*Tölzer Prügel* Wackersbg TÖL; „Beim Bürger-Bräu in Tölz als Wahrzeichen ein zum Trinkgeschirr ausgehöhlter *Tölzerprügel*“ SCHMELLER I,468; „*Tölzer Prügel* hölzerne meist dreibeinige Trinkgefäße in Gestalt von Prügeln“ Isarwinkel Zwiebelturm 16 (1961) 126.

3 Dreschflegel u./od. Klöppel daran, OB, NB vereinz.: *Prügl schutzn* „schwingen" Lam KÖZ.
4 Gewehr, OB, NB vereinz.: *Priegl* Eberfing WM.
5 Gebackenes.– **5a** längliche in Schmalz gebackene Nudel, °OB, °NB vereinz.: °*Prügl* „lange Schmalznudeln" Tuntenhsn AIB.– Auch in fester Fügung *Tölzer P.* °OB vereinz.: °*Tejza Prigl* „aus Sauer- und Hefenteig" Endlhsn WOR; „*Tölzer Prügel* … Gebäck, das einst bei keiner großen Hochzeit fehlen durfte" Zwiebelturm 16 (1961) 126.– **5b** längliches Brot, NB, OP vereinz.: *Priegal* „Weißbrot" Kollnburg VIT; *Prügel* „Brodwecken" Bay.Wald SCHMELLER I,468.
6 Zigarre, OB, NB vereinz.: *håd dea an Brigl in da Fotzn* Teising MÜ.– Auch in fester Fügung *herrischer P.*, meist Dim., OB vereinz.: *a herrisch Prügei* Kiefersfdn RO.
7 Penis, °OB, °NB, °OP, °MF vereinz.: °*da Briegl* Bergen WUG; *da schiabt er ihr sein Prügl nei* QUERI Bauernerotik 55.
8 großes, kräftiges Exemplar, °OB, °NB, °OP mehrf., °Restgeb. vereinz.: °*des is a Prügl von an Mannsbild* Teisendf LF; *a so a Prügl Nadl, nahm ö hoit do glei an Besnschtü hea* Hengersbg DEG; °*a Prigl Vöich* Traßlbg AM; *Prüglleut müassn dö gwen sein und gwiß koana unter zwoa Meter* Kösching IN HuV 14 (1936) 62.– Auch: *Prügl Geld* „große Menge Geld" Passau.
9 Pl., Schläge, bes. mit dem Stock, °Gesamtgeb. vielf.: °*hosd Brigl griagd i da Schui?* Ebersbg; *der kröigt mehr Prügl als z'Fressn* Donaustauf R; *Prügl gem* Schönwd REH; *Bei dera … kriag i nur Prügl, wenn i Baur bin* GRAF Dekameron 155f.– Auch in festen Fügungen *eine* →*Tracht* / *ein* →*Traktement P.*

Etym.: Mhd. *brügel* stm., Abl. zur selben Wz. wie →*Brucke*; Et.Wb.Ahd. II,371.

SCHMELLER I,468.– WBÖ III,1157-1159; Schwäb.Wb. I,1466; Schw.Id. V,520-522; Suddt.Wb. II,661-663.– DWB II,423, VII,2188-2190; Frühnhd.Wb. IV,1258; Mhd.Wb. I,1044.– BERTHOLD Fürther Wb. 171; BRAUN Gr.Wb. 472; DENZ Windisch-Eschenbach 222; KILGERT Gloss.Ratisbonense 131; KOLLER östl.Jura 15; POELT-PEUKER Wb. Pöcking 10; SOJER Ruhpoldinger Mda. 32; Spr.Rupertiwinkel 15; Wb.Krün 40.– S-60F49, M-220/16, W-44/16f., 19.

Abl.: *prügelhaft, prügeln, Prügler, Prüglet(s), prüglicht, Prügling.*

Komp.: [**Arsch**]**p.** Pl., Schläge auf das Gesäß, bes. mit dem Stock, °OB, °NB, °OP vereinz.: °*Oaschbriegl* Rottendf NAB; *bFrain* [Lehrerin] … *hod ma haind vier Datzn und zwoa Arschbriegl gem* ILMBERGER Fibel 65; *Wenn i glei scho siebenzig Arschprügel auf mir hab!* SCHLICHT Bayer.Ld 96.

Schwäb.Wb. I,330; Suddt.Wb. I,473.– DWB I,567.– KOLLMER II,218.

[**Beicht**]**p.**: *Beichtbrigl* „Brezenringe, die an Beichttagen gegessen werden" Iggensbach DEG.

[**Pfarzen**]**p.**: *Pfarznprigl* „Fagott" SOJER Ruhpoldinger Mda. 32.– Zu *Pfarze* (→*Farze*) 'Blasinstrument'.

Suddt.Wb. II,282.– SOJER Ruhpoldinger Mda. 32.

[**Binder**]**p.** Reitel: °*Bindarbriegl* „zum Festdrehen der Kette beim Langholztransport" Wildsteig SOG.

[**Borzen**]**p.** dürrer Zweig: *Was wüsch denn mit dem Boarzabriegala* WÖLZMÜLLER Lechrainer 97.– Zu →*Borzen* 'Reisigbündel'.

[**Brand**]**p.** im Osterfeuer angebranntes Holzstück, °NB vereinz.: °*Brandprügl* „kleine Kreuze daraus wurden auf die Felder gesteckt" Griesbach DGF; „den … *Brandprügel* für den Karsamstag" LETTL Brauch 47.

[**Pratz**]**p.** Balken (mit Bremsklötzen) am Wagen: °*Brotzbrigl* „an den hinteren Rädern" Kohlgrub GAP.

[**Brems**]**p. 1** Bremsvorrichtung.– **1a** wie →*[Pratz]p.*, °Gesamtgeb. vereinz.: °*Bremsbriegl und zwa Schlafsteckla* „Bremsklötze" Regelsbach SC; „Unter dem Deichselarm waren der Bremsstock und der *Bremsprügel* befestigt" MESTEMACHER Arbeitsgerät Obb. 94.– **1b** Baumstamm, der an einem Fahrzeug angehängt wird: °„*Bremskette mit dem Bremsprügl* hinten am Anhängschlitten" Stephanskchn RO.– **1c** Stock, der zw. die Radspeichen geschoben wird: °*Bremsprügl* Gangkfn EG; „wenns noch *Zaunlattn* oder *Bremsprügel* erwischen" STROBL Feiertäg 33.– **2** Holzprügel, der dem Weidevieh od. Hund umgehängt wird, °NB, °OP, SCH vereinz.: °*Bremsprügl* Treidling ROD.– **3** wie →*P.*6, °OB, NB vereinz.: °*schengmara an soichan Bremsbrigl!* „dicke Zigarre" Ebersbg.

WBÖ III,1159.– S-80B118.

[**Brüch**]**p.** wie →*[Binder]p.*, °NB vereinz.: °*Briachprügl und Kettl* „beim Mistwagen" Essenbach LA.– Zu →*brüchen*[2] 'reiteln'.

Schwäb.Wb. I,1458.

[**Bruck**]**p.**, [**Bruch**]- **1** Holzprügel als Belag, OB, °NB vereinz.: °„die Sauen liegen auf *Bruckprügl*“ Brunnen SOB; °„mit *Bruckprügln* befestigte man schlechte Waldwege“ Laberweinting MAL; *14' lange Bruckprügel, Baumstecken und Zaunstangen* Landshuter Ztg 10 (1858) 288; „Wenn ... ein Stück einer Chaussee so schlechten Grund hat, daß es ohne Einlegung einiger ... *Bruckprügel* nicht dauerhaft hergestellt werden kann“ Mchn 1765 Slg der Kurpfalz-Baier. ... Landesverordnungen, hg. v. G.K. MEYR, München 1784, I,288.– **2** lange, dicke Kartoffelnudel, °mittl.NB vielf., °OB, °OP, °SCH vereinz.: °*Bruggbrigl* „in der Bratreine gebacken, dazu oft Sauerkraut“ Ergolding LA; *Bruchprügl* HÄUSSLER Oberpf.Kartoffelkochb. 19.– Auch Rohrnudel, °NB vereinz.: °*Bruckprügl* Kchmatting SR.

[**Dächs**]**p.**, [**Dachs**]-, [**Das**]- Nadelbaumast, OB vereinz.: *Dosprigl* Steingaden SOG; *dąkſbrīgęi* Sachsenkam TÖL nach STÖR Region Mchn 951.– Zu →*Dächse* ‘Nadelbaumzweig’.

[**Dauh**]**p. 1** Hebebaum, °OB, °NB, °OP vereinz.: °*Dauhbriegl* Aufhsn R.– **2** Sapin: „Drehhaken ... *daoxbrīgl*“ Essenbach LA nach SNiB VI,242.– Zu →*dauhen* ‘drücken’.

WBÖ III,1159.

[**Dresch**]**p.** Dreschflegel mit starrem Klöppel: °*da Dreschprügl* Wildenroth FFB.

WBÖ III,1160 (Drisch-).

[**Gärb**]**p. 1** †wie →[*Binder*]*p.*: *Gár'prüg·l* „Prügel, durch dessen Umdrehung eine Kette fester angezogen ... wird“ Mchn SCHMELLER I,934.– **2**: °*Gärbprügl* „Stock zum Auswinden der Lederhose nach dem Waschen und Färben“ Fdkchn SR.

SCHMELLER I,934.– DWB IV,1,1,1340.– W-44/20.

[**Grassach**]**p.** wie →[*Dächs*]*p.*, in Ra.: *i kimm a, selm wanns Grosaprigi rengt und Zaunstegga waht* „auf jeden Fall“ Staudach (Achental) TS.– Zu →*Grassach* ‘Nadelbaumzweige’.

WBÖ III,1160 (Gräß-).– S-93P14.

[**Hemm**]**p.** wie →[*Brems*]*p.*2, °NB, °OP vereinz.: °*Hemmprügl* „für Schafe, Rinder“ Martinsneukchn ROD.

[**Herren**]**p.** wie →*P.*6: *a Herrnbrigei racha* (Ef.) Kreuth MB.

[**Holz**]**p.** wie →*P.*1a, °NB, °OP vereinz.: *Hulzbrigl anhenkn, daß Vöich niat sua lafn ka* Hessenrth KEM; *Af jedn Fall hab i eahm mit am Holzprügl a gscheite drüberzogn* Martinsbuch MAL Altb.Heimatp. 53 (2001) Nr.10,27.

S-60F49.

[**Hüter**]**p.** Hirtenstab mit Ringen zum Lärmen: °*wenns zum Eitreibn Zeit war, is mitm Hiatabrügl gschebbert worn* (Ef.) Ried FDB.

[**Judas**]**p.** wie →[*Brand*]*p.*, °OP vereinz.: °*der Judasprügl* „wird am Osterfeuer geweiht“ Dietkchn NM; „Aus dem *Judasprügel* wurden Schleißen gespaltet, die man zu kleinen *Kreuzl* zusammensteckte“ FÄHNRICH M'rteich 203.

[**Kaffee**]**p.** wie →[*Borzen*]*p.*: °*Kaffeeprügl* „dürres Holz am lebenden Baum“ Thanning WOR; *kʰā̊vę̄brīgęi* Sachsenkam TÖL nach STÖR Region Mchn 951.

[**Knie**]**p.** Holzprügel, der dem Weidevieh od. Hund zw. die Beine gehängt wird, °OB, °OP mehrf., °NB, °MF vereinz.: °*Kniaprügl* „bei wilden bissigen Hunden“ Taching LF; °*wenn a Kua gern davoglaffa is auf da Woad, na hat ma ihr an Kniaprügl zwischn d'Füaß ghängt* Winklsaß MAL.

W-44/18.

[**Kuh**]**p.**, [**Kühe**]- Holzprügel, der der Weidekuh umgehängt wird, °NB vereinz.: °*Kouhprügl* Rettenbach BOG.

[**Mang**]**p.**, [**Mäng**]- Rundholz zum Glätten der getrockneten Wäsche, OP mehrf., NB vereinz.: *Mangbrügl* Luitpoldhöhe AM; „Für den runden Teil des zum Handglätten der Wäsche benötigten Mangzeuges ... *moŋbrīgl*“ Sechsämter- u. Stiftld nach BRAUN Egerld 143; *1 Waschpleyl. 1 Mangprigl* Wiesenfdn BOG 1675 BJV 1962,211 (Inv.).

WBÖ III,1160.– BRAUN Gr.Wb. 388.

[**Metten**]**p.** großer Holzprügel zum Warmhalten der Stube während der Christmette, NB, OP vereinz.: *dös sann d'Möttnprügl* Hengersbg DEG.

[**Reit**]**p.** wie →[*Binder*]*p.*, °OB, °NB vereinz.: °*der Roadpriegl* „zum Zusammenspannen der Seitenplanken eines Kiesfuhrwerks mittels Kette“ U'haching M; *roadbrīgl* Thierhaupten ND SBS XII,118.

[Reitel]p. dass., °OB, °SCH vielf., °NB, °OP mehrf., °Restgeb. vereinz.: °*der Roadlbrigl* „zum Aufziehen der geschlachteten Sau" Parsbg MB; °„*mit am Roidlprichala* werden Oberschenkel und Fuß des Rindes beim Klauenschneiden zusammengespannt" Sulzkchn BEI; °*mit dem Roalprügl werd da Wagn groalt* Hochdf FDB; *rõa*$^{(d)}$*lbrīgl* Mörnshm EIH nach SBS XIII,177.

WBÖ III,1160; Schw.Id. V,522 (Reiti-).– Spr.Rupertiwinkel 75.– W-44/19f.

[Reut]p. Holzstecken zum Säubern der Pflugschar: *raedbrīgl* Wallerdf ND nach SBS XII,118.– Zu →*Reute* 'dass.'.

[Sag(en)]p., [Säge]- für die Sägmühle geeigneter Baumstamm, OB, °NB vereinz.: *n Sångbrigl schnain* Mittich GRI; *50 Stück Sagprügel* Bgsdf LA Landshuter Ztg 8 (1856) 83; *de sechshundert Mark mit de Sagprügel vom Fottner* THOMA Werke VI,519 (Ruepp); *wegen zu dennen vorhabend neuen Khürchenstiellen geschnidtnen Sagprigln* Sachrang RO 1691 JAHN Handwerkskunst 474.

WBÖ III,1160; Schw.Id. V,522.

[Schepper(er)]p. wie →*[Hüter]p.*, °OB, °SCH vereinz.: *da Hearta hat an Schewapriegl* „mit 5 bis 6 Ringen" Zorneding EBE.

W-85/59.

[Schieß]p. wie →*P.*4, °OB, NB, OP, SCH vereinz.: *an Schiaßbrigl umhenga* Mittich GRI; „Verächtlich nennt man jedes Feuergewehr einen *Schieß-Prügel*" SCHMELLER I,468; *glaabst du vielleicht, i geh' grad so spazier'n mit 'n Schiaßprügel* THOMA Werke VII,304 (Jagerloisl).

SCHMELLER I,468, II,476.– WBÖ III,1161; Schwäb.Wb. V,824; Schw.Id. V,522.– DWB IX,51.– BRAUN Gr.Wb. 565.– S-57C2.

[Schleif]p. **1** wie →*P.*1c, °NB, °OP vereinz.: °*Schleifprügl* „meterlang, für die Papierfabrik" Bodenmais REG; „[der Stamm] wird ... zersägt und ... *d' Schleifprügl* ... zu Brennholzscheitern ... gekloben" Bay.Wald Bayerld 37 (1926) 111.– **2** Bremsvorrichtung.– **2a** wie →*[Pratz]p.*, °NB, °OP vielf., °OB mehrf., °MF, °SCH vereinz.: °*eispern mitm Schleifprügl* Winklsaß MAL; °„am *Schleifprügl* sind die *Bremsstekla* befestigt" Sulzbach-Rosenbg.– Übertr.: °*Schleifprügl* „Hindernis, das man jemand bereitet" Weiden.– **2b** Bremsklotz, °NB, °OP vereinz.: °*Schleifprügl* „rechteckiger Klotz, der am Rad beim Zudrehen der Bremse schleift" Pielenhfn R.– **2c** wie →*[Brems]p.*1b, °OB, °NB, OP vereinz.: °*Schleifprigl* Bruck ROD.– **2d** wie →*[Brems]p.*1c, °Gesamtgeb. vereinz.: °*der Schleifprügl* „zwischen Rad und Achse gehalten" Brand WUN.– **2e** Radschuh, °NB, °OP vereinz.: °*Schleifprügl* Kohlbg NEW.– **3** Holzprügel für Tiere.– **3a** wie →*[Brems]p.*2, °OB, °NB, °OP, °MF vereinz.: °*an Vieh hängt ma an Schleifprügl a* Eckersmühlen SC.– **3b** Prügel, mit dem Rinder zum Wagenziehen abgerichtet werden, °OB, °OP vereinz.: °„Rinder werden an den *Schleifprügl* gespannt und auf der Wiese herumgeführt" Helena NM.– **4** Gestell, auf dem der Pflug geschleift wird, °OB, °NB vereinz.: °*Schleifprügl* Aidenbach VOF.– **5**: °*Schleifprügl* „Prügel zum Wiesenreinigen" Fdkchn SR.

WBÖ III,1161.– Rechtswb. XII,802.– W-44/18,21.

[Schlei(p)f]p. **1** Bremsvorrichtung.– **1a** wie →*[Pratz]p.*, °OP vereinz.: °*Schloifbrücherl mit Schloifstöckla* O'wildenau NEW.– **1b** wie →*[Brems]p.*1b, °OB, °NB, °OP, °MF vereinz.: °*a Schloafprügl* „am Schlitten mit einer Kette angehängt" Garmisch-Partenkchn.– **1c** wie →*[Brems]p.*1c, °OB, °NB vereinz.: °*as End vom Schloapfprügl is zwischn de Ralschpoacha kema* Wildenroth FFB.– **2** wie →*[Brems]p.*2, °Gesamtgeb. vereinz.: °*häng an Schof an Schloafprügl um, daß nit furtlaft* Fischbachau MB; „den Schäfern geboten, ihren Hunden einen 1 ½ Elle langen *Schleipfprügel* ... anzuhängen" 1722 G. DÖLLINGER, Die über das Jagdwesen in Bayern bestehenden Verordnungen, Regensburg 1842, 176.– **3** wie →*[Schleif]p.*4: °*Schloafprigl* Passau.

[Schleiß]p. leicht zu spaltender Holzprügel: °*Schleißprügl* „für Dachschindeln, zum Korbflechten" Marchaney TIR.

[Schmalz]p. **1** wie →*[Bruck]p.*2: °*Schmalzprügl* „Kartoffelnudeln, im Rohr gebacken" Irlbach SR.– **2** wie →*P.*6: *Schmalzprügl* Zigarre Dietelskchn VIB.

[Schmorren]p. wie →*[Borzen]p.*: *Schmarnprigl* „Nadelbaumzweige, die schon dürr sind" Pfaffenhfn RO.– Zu →*schmorren* 'dürr werden'.

[Schnuller]p. Weißbrot für einen Stoffschnuller, °NB, OP vereinz.: *Schnulaprügal füa dös* *kloanö Kind zo dö Sutzla macha* „in Säckchen gebunden und in Milch getaucht“ Hengersbg DEG; *Schnullaprügerl* BRUNNER Heimatb. CHA 155.

[Schweibel]p., [Schweib(en)]- 1 wie →*[Binder]-p.*, °NB, °sö.OP mehrf., °OB vereinz.: °*Schwoiwöbrügl* Tittling PA; °*Schwoimprügl* „zum Spannen der Kette bei Baumfuhrwerken“ Cham; „Baumstämme ... mittels Ketten und ... *Schwoablprügeln* ... festgemacht“ Bay.Wald Altb.Heimatp. 9 (1957) Nr.41,10.– **2**: °*der Schwoiblprügl* „Querstange über den Wagenleitern, die zusätzlich mit einer Kette zusammengespannt werden“ Fronau ROD.– Zu → *schweibe(l)n* ‘reiteln’.

KOLLMER II,279.– W-44/20.

[Spachen]p., [Spachel]-, [Spacht]- 1 wie →*[Borzen]p.*, °OB, NB vereinz.: °*Spåchaprügl* am Baum verdorrter Ast N’bergkchn MÜ.– **2** starker Holzspan: °*Spåchnpriegl* Autenzell SOB.– Zu →*Spache(n)* ‘Reisig, Span’.

W-44/23.

[Span]p. 1 wie →*[Schleiß]p.*: °*Spanprügl* Ensdf AM.– **2** wie →*[Spachen]p.*2, NB, °OP vereinz.: °*Spaprügl* „zum Anheizen“ Deusmauer PAR.

[(Ge-)Sperr]p. 1 wie →*[Pratz]p.*, °OB, °NB vereinz.: °*Spiaprügl mit Spiastöckl* Marktl AÖ; *gšbęabrīgl* Sachsenham GRI nach SNiB VI,128.– **2** wie →*[Brems]p.*1c: *Schbirprigl* Chieming TS.– **3** wie →*[Brems]p.*2, °NB, °OP vereinz.: °*Spirrbrigl* Hemmvorrichtung beim Weidevieh Treidling ROD.

WBÖ III,1161; Schwäb.Wb.VI,3146.

[Spreng]p. 1 wie →*[Binder]p.*: *šbreŋbrīgl* Wellhm EIH nach SBS XIII,178; *Sprengprügel* „zum Spannen, Engermachen mittels Umdrehens dienend“ SCHMELLER II,702.– **2**: *Sprengprügl* „Prügel zum Aufbrechen eines Gegenstands“ Mchn.

SCHMELLER II,702.– DWB X,2,43.– S-48F1e.

[Spulen]p. 1 bes. dünner Baumstamm, °NB vereinz.: °*was willst denn mit deine Spulnprügln da!* Aidenbach VOF; „Die Holzmacher ... schlichten ... *Schleifprügel* und die noch dünneren *Spul’nprügel* auf“ SIEBZEHNRIEBL Grenzwaldheimat 19.– **2** wie →*[Schleiß]p.*: °*Spulnpriegl* „gleichmäßig dicke Fichtenwurzeln, aus denen man Späne zum Korbflechten macht“ Autenzell SOB.

W-44/22.

[Starz]p. 1 Stange zum Lenken der Langholzfuhre: *šdǫadsbrīgl* Aichach nach SBS XIII,184.– **2** wie →*[Binder]p.*: °*Stoazprügl* Laaber PAR.

[Waag]p. Zugscheit, an dem die Ortscheite angebracht sind, °nö.NB mehrf., °OP vereinz.: °*Wouchpriel* Rottendf NAB; „großes Ziehscheit ... *wōprīgl*“ Eppenschlag GRA nach SNiB VI,160.

WBÖ III,1161.

[Wäsche]p.: *weſbrigl* „Wäschebleuel“ Unterer Bay.Wald nach KOLLMER II,366.

KOLLMER II,366.

[Zaun]p. Zaunlatte, in Ra.: *mit an Zauprügl winkn* „einem geistig Schwerfälligen etwas überdeutlich zu verstehen geben“ Altendf ESB;– *den mou ma zöjeascht min Zaubrügl affischlong, daß as kapiert* Hessenrth KEM.

[Zug]p. wie →*[Waag]p.*: *da Zugprügl* Freyung WOS. A.S.H.

prügelhaft
Adj., kräftig gebaut, °OP, °MF vereinz.: °*des is a briglhafts Mannsbild* Kchnthumbach ESB.

Suddt.Wb. II,663. A.S.H.

prügeln
Vb. **1** †(einem Tier) einen Holzprügel umhängen: *die Hunde prügeln* DELLING I,101; *khainen Hundt, geprüglt noch vngeprüglt in die Albmen füern* nach 1553 BREIT Verbrechen u.Strafe 80.
2 mit Holzprügeln u.ä. befestigen, belegen, °OB vereinz.: °*de Straß is brücklt* Kchdf AIB; „Brücken, Wege etc. *prügeln*“ SCHMELLER I,469; *Contutati sunt ... giprugilotunt* Tegernsee MB 10./11.Jh. StSG. I,698,31f.
3 mit Stöcken herunterschlagen: *Nuß brügln* Wassing VIB.
4 dreschen, in der Ra.: *Gessn ... war ... wenn nur prügelt* (gedroschen) *aa war* HÄRING Gäuboden 41, ähnlich °OP vereinz.
5 schlagen, verprügeln, °Gesamtgeb. vereinz.: *der kehrat richti briglt* Erling STA; *Warum hat s’ di denn wieder so prügelt?* CHRIST Werke 53

(Erinnerungen); *i' prüglat' Di', i' massakrirat' Di'!* Fliegende Bl. (Mchn) 76 (1882) 96; *Hett ain guettn Lust, ich dett dich von Fueß auf priglen, du Galgnstrick!* W. RINSWERGER, E Funere Phœnix, Bd III, Stadtamhof 1730, 142.
6: °*der Bauer tut Holz prügln* „Holz fällen oder aufarbeiten" Rettenbach WS.
7: °*prügln* „schwer arbeiten" Reichersbeuern TÖL.

Etym.: Ahd. *-brugilôn*, Abl. von →*Prügel*; Et.Wb.Ahd. II,373.

DELLING I,101; SCHMELLER I,468f.; WESTENRIEDER Gloss. 447.– WBÖ III,1162; Schwäb.Wb. I,1467; Schw.Id. V,522f.; Suddt.Wb. II,663f.– DWB II,423, VII,2191; Frühnhd.Wb. IV,1259; Ahd.Wb. I,1429.– BRAUN Gr.Wb. 472; POELT-PEUKER Wb.Pöcking 10.

Komp.: †[**ab**]**p.** wie →*p.*5: „der Polizeidirektor ... wurde tüchtig *abgeprügelt*" 1802 SCHMELLER Tageb. I,76; *der Hund, ob ich ihm tapfer abgebrüglet, so hat er mir doch die Händ abgelecket* SCHREGER Speiß-Meister 47.

Schwäb.Wb. VI,1492; Schw.Id. V,523; Suddt.Wb. I,136.– ²DWB I,652f.; Frühnhd.Wb. I,273.

[**abher**]**p.** wie →*p.*3, OB vereinz.: *Nuß obaprügln* O'haindlfing FS.

WBÖ III,1162.

[**auf**]**p.**: *aufbrigln* „Holz aufschichten" Truchtlaching TS.

DWB I,701.

[**aus**]**p. 1** †wie →*p.*2: „Man ließ in den herrschaftlichen Forst eine ziemlich lange Wegstrecke *ausprügeln*" Hainsbach MAL R. ZIERNGIBL, Gesch. der Probstey Hainspach, München 1802, 308.– **2**: °*s Reisig tuat ma ausprügla* „die größeren Äste entfernen" Walleshsn LL.– **3** wie →*p.*5: °*den hob i ausprügltt* „geschlagen" Schwandf.

SCHMELLER I,469.– WBÖ III,1162; Suddt.Wb. I,640.– ²DWB III,1261.

[**der**]**p. 1** wie →*p.*5: °*owa den hams dabriglt, daß eam s Höihan und Säang voganga is* Schnaittenbach AM.– **2** †refl.: *Sich ... dә'prügeln* „mit Anstrengung ... prügeln" SCHMELLER I,532.

SCHMELLER I,532.– WBÖ III,1162.

[**ein**]**p. 1**: °*eibrigln* „Holzscheite in den Backofen hineinrichten" Ergolding LA.– **2**: *eiprigln* „einschlagen, auf die Pferde" Kochel TÖL.

WBÖ III,1162.– ²DWB VII,891.

[**ver**]**p.** wie →*p.*5, °OB vereinz.: °*den hab i verprügltt* Schongau; *vâ:brüa:gln* „Schlagen, den Hintern versohlen" CHRISTL Aichacher Wb. 240.

Schwäb.Wb. II,1266; Schw.Id. V,523; Suddt.Wb. IV,183.– DWB XII,1,977.– BRAUN Gr.Wb. 754; CHRISTL Aichacher Wb. 240.

[**zu-sammen**]**p.** durch schweres Arbeiten überanstrengen, zugrunderichten, °OB, SCH vereinz.: °*der is ganz zamprügltt* Reichersbeuern TÖL.

Schw.Id. V,523. A.S.H.

Prügler

M. **1** jmd, der das gefällte Holz rückt u./od. wegfährt, °OB vereinz.: °*a Prügler* O'haching M; „Die *Prügler* von Schliersee" MM 18.1.2013, 12.
2: °*Prügler* „rohe Pferdeknechte" (Ef.) Lenggries TÖL.

DWB VII,2190.

Komp.: [**Holz**]**p.** wie →*P.*1: °*Hoizbrigler* „rückt und transportiert Stammholz" Grafing EBE.

A.S.H.

Prüglet(**s**)

N. **1** Reisig, °OB, °NB vereinz.: °*is grad a so a kloans Briglat, zon Ohoazn taugt's scho* Ismaning M.
2 Menge des Stammholzes: °*beim heurigen Holzschlag is as Prüglat guat ausgfoin* Steinhögl BGD.

Schw.Id. V,523.– DWB VII,2192 (Prügelte). A.S.H.

prüglicht

Adj. **1** mit vielen Prügeln, starken Ästen, °OB, °NB, °OP, °MF, °SCH vereinz.: °*a priglats Reisat* Erlach PAN; °*der Haffa* (Asthaufen) *is prüglat* O'nrd CHA.
2 nach Art u. Größe eines Prügels, °OB, °NB vereinz.: °*schneidst mas Hoiz sche priglat* „prügelgroß" Heufd AIB; °*briglad* „knorrig" Langdf REG.
3 holprig, uneben, °OB, °NB vereinz.: °*a prüglater Weg* Aidenbach VOF.
4 v.a. von Menschen.– **4a** groß, kräftig, °OB, °NB, °OP, °MF vereinz.: °*dös Fackal* (Ferkel) *is schö prüglad* Metten DEG; °*a brieglats Mannsbild* Cham.– **4b** dürr, knochig, °OB, °NB vereinz.: °*d'Moa Lis, des wead so a briglads Leit sei* Dachau.– **4c** grob, derb, °OB, °MF vereinz.: °*heut redst wieda schö prüglat daher* Kreuth MB.